品成

阅读经典 品味成长

古罗马帝国的辉煌

THE GRANDEUR OF ANCIENT ROME

第 I 卷　罗马崛起

赵 林

著

人民邮电出版社

北京

图书在版编目（ＣＩＰ）数据

古罗马帝国的辉煌 / 赵林著. -- 北京：人民邮电
出版社，2023.7
ISBN 978-7-115-61892-4

Ⅰ．①古… Ⅱ．①赵… Ⅲ．①罗马帝国－历史 Ⅳ.
①K126

中国国家版本馆CIP数据核字(2023)第099128号

◆ 著　　　　　赵　林
　　责任编辑　郑　婷
　　责任印制　陈　犇
◆ 人民邮电出版社出版发行　　　　北京市丰台区成寿寺路 11 号
　　邮编　100164　　电子邮件　315@ptpress.com.cn
　　网址　https://www.ptpress.com.cn
　　雅迪云印（天津）科技有限公司印刷
◆ 开本：880×1230　1/32　　　　　　插页：1
　　印张：42.5　　　　　　　　　　2023 年 7 月第 1 版
　　字数：838 千字　　　　　　　　2023 年 7 月天津第 1 次印刷

审图号：GS（2023）2015 号

定价：258.00 元（全四卷）
读者服务热线：（010）81055671　印装质量热线：（010）81055316
反盗版热线：（010）81055315
广告经营许可证：京东市监广登字 20170147 号

目 录

第 IV 卷

文化风采

导 论

罗马帝国的时空意义

我常常喜欢引用一句西方谚语："阳光下面没有新事物。"可以说，今天西方的政治体制和法律规范大多来源于罗马文明，因此，如果我们了解了两千多年前的罗马共和国（以及后来蜕变出的帝制），就能够比较容易地认识当今的西方社会。无论是从空间范围还是从时间维度来说，罗马文明对于后世西方社会的影响都要远远大于希腊文明。

希腊文明对于后世西方社会的影响主要在于务虚的文化形态方面，如神话、文学、艺术、哲学等；而罗马文明的影响则主要在于务实的制度形态方面，如政治体制、法律规范、行政管理、军事建制以及公共工程等。在当今这个大国博弈的时代背景下，重温一下罗马帝国的发展历程，必将能够帮助我们更加清晰地认识世界格局的历史根源和未来走向。

第1节

古典时代的旧大陆文明格局

　　两千多年前，人类历史上曾经出现过一个庞然帝国，那就是旧大陆（亚欧大陆）最西端的罗马帝国。无独有偶，在旧大陆东端，也挺立着一个超级大国，这就是汉帝国。这两个帝国幅员辽阔、人口众多，都是名副其实的大帝国，它们是旧大陆文明发展的重要历史结果。

　　人类最古老的文明，都是在旧大陆，即亚欧大陆与撒哈拉大沙漠以北的北非地区连接而成的地理板块上发生的。虽然新大陆（美洲大陆）也曾经出现过古老的玛雅文明、印加文明等，但是这些囿于一隅的孤立文明对于人类整个文明历程的影响非常有限，而且它们或者是在西班牙殖民主义者到来之前就已经自生自灭了，或者是在不久后就被西班牙人彻底毁灭了，因此对于人类社会并没有产生什么持续性的影响。

　　然而，旧大陆上所发生的古老文明——两河流域文明、古埃及文明、爱琴文明、古印度文明以及古代中国文明——却是源远流长、影响深远的，其中除了古埃及文明由于种种原因成为"绝嗣"的"木乃伊"和"金字塔"（即墓冢）之外，其他四大文明体系都经历了几千年的发展演化，一直到当今世界仍然在争妍斗艳。这些古老的文明在经历了萌发阶段的初期生长之后，尤其是在经历了所谓的"轴心时代"的精神变革之后，纷纷进入了人类文明发展的青春期，从西到东不约而同地出现了希腊城邦和罗马帝国、波斯帝国和帕提亚帝国、印度孔雀王朝和贵霜王朝，以及中华秦汉帝国等，其中最强盛的就是旧大陆东西两端的汉帝国和罗马帝国。

　　从文明形态发展的角度来说，我们可以把汉帝国与罗马帝国分踞旧大陆两端的时代称为人类文明的青春期，这个时候的文明国家就如同青年时代的人一样，身体上和精神上都处于一种朝气蓬勃的昂扬状态，国家兴旺发达，人民意气风发，而且崇尚武力。无论是"秦王扫六合"、汉武辟西域，还是罗马人统一地中海、发动帕提亚战争，都表明了那个时代盛行的尚武精神，这与此前西周和春秋尊礼敬德的礼乐文化、希腊城邦小国寡民的分离主义迥然相异。

　　旧大陆东端的中华文明在经历了夏商周三代和春秋战国的发展之后，产生了秦汉帝国这个历史结果。虽然一统天下的秦朝二世而亡，但是气势如虹的汉帝国却随之而兴。中国古代曾有"雄汉盛唐"之说，汉帝国正是因为其国力强盛和崇尚军功——有卫青和霍去病荡击匈奴、"飞将军"李广"不教胡马度阴山"、班超投笔从戎、马援马革裹尸等英雄业绩——而辉映千秋，正如唐朝是由于其博大胸襟、万国来朝的繁盛景象而闻名于世一样。而在旧大陆西边，罗马从七丘之城的蕞尔小国如同吹气球一般迅猛膨胀，至公元之交时已成为地跨欧亚非三大洲的超级帝国，将偌大的地中海周边地域全部囊括在内。据今人估算，图拉真时代（公元 2 世纪初）的罗马帝国疆域已达到 590 万平方公里，而同时代的东汉帝国版图大约为 600 万平方公里，二者可谓伯仲之间。

第 II 节

希腊－罗马国家形态的历史变迁

　　无论是西方的罗马帝国，还是东方的秦汉帝国，二者在文明萌发之初都曾经历过一种分离状态。在罗马文明崛起之前，希腊文明在经历了古老的爱琴文明之后，进入光芒四射的希腊城邦文明阶段。希腊城邦的特点就是典型的小国寡民，一个城邦的公民不过几千上万人，占地面积不过几十上百平方公里。大大小小的希腊城邦星罗棋布，遍布在爱琴海的漫长海岸线上，并广泛地扩展到南意大利、西西里岛、法国马西利亚（即马赛）、西班牙安普里亚斯，以及北非突尼斯、利比亚等广大地区，这种小国寡民的分离状态就是西方最初的国家形态。

　　在旧大陆各古老文明中，最早开始推行帝国扩张政策的是波斯。早在公元前 6 世纪，波斯人就在中亚、西亚和北非地区建立了一个大帝国，后来又在进一步的扩张过程中把兵锋推向了小亚细亚和希腊，引发了两次希波战争。在希波战争爆发之前，奉行分离主义政治观念和自由主义生活态度的希腊人是不知大帝国为何物的，他们无忧无虑地生活在爱琴海沿岸，悠然自得地享受着阳光和海水，既不想去侵略别人，也不愿意被别人统治。分离主义和帝国形态是一对反义词，分离主义的特点是维持独立自主的状态，而帝国形态的特点则是要不断地对外扩张，征服越来越多的地区、统治越来越多的人民。

当推行帝国扩张政策的始作俑者波斯人在公元前 6 世纪建立大帝国时，希腊人正沉浸在分离主义的城邦状态中，罗马还只是台伯河畔（Tiber River）的一个蕞尔小国，而中国尚处于天下分裂的春秋时期。在公元前 5 世纪发生的希波战争中，彼此分离的希腊城邦团结起来打败了强大的波斯帝国，但是帝国形态本身却如同传染病一样传到了希腊，于是希腊各大城邦——雅典、斯巴达、底比斯等——也开始效法波斯帝国，彼此之间展开了争强斗狠的称霸战。经过伯罗奔尼撒战争、底比斯与斯巴达之战等一系列城邦内耗之后，北方的马其顿异军突起，坐收渔利，战胜和慑服了希腊各大城邦，建立了一个以马其顿为盟主的科林斯同盟。公元前 336 年，马其顿国王腓力二世遇刺身亡，雄姿英发的亚历山大在其父所奠立的基业上，将一个松散的科林斯同盟整合为一个强大的马其顿帝国，然后将金戈铁马推向了东方，在相继征服了小亚细亚、西亚和埃及之后，消灭了波斯帝国，在亚欧大陆的土地上建立了一个幅员辽阔、人口众多的亚历山大帝国。

然而，这个前无古人、后无来者的大帝国只在历史的天空中一闪而过。公元前 323 年，年仅 33 岁的亚历山大大帝在回师巴比伦后英年早逝，他的帝国也迅即土崩瓦解。但是亚历山大征服东方、一统天下的宏伟理想却衍生了一种"亚历山大综合征"，感召着后世一代又一代的雄心大志者——就在希腊人黯然谢幕不久，罗马人就轰轰烈烈地上场了。

如果说亚历山大帝国只是昙花一现，那么罗马帝国却堪称长治久安。在共和国建立之后数百年的扩张过程中，罗马从一个900平方公里的弹丸之地，迅速发展成为一个地跨欧亚非三大洲的超级帝国。罗马人不仅善于扩张，而且擅长治理。罗马帝国国运强盛、国祚延绵，统治地中海世界达千年之久（至东罗马帝国），并对后世西方文明产生了深远的影响。

希腊城邦在地理上是呈点状分布的，彼此独立；而罗马帝国

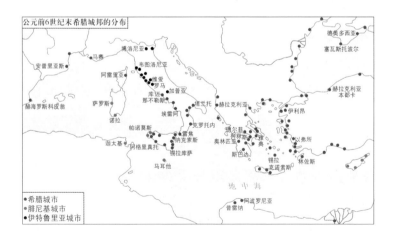

小国寡民的希腊城邦

则呈现为片状扩展的态势，从台伯河畔的七丘之城迅猛膨胀为地跨三大洲的庞大帝国。从小国寡民的希腊城邦到昙花一现的亚历山大帝国，再到长治久安的罗马帝国，古代西方文明就这样实现了从分散到统一、从分离主义到帝国形态的转变。

幅员辽阔的罗马帝国

第 III 节

先秦－秦汉国家形态的历史变迁

无独有偶，在东西方并未发生任何直接交往和联系的情况下，中国文明在大体相同的时间里，在国家形态方面也经历了从分散到统一、从分离主义到帝国形态的转变。从现今通行的中国编年史来看，中国的第一个王朝是夏朝，距今大约有 4 100 年之久，在夏朝之后又经历了商朝和周朝。这三个王朝起源于西部仰韶文化和东部龙山文化，被统称为先秦文明，已经得到了考古学和古文献学的充分确定。

夏商周虽然都是古代的文明国家，但是它们却完全不同于秦汉以降的国家形态，它们所统治的地区和人口相当有限，在王权统辖的范围之外，还有着许多由王室分封而自成一统的诸侯领地，以及一些各自为政的部落集团，这些封建领地的诸侯虽然承认夏商周的宗主国地位，并向天子称臣纳贡，但是他们在政治上却保持着各自的独立地位。就此而言，夏商周的天子不过是一个松散的军事联盟的盟主，而不同于秦汉以后一统天下的专制君王。这种情况就如同荷马史诗中所表现的迈锡尼国王阿伽门农一样，他虽然可以号令希腊各国国王在他的麾下参加特洛伊战争，却不能临制其人民，管辖其国土。希波战争以后以雅典为首的提洛同盟的情况也是如此，雅典充其量只是同盟盟主，而不是各盟邦的实际统治者。

例如在商周更迭之际，商朝周边的一些比较强大的诸侯国，纷纷在武王伐纣之后，改变了效忠的对象，开始向周朝称臣纳贡。周王室取代商王室之后，又重新分封了一些同姓或异姓的诸侯，但是这些诸侯国仍然保持着相当大的自治权利。因此，所谓商周之变不过是以有周为盟主的新政治－军事同盟取代了以殷商为盟主的旧政治－军事同盟而已。

到了春秋时期，这种政治－军事同盟关系逐渐松散，诸侯蜂起，问鼎中原，于是在华夏大地上出现了几十上百个大大小小的诸侯国，其中具有影响力的有十多个，如齐国、晋国、鲁国、宋国、郑国、楚国、燕国、秦国、吴国、越国等。这些国家虽然在名义上承认周天子的盟主地位，但是在政治上却开始摆脱周王室的节制，夏商周三代传承的军事同盟制实际上已经瓦解了，所以孔子才会感叹"礼崩乐坏"，天下大乱。经过几百年的诸侯争锋，最后秦王嬴政扫灭六国，统一天下，在华夏大地上建立了第一个封建专制国家，嬴政也成为中国的第一个皇帝。

秦始皇统一六国之后，所做的第一件大事就是废除分封制，在全国范围内设立 36 个郡，郡下辖县，确立了中央政府垂直管理的郡县制；并通过车同轨、书同文、统一度量衡等改革措施实现了华夏文化的统一。秦朝的郡县与夏商周的诸侯国不同，郡县是直接受朝廷节制的，郡县中的土地和人民都是由中央政府任命的官员（郡守、县令等）进行管理，下级对上级负责，地方对中央负责。这样就形成了一套全新的政治体制，即所谓"溥天之下，莫非王土；率土之滨，莫非王臣"的大一统中央集权的君主政体。从这种意义上说，秦朝不仅统一了天下，而且还用中央集权的君主制取代了诸侯分治的天子制，奠定了中国大一统王朝的统治基础，建立了第一个华夏大帝国。

秦始皇死后，二世胡亥继位。由于秦朝横征暴敛，民不聊生，激起了陈胜、吴广起义，天下群雄纷纷响应，推翻暴秦，最后经楚汉相争，刘邦完成了天下统一，建立了汉朝。汉朝在政治方面仍然继承了秦朝体制，实行大一统的中央集权制。当年的楚汉相争实际上代表了两种不同的政治治理模式，西楚霸王项羽想要恢复春秋旧制，自己成为新的周天子，对麾下群臣进行分封；而刘邦则要继续推进秦朝的政治制度，实行中央集权。所以在刘邦建立汉朝之后，随即就开始清剿各地分封的诸侯，并且与重臣盟誓约定了"非刘姓者不得封王"的新规；到了汉武帝时，又开始对同姓诸侯进行整肃，形成了"封土而不临民"的行政规范，从而最终确立了中央集权的帝国体制。

由此可见，在亚欧大陆东部，从夏商周时期分封天下的天子制或封建制，经由春秋战国时期的诸侯争战、逐鹿中原，到秦汉实现一统天下、中央集权的君主制，古代中国文明也同样经历了一个从分散到统一、从分离主义到帝国形态的转变过程。

罗马人是在公元前 3 世纪中叶完成意大利统一之后走向地中海（以公元前 264 年第一次布匿战争爆发为标志），开始了真正意义上的帝国扩张，罗马迅猛成长为地中海世界的超级帝国。而中国的秦始皇也是在公元前 3 世纪下半叶（公元前 221 年）完成了统一，建立了中国第一个中央集权的大帝国。亚欧大陆东西两端的两个古老文明在大体相同的时间里都经历了从分离主义到帝国形态的历史变迁，建立了一统天下的大帝国。

秦虽二世而亡，但是继之而兴的汉朝却继承发扬了秦朝的政治制度，并将国家版图进一步拓展。中国史学界素有所谓的"周秦之争"，意思是中国曾经实行过两种迥异的政治制度，一种是周朝确立的分封制，另一种则是秦朝开创的中央集权制。虽然这两种政治制度在中国后世历史中也曾有过互相渗透的情况，但是周制在秦汉以降基本上处于下风，而主流则是秦汉确立的中央集权制。两千多年来，中国政治的基本模式就是地方服从中央，所有的政府机构和行政官员都要听从上级的指令，一切权力最终都归于皇帝和朝廷。这种中央集权的政治体制就是在秦汉时期奠定的，并且一脉相承地发展下来。

夏商周和春秋战国时期，中国的版图主要局限于中原地区，以黄河流域中下游为政治文化中心，诸侯领地则广泛地分布于巴蜀以下的长江流域和华东、江南等地。所谓"华夏"，即文明开化、地处中央之意，而四边蒙沌未开的族群则被称为"夷""蛮""戎""狄"，在中文里面均为贬义词。秦始皇统一六国后，其统辖的疆域即为此前七国版图之和，再加上五岭以

分封天下的春秋诸国

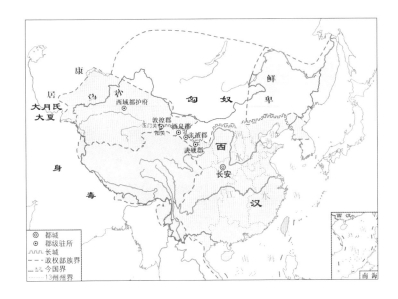

一统天下的西汉帝国

南的南越之地。到了汉代，中国的西部疆界迅猛拓展，汉武帝派出大将军卫青、霍去病深入漠北破击匈奴，开辟河西走廊，据两关（阳关、玉门关），列四郡（武威、张掖、酒泉、敦煌），设置西域都护府，极大地扩展了中国的疆域版图。

第 IV 节

东西方文明的分合大势

公元之交，亚欧大陆的两个大帝国雄踞东西。但是到了公元
3 世纪前后，这两个大帝国都由于种种内外原因，不约而同地走
向了衰落。

从公元 3 世纪开始，罗马帝国就由于军人干政而陷入内乱，
不久以后又开始面临北方蛮族的入侵威胁，深陷内忧外患之
中，乱象丛生，每况愈下。公元 395 年，罗马帝国的狄奥多西
皇帝在临终前把帝国分给了自己的两个儿子，从此罗马帝国就
一分为二，分裂为以罗马为首都的西罗马帝国和以君士坦丁堡
（Constantinople，今土耳其伊斯坦布尔）为首都的东罗马帝国。
不久以后，日耳曼各部落在东北方袭来的匈奴人的威逼之下，纷
纷越过多瑙河和莱茵河侵入西罗马帝国。西罗马帝国的最后一位
皇帝小罗慕路斯于公元 476 年被蛮族雇佣兵首领废黜，西罗马帝
国的历史至此终结，其版图也被大卸八块，出现了一些画地为牢
的蛮族王国。这些蛮族王国奉行弱肉强食的丛林原则，攻城略
地，烧杀掳掠，整个古典文明饱受涂炭，西方社会倒退到蒙昧的
蛮荒状态，陷入了公元 5 世纪至公元 8 世纪的"黑暗时代"。

与西方文明从统一再度走向分裂的历史情景相类似，同一时期的中国社会也陷入裂变与混乱之中，汉帝国在内部纷争的情形下土崩瓦解。但是相比起西罗马帝国来说，中国社会至少还没有倒退到"黑暗时代"，华夏文明仍然在黄河以南的广大地区得以传承和发展。

东汉末年，黄巾、绿林等农民起义迭起，各地军阀拥兵自重，天下大乱。公元 220 年，魏王曹丕逼汉献帝禅位，结束了汉室四百多年的气数，建立了曹魏政权。紧接着刘备在成都、孙权在建业（今南京）相继建立蜀汉政权和东吴政权，形成了三国鼎立的分裂格局。半个世纪之后，三家归晋，司马氏建立晋朝，统一了中国。但是西晋王朝积弱不振，国运衰微，内有八王之乱，外遭胡马入侵，很快就灰飞烟灭。公元 316 年，北方少数民族纷纷起兵攻陷长安，西晋很快灭亡。晋室世族和大量百姓南渡黄河，皇族司马睿次年在建康称帝，建立政权史称东晋。从此以后，匈奴、鲜卑、羯、羌、氐（所谓"五胡"）等少数民族占据了黄河以北的中原地区，而汉人政权只能偏安黄河以南，由此形成了东晋十六国以及稍后的南北朝的政治对峙，中国再度陷入分裂状态达两百多年之久。

这种分裂的局面一直持续到公元 6 世纪末叶，公元 581 年北周静帝禅位于丞相杨坚（隋文帝），杨坚定国号为"隋"，定都大兴（今西安）。公元 589 年，隋军南下灭陈，结束了南北长期分裂的局面。隋朝不仅再次实现了华夏的统一，继承了秦汉的典章制度和文化传统，并且还开创了专门选拔人才的科举制度，这个制度使得天下英雄尽入朝廷彀中，对于维系国家的统一和强盛具有十分重要的意义。隋朝国祚虽短（37载而亡），但是继起的唐朝却国运长久，繁荣昌盛，再次将中国文明推向了辉煌的巅峰，形成了万世称道的"汉唐气象"。

在中国东晋十六国和南北朝时期，匈奴、鲜卑、羯、羌、氐等少数民族占据了黄河以北的广大地区，形成了所谓"五胡乱华"的局面，汉人政权只能偏安河南苟延残喘。而在亚欧大陆西部，则出现了一支支日耳曼部族瓜分西罗马帝国的情况——西哥特人占领了西班牙，东哥特人和伦巴第人先后控制了意大利，汪达尔人越过直布罗陀海峡占据了北非，法兰克人和勃艮第人在高卢建立了王国，盎格鲁人和撒克逊人越过英吉利海峡入主不列颠。西罗马帝国的土地上出现了许多各自为政的蛮族王国，与仍然维系着统一的东罗马帝国形成了鲜明对照。

这种南北分裂或者东西分治的情形在东方和西方的大地上都持续了数百年之久，中华帝国和罗马帝国都陷入一片乱象之中。但是再往后，东西方文明就走上了完全不同的道路——中国自隋唐以后重新恢复了天下一统，此后虽有江山易主、改朝换代，国家版图也时大时小，但是以合为主的基本格局却不可移易，中央集权一统天下的大趋势一以贯之。重新统一后的中国政权历经唐、宋、元、明、清的朝代更迭，即便是蒙古人、满人入主中原，根深蒂固的中华文明依旧通过"以夏变夷"的强大机制，在改造、同化外来文化的同时，稳固地传承华夏文化的历史血脉，维系着大一统的中央集权国家体制。而西欧社会自从日耳曼蛮族入侵、西罗马帝国崩溃以后，就始终未能改变天下分裂的基本态势。一千多年来虽有查理大帝、奥托一世、拿破仑等雄才大略的人物凭借金戈铁马建立了帝国，但是这些帝国很快就灰飞烟灭、梦断西窗，想要一统天下的"亚历山大综合征"成为穿越时空的千古绝唱，在欧洲的上空萦回荡漾。时至今日，欧洲仍然分裂成几十个彼此独立的民族国家，欧盟的和平统一理想也难以真正实现。

　　《三国演义》有言道："天下大势，分久必合，合久必分。"自从公元 4 世纪至公元 5 世纪东西方大帝国再度陷入分裂，在此后的一千多年时间里，二者走出了迥然不同的历史道路——中国自隋唐重新统一之后始终坚持以"合"为主的基本路向，而欧洲却形成了以"分"为主的历史主旋律。

这种国家"合"与"分"的不同路径，在很大程度上决定了中西文明殊异的历史命运。中国大一统的中央集权制使得皇权和朝廷权力始终强大，地方力量相对薄弱。朝堂有科层隶属的官僚系统，乡野有井然有序的宗法社会，而科举制度则打通朝野，实现了学而优则仕。儒家知识分子或士大夫集团的忠诚意识强、管理效率高，平民百姓也具有浓重的家国情怀，忠君孝亲观念深入人心，修齐治平之道成为普遍的人生理想。这些因素都强有力地维系了天下一统、四海一家的基本格局，使中华文明得以一脉相承地延续发展。而西方长期的分裂格局则导致了中世纪封建社会的出现，国家多如牛毛，层层封爵建藩，人民只认其领主，不知其国家。近代以后，西方虽然逐渐形成了民族国家和主权意识，但是地方自治传统仍然十分强劲，王权受制于诸侯约法或议会立法（"王在法下"），中央政府与州郡势力相互博弈，最终形成了各种权力分立和相互制衡的政治体制。相比起国家的整体利益，西方公民更加注重个人的自由权利，与中国人根深蒂固的家国情怀和整体意识形成了鲜明对照。

第 V 节

西方文明的三大根基

与源远流长的中华文明一样，西方文明发展到今天，也有着深厚的文化根基和历史渊源。然而，与有效维系着大一统的政治格局、恪守"以夏变夷"的基本模式的中华文明不同，西方文明在历史演进过程中经历了大幅度的激烈变动，出现过文明中断的"黑暗时代"，其间各种不同的文化传统相互融会、斑驳陆离。综合而言，作为历史结果的现代西方文明有着三个重要根基，三者对于现代西方文明的形成都产生了重要的影响。

希腊的文化形态

西方文明的第一个重要根基就是希腊的文化形态。希腊人开创的各种文化形态，如神话、史诗、雕塑、悲剧、哲学以及奥林匹亚竞技会等都具有美轮美奂的特点，达到了极高的审美和睿智水平，为后世西方文明树立了永恒的典范。例如，古希腊人营造了以宙斯、阿波罗、雅典娜等神祇为代表的充满人形、人性特点的奥林匹斯神话或宗教，这种宗教与后来出现的基督教一样，构成了西方人从古至今所信仰的两种主要宗教之一，深刻地影响了古希腊和古罗马的各种文化形态和社会面貌；荷马史诗《伊利亚特》和《奥德修纪》不仅被列为西方四大史诗之首（另外三部史诗分别是古罗马诗人维吉尔的《埃涅阿斯纪》、中世纪意大利诗人但丁的《神曲》和 17 世纪英国诗人弥尔顿的《失乐园》），而且成为西方文学的开山之作；西方人所赞誉的四位悲剧大师，其中有三位都是雅典城邦的剧作家——埃斯库罗斯、索福克勒斯和欧里庇得斯；今天全世界最具有影响力的体育竞技活动奥林匹克运动会，最初也是起源于古希腊四年一届的奥林匹亚竞技会；世界顶级艺术殿堂巴黎卢浮宫中所谓的"镇馆三宝"，竟然有两件是古希腊的雕塑品——《米诺的阿佛洛狄忒》（即我们所说的《断臂的维纳斯》）和《萨摩色雷斯的胜利女神》；至于苏格拉底、柏拉图、亚里士多德等人的哲学思想，更是成为后世西方哲学的活水源头。20 世纪英国哲学家怀特海认为，两千多年来的整个西方哲学史就是对柏拉图哲学做的一个注脚，正如同中国博大精深的经学传统只不过是对孔孟之道的注疏阐释而已。①

---

① 关于古希腊文明的各种文化形态的发生、发展过程及其所达到的高度，我曾在《古希腊文明的光芒》（上、下册，人民邮电出版社 2020 年版）一书中进行了详尽的论述，感兴趣的读者可参阅。

古希腊文明在神话、文学、艺术、哲学以及体育竞技等文化领域对后世西方文明产生了深远的影响。这些文化形态方面的光辉成就，虽然不能推动经济的发展和国家的强大，却可以陶冶人的情操，提升人的审美水平，从而极大地升华人的精神境界。因此，尽管希腊城邦始终停留在小国寡民的分离状态，但是希腊人却为后世西方社会充分展示了自由的个性和浪漫的理想，在务虚的文化形态中焕发出启迪性灵的熠耀之光。

罗马的制度形态

现代西方文明的第二个重要根基就是罗马人所开创的各种务实的制度形态，包括政治体制、法律规范、公共管理、工程技术等，它们都具有经世致用的现实意义，极大地推进了国家的强大和经济的繁荣。与超逸浪漫的希腊人不同，罗马人的文化特点是功利务实，他们对于那些"小资情调"的文学艺术和抽象高深的哲学思辨不感兴趣，而是把心思和精力都投入开疆拓土、安邦治国的实践领域中，从而开创了各种治理国家、统御四海的制度、设施和技能。时至今日，西方现代国家的重要政制设置——如两院制、权力分立与制衡等——源于罗马共和体制；欧洲大陆各国奉行的法律规范主要来自罗马法；现代西方国家的兵役制度、税收政策和财务管理制度等也深受罗马人的影响；四通八达的铁路、公路则是"条条大道通罗马"的现代翻版。正是这些务实的制度形态和实用技术保证了罗马帝国的蓬勃发展和长治久安，使其得以岿然屹立于亚欧大陆西端的广阔大地上，威震寰宇。这些务实的制度形态也通过历史的传承，成为现代西方文明得以确立的重要根基。

有人把当今影响世界格局的美国称为新罗马帝国，事实上，在数百年的近代历史中，罗马帝国的阴魂不断地再现于西方大国的兴衰变更过程中。从 16 世纪以来相继崛起的西班牙帝国、神圣罗马帝国（奥地利）、拿破仑帝国、德意志帝国，以及操纵欧洲格局乃至建立世界霸权的大英帝国，再到今天试图称霸全球的美利坚合众国，无不希望重温罗马帝国一统天下的辉煌旧梦。如果说希腊人的文化理想千百年来一直滋润着个人的自由性灵，那么罗马人的政治抱负则穿越时空不断激励着一些大国的勃勃野心。

全球化时代是一个急功近利的时代，现代人受罗马文明的影响要远远大于受希腊文明的影响。许多人都在关心经济的发展和国家的强大，却很少关注内心世界的恬静与快乐。每个人都在追求成功，像罗马人一样风驰电掣般地奔向永无止境的功利与辉煌，却很少有人像希腊人那样自由自在地徜徉于爱琴海岸，仰望星空，陶醉于美景，思考一些无用、无聊且永无答案的形而上学问题。由此可见，罗马文明无疑具有更加强大的现实影响力。

基督教的信仰和价值观念

西方文明的第三个重要根基就是基督教信仰。基督教是继希腊文明和罗马文明之后出现的一种新文明体系，时至今日，西方文明仍然被称为基督教文明。基督教信仰最初是在罗马帝国的躯体之内悄然发展的，它吸取了希腊文明和罗马文明的大量文化因素，终于羽毛丰满，彻底取代了希腊罗马多神教（即奥林匹斯宗教）；并借助日耳曼蛮族的力量，摧毁了强大的罗马帝国，在十字架的神圣感召之下，将四分五裂的西欧社会（以及仍然维持统一的东欧社会）带入一种新的文明状态中。

按照西方历史学的划分，公元 476 年西罗马帝国灭亡之后，经过三百多年的"黑暗时代"，到公元 800 年查理大帝在罗马教皇的加冕下重新称帝，基督教文明才全面取代了罗马文明。在漫长的中世纪，基督教信仰广泛地渗透到西方社会的政治、经济和文化生活中，刻下了深深的历史烙印。① 基督教是一神教信仰，只信仰基督耶稣（圣父、圣子、圣灵"三位一体"），它不同于希腊罗马多神教，将各种自然现象和社会现象均加以人格化并予以崇拜。直到今日，基督教信仰仍然是西方人的基本信仰和安身

---

① 关于基督教对西方文化的深刻影响，可参阅拙著《基督教与西方文化》（商务印书馆 2013 年版）。

立命之本，西方社会的重要建筑是基督教堂，主要节庆是圣诞节、复活节、逾越节等基督教节日，从西方推广到全世界的纪元方式和礼拜（星期）制度也是源于基督教信仰。由此可见基督教信仰对于现代西方文明的浸润之深。

> 基督教不仅为西方人提供了一种宗教信仰，而且还带来了一套相应的价值系统，其中最主要的如契约精神、诚信意识、"平等、自由、博爱"观念、天国信念、一夫一妻制的家庭伦理，以及"基督王国"（教会）与"恺撒王国"（国家）之间的权力制衡。这些价值观念对于西方人的精神理念和现实生活影响至深。

基督教的信仰经典《圣经·旧约》和《圣经·新约》就是两部契约，是人与神之间的契约，前者是犹太人与神订立的契约，后者则是耶稣在十字架上代表所有信仰者与神订立的契约。基督教特别强调契约关系，既然人与神之间订立了契约，那么人与人之间也应该建立起各种契约关系，如经济上的合同关系、政治上的宪约关系。按照西方政治学中流行的社会契约论，国家本身就是建立在社会契约之上，这种社会契约表现为国家的根本大法——宪法，它是全体缔约者共同订立和遵守的。人与神之间的信仰契约叫圣约，人与人之间的政治契约叫宪约，后者代表了全体人民的共同意志，而它的终极保证就是人与神之间的圣约。正因为如此，美国总统在就职宣誓时必须面对国旗和手按《圣经》，他既要对美利坚合众国的选民们履行职责，也要对信仰中的上帝负责，在他的身上同时承担着两种契约关系：宪约和圣约。

西方人的诚信意识也不同于中国人的诚信意识，中国人传统的诚信意识——五常中的"仁、义、礼、智、信"——是建立在个人的道德良知的基础上，而西方人的诚信意识则是建立在对神的信仰和对契约的责任之上，它带有更多的强制性而非自觉性的特点。

此外，西方近代社会强调的平等自由博爱观念也是从基督教信仰中生发出来的。古希腊罗马社会实行不平等的奴隶制度，人被分成了不同的权利等级。而基督教最初是在受苦受难的弱势群体中发展起来的，它试图以一种平等公义的社会理想来超越罗马帝国弱肉强食的悲惨现实，所以基督教的初期信仰中充满了平等观念、自由理想和博爱精神。尽管中世纪基督教会——表现为罗马天主教会——的实践活动越来越背离它的最初理想，但是到了宗教改革运动以后，基督教信仰又开始回归初心，重新发扬光大原初的平等自由博爱观念，这些重放异彩的价值观念有力地推动了资产阶级革命的发展和民主制度的建立。

基督教所宣扬的天国信念也颇有特色，相比起希腊人、罗马人及时行乐的生活态度，最初在苦难人群中发展起来的基督教更加向往彼岸的幸福。基督教的典型象征就是被钉在十字架上的基督耶稣，这个充满痛楚的文化象征，展现了肉体与灵魂、人间与天国、苦难与幸福、屈辱与荣耀等一系列对立价值之间的巨大张力。19 世纪德国著名诗人海涅说道："基督教最可怕的魅力就在那痛苦的极乐之中！"十字架就是一个将痛苦和极乐进行转换的地方，它以一种惊心动魄的吊诡方式把人间的苦难罪孽与天国的幸福荣耀进行了转换。这种关于天国的信念对于早期基督徒具有极强的精神感召力，他们面对罗马帝国统治者的屠刀前赴后继地走向殉道的十字架；在中世纪的黑暗蒙昧和普遍绝望中，这种对于天国的渴望变得更加迫切；到了近代，西方社会发生了一系列变革之后，人们开始越来越珍视现世生活，但是对于天国的憧憬依然未曾消解，从而促成了一次又一次的社会批判和理想变迁。

基督教非常注重家庭关系，严格的一夫一妻制的家庭伦理就是源于基督教信仰。按照《圣经》的说法，人类始祖亚当、夏娃最初就是一夫一妻，他们按照自然方式相结合而衍生出整个人类，所以任何人都不应该超越始祖。古希腊社会和古罗马社会的婚姻关系是比较混乱的，当时的两性放纵和同性恋关系非常盛行。但是自从基督教文明确立之后，严格的一夫一妻制就被固定下来，不仅是平民百姓，即使是帝王贵胄，也只能是一夫一妻，而且不得随意离婚。16 世纪英国的宗教改革运动——它是近代英国一系列社会变革的"第一张多米诺骨牌"——就是因国王亨利八世的离婚案而起。而且从中世纪一直到 20 世纪，同性恋关系都不被主流社会认可，到了 21 世纪初，荷兰等少数国家才承认了同性婚姻的合法性。在一夫一妻制家庭中，夫妻双方的情爱关系及其对对方和孩子的家庭责任，同样也是基于基督教信仰，尤其是与新教伦理密切相关。在许多奉行新教伦理的国家，如美国、英国、德国等，如果总统、首相、总理等国家领导人在个人生活方面出现了绯闻，就会遭到议会和人民的强烈抨击，甚至会因此而下台。

最后，在西方文明两千年的历史中，基督教会与罗马帝国之间始终存在着一种极其复杂的张力关系。耶稣受难于罗马帝国的十字架，而耶稣的信徒们却在信仰的感召下，借助日耳曼人这条"上帝的鞭子"最终摧毁了罗马帝国。在中世纪以及近代早期，坚如磐石的罗马教会与形形色色的罗马帝国不断地展开明争暗斗，"基督王国"与"恺撒王国"之间的教俗之争构成了贯穿西方历史的一条红线。与中国传统社会皇权独大的情形不同，西方社会中始终存在着一种二元权力关系。虽然在现代西方社会中，二者之间的关系得到了很大的缓解，但是教会与国家、宗教与政治之间的张力仍然强劲地存在，宗教信仰和教会势力对于国家政治的走向仍然具有重要的影响力。

以上都是基督教信仰及其相关的价值观念对于现代西方文明的深刻影响。

第 VI 节

希腊文明、罗马文明和基督教文明之间的复杂关系

希腊的文化形态、罗马的制度形态，以及基督教的信仰和价值观念共同构成了现代西方文明不可或缺的三大根基。这三者存在着非常复杂的历史关系，不仅有时间上的先后之分，而且彼此在文化内涵上也差异巨大。三者之中，罗马文明正好处于希腊文明和基督教文明之间，具有重要的起承转合意义。罗马人征服了希腊世界，却受到希腊文化的潜移默化的影响，如果说希腊沦为罗马的政治殖民地，那么罗马就蜕化为希腊的文化殖民地。基督教与罗马帝国的关系同样诡异神奇，罗马帝国统治者杀死了基督，基督的信徒们却颠覆了罗马帝国；而且二者在后来的历史进程中始终如同藤蔓缠绕一般复杂地纠结在一起，剪不断，理还乱，共同塑造了西方文明独特的历史面貌。

西方文明这三大根基之间的关系绝非三言两语可以讲清楚的，涉及许多错综复杂的历史背景和文化基因。[①] 我素来喜欢把

---

① 我在本书的附录《罗马帝国的历史命运与现实影响》中梳理了这种复杂的关系。

文明看作一个有机体或者活的生命，而不是一个由各个部件拼接而成的机器。希腊文明也好，罗马文明也好，基督教文明也好，它们都经历了一个生根发芽、开花结果以及相互嫁接的过程，经历了"生老病死"的发展演化。在这本关于罗马文明的书中，我经常会提及罗马与希腊的关系，也会兼顾稍后出现的基督教的相关因素。希腊文明、罗马文明和基督教文明虽然可以分别进行考察和论述，但是它们的历史血脉却是相互渗透和融合更新的。

有一句大家耳熟能详的话："条条大道通罗马！"需要强调的是，我们绝不能仅仅对这句话进行一种简单的空间上的理解，即罗马时代的所有大道——主干道8万公里，加上支道一共15万公里——都是通向帝国首都罗马城的；更重要的是，还应该对这句话进行一种时间上的理解，即后世西方文明的许多制度、规范、设施、技术等都是来自罗马，罗马文明构成了现代西方文明的永不衰竭的活水源头。只有从这种空间和时间的双重维度，我们才能真正理解"条条大道通罗马"的深刻含义。

在本书中，我将系统地讲述罗马文明的起源与发展历程，解析作为西方政治典范的罗马共和制度的权力架构和基本特点，展示罗马帝国迅猛扩张的过程和成就，分析罗马从共和向帝制转化的内外原因并重现其间轰轰烈烈的历史场景，介绍罗马帝制诸王朝的演变情况和帝国的衰亡历程，并对罗马的各种文化形态（宗教、法律、建筑、艺术、文学等）进行分门别类的阐述。本书既展现了罗马帝国波澜壮阔的发展历程和激扬人心的英雄业绩，也揭示了庞大的超级帝国在内外交困中萎靡沉沦的历史教训，更致力于从历史事实中发掘出鲜活的人性和崇高的美德。除了文字之外，本书还展现了大量的图像资料，以便引领读者身临其境般地感受古罗马帝国的恢宏气度和历史情景。

"罗马不是一天建成的"，罗马的历史影响也不会由于帝国宏宇的坍毁而消失。气势磅礴的罗马帝国将如同美轮美奂的希腊文明一样，永远在人类历史的星空中绽放光辉。

第 I 卷

罗马崛起

THE
GRANDEUR OF
ANCIENT
ROME

第 I 章

罗马文明的起源

　　和希腊文明一样，罗马文明也是一种古老的文明。按照学术界一般的说法，公元前8世纪罗马作为一种文明就开始产生了，与希腊城邦文明的出现几乎是同时代的。

　　但是，与希腊城邦文明以及更早的克里特－迈锡尼文明（爱琴文明）的脉络清晰的历史发展情况不同，早期罗马的历史充满了扑朔迷离的特点，诚如阳光明媚的爱琴海岸和迷雾重重的拉丁平原的区别一样。当然，公元前8世纪距今已经两千多年了，许多事情难免扑朔迷离，真伪难辨，在罗马的早期发展过程中，真实的历史和浪漫的传说往往水乳交融。

罗马文明的历史背景

优越的地理环境和务实的民族性格

在论述罗马的历史起源之前，我们首先来看看意大利的地形。意大利和希腊、西班牙都属于南欧，分别位于欧洲大陆伸入地中海的三个半岛：东边是希腊所在的巴尔干半岛，中间是意大利所在的意大利半岛，西边是西班牙所在的伊比利亚半岛。意大利半岛正好处于地中海的中线，从而把地中海分为东西两部分。从地图上可以看到，罗马所在的意大利三面环海，很像女孩子穿的一只高筒高跟靴，深入地中海中。"靴尖"有一块"大石头"，这就是西西里岛，近代以来这里因为是黑手党的老巢而闻名。在意大利半岛的北边，耸立着的欧洲的第一大山脉阿尔卑斯山脉，把意大利与北边的野蛮民族隔开。那个时候欧洲的北部都是野蛮人生活的地区，只有希腊和罗马是西方最早的两个文明发源地。

希腊和罗马都在南方，都属于地中海世界，而阿尔卑斯山脉就成
为文明世界与野蛮民族的分界线。此外，还有一条山脉纵贯意大

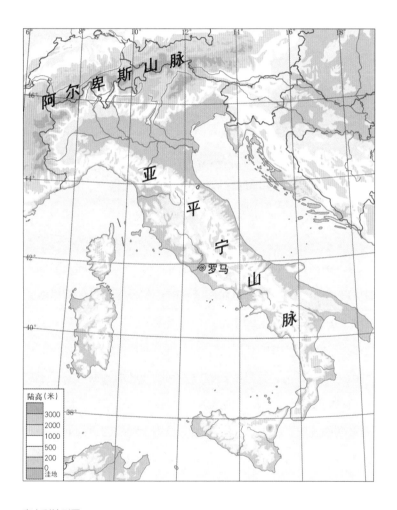

意大利地形图

利全境，这条山脉叫亚平宁山脉，所以意大利半岛又叫亚平宁半岛。

从地理上来看，意大利虽然与希腊隔海相望，隔着一个亚得里亚海，但是这两个地区的自然环境差别比较大。希腊全境多山，土地贫瘠，不太适合农业的发展。正因为如此，希腊城邦一般都是沿着海岸线而建，人们主要从事渔业和商业，由于经常出海，所以养成了比较浪漫的秉性，热爱自由，富于幻想，注重个性发展，这种民族性格的形成是与希腊人的生活环境紧密相关的。

然而罗马人却不一样，意大利虽然也有一条山脉纵贯全境，但是亚平宁山脉的两麓都是沃土良田，土质肥沃，日照充分，非常适合农业的发展。意大利中部，就有一块大平原，即拉丁平原，罗马城就依傍这个平原而建。自古以来，意大利的农业就比较发达，尤其是小麦，生长茂盛，以小麦为原料的意大利面享誉古今。因此，生活在农业发达的平原地区的罗马人与栖息在商业繁荣的爱琴海岸的希腊人不同，农业民族与商业民族的文化秉性和精神特征具有很大的差异。农业民族的特点是脚踏实地、循规蹈矩，春天播下了种子，要等到秋天才能收获，所以必须严格遵循大自然的农时节律，按部就班地完成农业生产和生活起居的整个程序。这样一种"刻板"的生产方式和生活方式，自然就塑造了罗马人的基本性格，那就是坚韧、质朴、勇敢、虔诚。

如果说希腊人是一个仰望星空的民族，浪漫超逸，那么罗马人就是一个俯抱大地的民族，坚韧务实。希腊人创造了许多美轮美奂的文化形态，如文学、艺术、竞技、哲学等。罗马人却不像希腊人那样富有"小资情调"，他们始终表现出一种热爱大地、追逐人间利益的务实精神。罗马人开创和完善的所有制度形态——法律、政治、行政管理、公共建筑等——都充满了功利色彩，并且具有大气磅礴的恢宏气势，而不像希腊人创造的东西那样空灵浪漫、精美雅致。罗马人并没有营造出那些陶冶性灵的文化形态，却开辟了一个幅员辽阔的大帝国。

以上从地理环境方面分析了罗马文明的历史背景及其与希腊文明的差异，下面就来看一看罗马早期的历史状况。

印欧语族与维拉诺瓦文化

在公元前 8 世纪或者更早以前，罗马的历史是扑朔迷离的，研究者们很难说清楚到底有哪些族群居住在这里。因为早先的人类还没有进入文明状态，很多族群都是流徙不定的。按照现在文明史的观点，亚欧大陆西部最早的文明创建者，可能是一些操原始印欧语的人群。这种带有猜测性的原始母语，又叫作雅利安语。研究者们发现，从印度一直到西班牙，以及英国的广大地区，其语言都具有某些同源性的特点，学术界因此认为它们可能共同起源于一种原始母语。这种原始母语最早可能是在黑海与里海之间的雅利安娜地区流传，后来随着游牧民族的四处迁徙而逐渐扩散到从印度河一直到大西洋沿岸的广阔空间。所以，"雅利安"只是一个带有假想色彩的原始语言学概念，而非一个民族或种族的指称。后来这个概念被某些西方人滥用了，导致了所谓"雅利安种族优越论"的谬论。

除了操原始印欧语或雅利安语的人群之外，亚欧大陆还有一个族群叫阿拉米人，他们最初生活在从两河流域到地中海东岸一带，他们使用另一种原始语言，即闪米特语。闪米特语流行于亚欧大陆的南部，犹太人就是使用闪米特语的民族，而印欧语则主要是亚欧大陆北方的游牧民族所使用的语言。在史前时代，这些印欧语族和阿拉米人都居无定所，追逐水草而生，在游牧过程中踏遍了亚欧大陆的广阔地区。而亚欧大陆上的一些古老文明，如西亚文明和南欧文明，在起源上都或多或少与这两个族群有关。

根据考古资料，早在公元前 2000 年，也就是距今四千多年的时候，希腊爱琴海地区已经出现了克里特文明，而那时的意大利还是一片蛮荒之地。几百年之后，有一些从中欧迁徙而来的印欧语族，他们越过了意大利北边的波河，来到了意大利的中北部地区，然后在这里开始了筑垒而居、以渔猎为业的生活，并且开始使用铁制工具，这说明他们已经达到了比较高的文化水平。从人类的进化史来看，人类曾经经历了大约三百万年的旧石器时代和一万年的新石器时代，到了距今五千年以后，开始进入青铜时代，而许多古老的文明——如美索不达米亚文明、古埃及文明、印度哈拉巴文明、中国夏商周文明、希腊爱琴文明等——就是从这个时候相继出现的。而铁器是一种工艺水平更高的器具，是在青铜器的基础上发展而来的。铁制工具更加坚韧耐用，无论是农具还是兵器，都不像青铜器那样容易折断，所以铁器代表了一种更高的文化水平。有些并没有进入文明状态的民族也从更先进的民族那里学会了制造和使用铁器，而那些在三千多年前来到意大利定居的人群就属于此类。

在公元前 1000 年之前，意大利中北部地区就出现了一些筑垒而居、使用铁器的族群，这就是今天的考古学所能确定的最早的意大利文化。这些族群还没有开始使用文字，也没有建立国家，所以仍然处于文明之前的蛮荒状态，就和中国陕西的半坡文化一样。但是他们的工具已经进入铁器时代。这个可考的意大利最古老的文化阶段被叫作维拉诺瓦文化（Villanovan Culture），它那先进的工艺技术对后来的移民影响很大，特别是影响了伊特鲁里亚人（Etruscan，一译伊特拉斯坎人），并通过伊特鲁里亚人的中介深深地渗透进罗马文明。继维拉诺瓦文化之后，从东方和北方又陆续迁徙来了许多不同族群，如伊特鲁里亚人、翁布里亚人（Umbrian）、萨宾人（Sabine）、拉丁人（Latin）等，意大利中部的拉丁平原及其周边地区变得逐渐热闹起来，这些族群共同构成了罗马文明的历史起源。

意大利的早期族群

意大利最早可考的文化阶段是维拉诺瓦文化，它成为后来的罗马文明赖以发生的根基。在此基础上，在公元前 1000 年前后的数百年间，又不断有其他的迁徙者从中欧或者海上来到意大利半岛，他们在维拉诺瓦文化的基础上开始形成自己的文化特点，这样就出现了一些新的族群。

19 世纪德国有一位研究古代意大利文明的著名罗马史专家蒙森，他关于罗马史的巨著曾经获得过诺贝尔文学奖，至今仍然是罗马史研究的经典著作。蒙森认为，那些后来迁徙到意大利半岛的族群大概可以分为以下三支。

一、耶皮基人

在维拉诺瓦文化出现之后，最早来到意大利半岛定居的一支族群，叫作耶皮基人，他们从北方一直向南迁移到意大利的"靴底"。这些人后来逐渐被从北方来的意大利人以及从海上来的希腊移民给同化了。

二、意大利人

第二支就是意大利人。意大利人是继耶皮基人之后来到亚平宁半岛的，他们主要在意大利中部定居，并将更早来到这里的耶皮基人一路赶到了南边。由于他们分布在意大利半岛的大部分地区，所以被叫作意大利人。他们又可以进一步分为拉丁人、萨宾人和翁布里亚人，以及南支的玛尔斯人、萨莫奈人（Samnites，一译散尼特人）等。这里面最重要的一支就是拉丁人，因为最初的罗马人就属于拉丁族裔，而他们所在的平原也因此被叫作拉丁平原，罗马文明最早就是在拉丁平原发展起来的。

三、伊特鲁里亚人

还有一支就是稍后来到意大利西北部定居的伊特鲁里亚人，关于他们的来源，学术界说法不一，有的学者认为他们是从东方的小亚细亚迁徙过来的，有的研究者则认为他们是从中欧南下的，甚至还有人主张他们是意大利本土的原住民。

这样一来，在奠基性的维拉诺瓦文化产生之后的数百年时间里，从中欧或者从海上来了三支族群。第一支是在意大利半岛最南端定居的耶皮基人，这些人最后完全被其他民族同化了。第二支就是在意大利半岛大部分地区生活的意大利人，包括若干分支，其中最重要的分支就是拉丁人。第三支则是稍晚来到意大利西北部（今托斯卡纳地区）定居的伊特鲁里亚人。

公元前 8 世纪以后，文明开化的希腊人沿着爱琴海和地中海的海岸线开始了殖民活动，他们很快来到意大利南部和西西里岛沿岸，以前居住在意大利南部的耶皮基人也逐渐被意大利人和希腊人同化了。从此，在意大利这个靴形半岛的"靴尖"、"靴跟"和"靴底"上，以及西西里岛的东部和南部地区，希腊人建立了很多殖民地。希腊人的海外殖民有一个特点，他们只沿着海岸线发展，从来不往内地深入，这是与他们的海洋民族秉性有关的。因此在库迈（Cumae，今那不勒斯附近）以南的意大利海岸线上，一直到"靴底"和"靴跟"的沿海地区，都布满了希腊人的城邦，如那不勒斯、克罗托内、塔兰托、布林迪西等，还有西西里岛上的墨西拿、卡塔尼亚、叙拉古（Syracuse，一译锡拉库萨）、阿格里真托（一译阿克拉伽斯）等。这些地方，最早可能都是耶皮基人居住的区域。

意大利半岛的广大中部地区，就是意大利人的居住地，其中包括许多分支族裔，如北边的拉丁人、西边的坎帕尼亚人、南边的萨莫奈人等。而在意大利人居住地的西北边就是伊特鲁里亚人的居住地，他们大约是在公元前 8 世纪之前来到这里，后来不断地向南发展，曾一度征服了库迈以北的坎帕尼亚地区，与希腊人控制的库迈以南的势力范围形成了直接的对峙。

如果再往北，到了意大利人和伊特鲁里亚人居住地以北的大片地区，一直到阿尔卑斯山麓，就是野蛮人居住的地方。那里流徙不定地生活着许多野蛮民族，其中一支叫利古里亚人（Ligurians），还有一支更剽悍的民族，叫作高卢人（Gauls），他们在阿尔卑斯山北边的族裔就是后来法国人的祖先。

这就是意大利土地上最早定居的一些族群。大体上，意大利人主要生活在亚平宁山麓两边的中部地区，意大利半岛的南部主要是希腊城邦，西北部则是伊特鲁里亚人的居住地；再往北，在波河的两边，则居住着高卢人等野蛮民族。

拉丁族的重要意义

意大利半岛的早期族群中，有一个重要的族群就是意大利人中的拉丁人。

拉丁人是比较早来到意大利定居的，他们又分成两支。一支是北支，主要居住在拉丁姆（Latium），也就是拉丁平原，这支人成为最早的罗马人，或者说是最正宗的罗马人渊源。现在我们可以像剥洋葱一样，将意大利各族群一层一层地剥开，剥到最中间的那个核心层，就是拉丁人，尤其是拉丁人北支。他们生活在拉丁平原和台伯河畔，奠定了最初的罗马文明。

与此相应，拉丁人的南支则分布在意大利中西部，以及大希腊地区。所谓"大希腊"，就是指意大利"靴腰"以下地区所分布的众多希腊城邦，还包括西西里岛上的希腊城邦，这是爱琴海世界的希腊人对南意大利地区的称呼。因为希腊人在这里广泛地建立了殖民城邦，这些城邦都在希腊本土之外，所以这个地区自古以来就被叫作大希腊，意指希腊文化的势力范围。大希腊包括南意大利和西西里岛东南部的诸多城邦（西西里岛的西部则建有一些迦太基人的殖民地），这些地方与爱琴海世界的希腊城邦同宗同源，种族相同，语言一样，宗教信仰和文化风格也基本一致，它们都是希腊本土人民迁移到这些地方之后建立的殖民城邦。而拉丁人的南支就分布在与大希腊相毗邻的意大利中西部地区，这个地区叫坎帕尼亚；还有一些人群则生活在南部的大希腊地区。由于深受文明水平较高的希腊城邦（如库迈、那不勒斯等）的文化影响，所以拉丁南支后来逐渐被希腊人同化了。

对于后来的罗马文明而言，拉丁人的北支构成了其最重要的因素，他们与萨宾人、伊特鲁里亚人相融合，共同铸造了罗马文明的根基。

和许多古老的族群一样，拉丁人最初也是由一些以血缘关系为纽带的氏族所组成的。每个氏族中，除了血脉相通的亲属以外，可能还会有一些依附于这个氏族、为氏族首领效命同时也得到氏族首领庇护的人，这些人就是所谓的"门客"（client）。罗马最早的那些氏族首领——他们后来成为名门望族，即罗马贵族——往往具有显贵的血统和较强的统治能力，除了让本氏族的血缘宗亲俯首听命之外，也让外族的一些漂泊者和仰慕者投靠门庭，这样就形成了一种较为牢固的恩主－门客关系。作为恩主的家族家长或氏族首领，在族群中拥有绝对的领导权，而家族的其他成员和门客则对其表现出强烈的忠诚精神。

这种恩主-门客关系很像中国春秋战国时期的那些名门望族，家族人丁兴旺，门客众多。例如战国时期的赵襄子、秦相吕不韦、燕太子丹、"战国四公子"（魏国信陵君、赵国平原君、楚国春申君、齐国孟尝君）等，门下都养有大批依附者，所谓"侠奸六万，门客三千"。这些侠士门客效命恩主，赴汤蹈火，死不旋踵。在拉丁人中，情况也大体相同，一些氏族豪门财大气粗、人丁兴旺，拥有大量的血缘宗亲和门客附庸，这些拉丁的名门望族后来就成为罗马元老院（Senatus）的中流砥柱。

这种恩主-门客关系很好地解释了罗马贵族为什么会有那么大的势力——主要原因不在于贵族本身的人数，而在于他们手下门客的数量。早期的罗马人很淳朴，特别讲忠诚，门客在经济上和政治上得到恩主的庇护，所以他们也会死心塌地地为自己的恩主效命。这样一来，人数有限的贵族由于拥有的门客众多，而且这些门客都是自由民，在后来建立的罗马国家中享有公民权，所以作为恩主的贵族在政治生活中就具有了很大的权势。这就是拉丁族早先形成的恩主-门客制度，即以氏族首领或贵族为中心，靠血脉关系和依附关系而形成的人际关系网络。而游离于这些豪门家族之外的个体农民，与依附于一方恩主的门客相比，往往在经济上和政治上就处于一种孤立无援的状态。

拉丁人的社会生活中，形成了一些以贵族姓氏来命名的较为稳定的社区，比如埃米利区、科尔内利区、法比区、贺拉提区等，它们往往具有根深蒂固的血缘传统。这些社区都是以氏族豪门为权力中心，通过血缘关系和恩主－门客制度，形成了一种相对稳定的人群聚合体，这就构成了拉丁族裔最早的社会结构。一个社区的人聚集在一起，形成了一些约束性的族群规范，举行公共的宗教活动，或者共同抵御敌人。以这种氏族社区为基本单元，后来拉丁族裔中形成了更大的政区，这种政区就构成了罗马社会最早的雏形。

一个政区往往由好几个，甚至十多个氏族社区构成，随着历史的发展，各个拉丁政区又彼此联结成一个更大的政治同盟，同盟当中会产生一个盟主。这就与中国夏商周时期非常相像，夏商周的天子实际上只是部族联盟的一个盟主罢了，虽然受到四夷各邦的拥戴，但是不能干预属下邦国的事务，完全不同于秦朝以后一统天下的皇帝。在早期的拉丁同盟中，盟主并不是罗马，而是罗马东南边的一个叫阿尔巴的部族，这个部族据说就是由罗马文明的奠基者埃涅阿斯（Aeneas）的长子阿斯卡尼乌斯（Ascanius）所建。一直到罗马建城之后的第三任国王图鲁斯吞并了阿尔巴之后，罗马人才成为拉丁同盟的盟主。

第 II 节

罗马文明的初始阶段——伊特鲁里亚文明

伊特鲁里亚文明的历史定位

在最早进入意大利半岛的三支族群中，南边的耶皮基人后来被希腊人同化了；中部的意大利人包括很多分支，其中的拉丁人可以说是一枝独秀；还有一个族群就定居在意大利的西北部，也就是今天的托斯卡纳地区，他们叫作伊特鲁里亚人。据说伊特鲁里亚人是从东方小亚细亚迁徙而来的，这支移民的迁徙路线引出了关于罗马历史的一段著名传说，即埃涅阿斯的漂泊故事，从而使罗马文明的起源与爱琴海的希腊文明产生了关系。

大家都知道古希腊著名的游吟诗人荷马的史诗《伊利亚特》和《奥德修纪》，在这两部被后世誉为"西方文学的开山之作"的史诗中，荷马讲述了希腊大英雄阿伽门农、阿喀琉斯等人围攻小亚细亚的特洛伊，最后使用木马计把特洛伊攻下来的故事。特洛伊被攻陷之后,一位名叫埃涅阿斯的大英雄携带家人从小亚细亚迁徙到了意大利中部的拉丁平原,由此奠定了罗马文明的基业。这段传说与伊特鲁里亚人的迁徙历史相吻合,学术界一直有一种观点,即认为伊特鲁里亚人是从小亚细亚来到意大利台伯河以北的地区定居的。

　　罗马的历史与伊特鲁里亚人的迁徙紧密相关,正因为这样,所以无论是罗马本土的博物馆,还是欧洲其他国家的博物馆,在展示罗马文明时,都将其第一个阶段称为伊特鲁里亚文明。这就意味着,伊特鲁里亚人建立的文明才是罗马文明的初始阶段。在公元前 8 世纪前后,意大利人还没有进入文明状态,耶皮基人是在后来希腊化的过程中才开始融入文明的,而维拉诺瓦文化只是一种史前文化,所以罗马文明的第一个阶段就是伊特鲁里亚文明。这就如同我们中国迄今可考的第一个文明阶段是夏朝一样,伊特鲁里亚文明成为可以确证的罗马文明的第一个阶段。

　　按照希腊"历史学之父"希罗多德的说法,伊特鲁里亚人早在公元前 8 世纪之前就从小亚细亚来到了意大利的西北部,即今天的托斯卡纳地区定居。大家知道这个地区有一些非常著名的城市,例如佛罗伦萨、比萨等。伊特鲁里亚人向南扩张的步伐被意大利中部地区的拉丁人和翁布里亚人阻止,在早期的罗马历史中,台伯河构成了拉丁罗马人与伊特鲁里亚人的分界线。最初创建的罗马城就位于台伯河南岸,而伊特鲁里亚人的势力范围则分布在台伯河以北的广大地区,包括著名的伊特鲁里亚十二城,其中维爱（Veii，一译维伊）城就建立在台伯河北岸，长期构成了罗马的强劲对手。

由于伊特鲁里亚人是从爱琴海的希腊世界迁徙而来（另一种观点认为伊特鲁里亚人是意大利土著民族，只是较多地接受了希腊文化的影响），所以他们的文化水平相对较高，在意大利各族中率先进入了文明状态，受希腊人的影响创建了文字，建立了最初的国家形态。随着势力的进一步壮大，伊特鲁里亚人沿着意大利半岛西边的第勒尼安海岸向南发展，一度渗透到坎帕尼亚的库迈等地，与那不勒斯（新城）等希腊殖民城邦相毗邻。在罗马人崛起之前，伊特鲁里亚文明已经发展到相当高的水平，构成了分别控制东、西地中海霸权的希腊人与迦太基人之间的第三股势力。

伊特鲁里亚文明虽然深受希腊文明的影响，但是从地缘关系的角度来看，伊特鲁里亚文明（以及后来的罗马文明）一开始就表现出与希腊文明完全不同的发展定位和文化特点。从地图上看，尽管希腊和罗马这两个民族隔海相望，但是它们却相背而立，背对背地隔着亚得里亚海，一个环绕爱琴海，一个面向第勒尼安海。希腊文明是面对爱琴海和东地中海的，它的眼光主要投向东方，即小亚细亚、西亚和埃及地区。希腊最重要的城邦如雅典、科林斯、麦加拉、底比斯等，全都致力于向东方世界发展，虽然有些希腊城邦也在南意大利和西西里岛建立了殖民城邦，但是希腊殖民扩张的重心还是在爱琴海乃至东北方的黑海地区。荷马史诗中描写的特洛伊战争是希腊联军向东方世界发起的一场战争（这场战争被后人看作亚欧大陆或东西方之间的第一场战争），希波战争是希腊人与东方波斯人之间的政治军事冲突，而亚历山大金戈铁马所征服的也是广大的东方地区。但是意大利的情况却全然不同，伊特鲁里亚人以及后来崛起的罗马人，都是面向西方发展起来的。托斯卡纳地区和罗马都面对着西地中海（第勒尼安海），它们早先的主要对手是西地中海的霸主迦太基人，罗马人是在首先夺取了西地中海的霸权之后（第二次布匿战争）才真正开始向东发展的。

在文化方面也是如此，希腊城邦文明早在崛起之初就深受东方文化的影响，如腓尼基的字母文字和造船技术、巴比伦的天文学和度量衡、吕底亚的货币贸易制度、埃及的宗教崇拜和几何学等，无不在希腊文明中留下了浓墨重彩的一笔，所以希腊文明本身就具有明显的东方文化烙印。虽然伊特鲁里亚人曾经接受了希腊文化的濡染，并且作为中介把这些文化因素传递给了罗马人，但是无论是伊特鲁里亚人还是罗马人都更多地表现出一种西方式的刚性文化特点，与希腊美轮美奂的柔性文化风格迥然相异。

伊特鲁里亚人的文化风格

今天西方的一些博物馆在讲述意大利历史的时候，总是从伊特鲁里亚文明开始讲起，并且会展示许多伊特鲁里亚时期的文物，如雕塑和壁画。从这些文物中，我们可以看到伊特鲁里亚的男人高大雄伟，女人健康美丽，从肤色上看显然属于白种人。这些文物也显现了伊特鲁里亚文明与希腊文明之间的密切联系，其在宗教信仰、艺术风格、工艺制造等方面都带有明显的希腊乃至东方的印迹。比如狮身人面的斯芬克斯怪兽，最早就是从埃及传到克里特岛的，后来从克里特岛传到希腊本土和爱琴海世界，而伊特鲁里亚人的壁画中也

石棺上的伊特鲁里亚男人和女人

伊特鲁里亚人的生活情景

出现了斯芬克斯像。此外，我们在伊特鲁里亚人的壁画中还可以看到希腊风格的艺术表演。

伊特鲁里亚人的艺术表演

　　学术界有一种观点认为，伊特鲁里亚人构成了希腊文明与罗马文明的重要中介，正是伊特鲁里亚人把精美高雅的希腊文化带给了罗马人。但是另一种观点则认为，伊特鲁里亚文明与希腊文明是完全不同的文化形态，它不可能成为希腊文明与罗马文明的中介。罗马人属于拉丁族裔，与伊特鲁里亚人隔着台伯河相对峙，彼此之间经常发生战争，因此罗马人对希腊文化的接受是从公元前 4 世纪，即罗马人彻底打败了伊特鲁里亚人以后才真正开始的。这两种观点均有可取之处，罗马人虽然长期与伊特鲁里亚人为敌，但是二者在彼此抵牾的过程中也难免相互借鉴。由于伊特鲁里亚的文明水平明显高于罗马，所以早先的罗马人不仅从伊特鲁里亚人那里借鉴了他们自身的文化成就，而且也接触到了他们所带来的希腊文化成果。

　　如果我们接受伊特鲁里亚人"东来说"的观点，那么就不能不承认他们是希腊文化在意大利半岛的重要传播者。特洛伊所在的小亚细亚爱奥尼亚地区虽然曾与希腊发生过战争，但是它仍然属于广义的希腊世界。今天土耳其境内的爱琴海东岸地区，即爱奥尼亚，在古代深受希腊文化的熏陶，因此从那里迁徙到意大利半岛的伊特鲁里亚人自然带来了大量的希腊文化因素。此外，伊特鲁里亚人也在漫长的历史发展过程中形成了自己独特的文化风格。后来罗马人与伊特鲁里亚人隔河相对，双方尽管时有冲突，但是也难免会有和平的商贸往来与文化交流。受伊特鲁里亚人更高的文化势能的影响，罗马人潜移默化地接受了许多希腊因素的

伊特鲁里亚人迁徙图

影响，同时也传承了伊特鲁里亚人的一些文化特色。例如，有的研究者认为拉丁文的起源可以追溯到希腊文，而二者的重要中介就是伊特鲁里亚人的文字。西方人普遍使用的字母文字，最初是由西亚的腓尼基人传入希腊世界的（在希腊城邦文明之前的克里特－迈锡尼文明时期所使用的文字，是更加类似于象形文字的线形文字）。这种字母文字经过希腊人的进一步发展之后，影响了拉丁文以及其他各种西方文字，而伊特鲁里亚人对于字母文字向地中海西部世界的传播，可能起到了重要的中介作用。正是由于至今发掘出来的伊特鲁里亚文字比罗马人所使用的拉丁文更加古老，所以学术界才把伊特鲁里亚文明确定为罗马文明的初始阶段。

伊特鲁里亚的文化影响

伊特鲁里亚文明对罗马人的影响，主要表现在如下几个方面。

一、埃涅阿斯的传说和奥林匹斯诸神崇拜

关于埃涅阿斯在拉丁平原开创基业的传说，是一个关系到罗马起源的流传甚广的故事，无论是古代的罗马人，还是今天的意大利人，都对这个故事深信不疑。特别是自从公元前 1 世纪罗马大诗人维吉尔创作了堪与荷马史诗相媲美的伟大史诗《埃涅阿斯纪》之后，西方人就将埃涅阿斯视作罗马文明的奠基者，就像中国人自司马迁的《史记》之后就确凿无疑地认定黄帝是中国文明的人文始祖一样。埃涅阿斯的故事和伊特鲁里亚人的迁徙路线是基本吻合的，或许正是这些史前时代从小亚细亚迁徙而来的伊特鲁里亚人，带来了关于埃涅阿斯的传说和奥林匹斯诸神崇拜。

希腊人崇拜的奥林匹斯诸神，在被伊特鲁里亚人带到意大利之后，逐渐与罗马本土与之功能相同的神灵相融合，并且换了一些拉丁名字，比如希腊的宙斯，在罗马就叫朱庇特；希腊的赫拉，在罗马就叫朱诺；希腊的雅典娜，在罗马就叫密涅瓦；希腊的阿佛洛狄忒，在罗马就叫维纳斯，等等。罗马人后来信仰的那些神灵，大多源于希腊，与希腊的神灵长相相同，功能相同，二者共同构成了源远流长的希腊罗马多神教。而在这个多神教的传承过程中，伊特鲁里亚人扮演了一个重要的中介角色。

二、建筑风格和作战阵形

如果说希腊城邦大多是沿着海岸线而建的，罗马人居住在适宜农耕的平原地区，那么伊特鲁里亚人则喜欢居住在丘陵和湿地附近。伊特鲁里亚人心灵手巧，擅长工程技术，他们开垦湿地，修建广场，其工艺风格对于后来的罗马人影响至深。伊特鲁里亚人喜欢用石头来筑垒建房，有些建筑样式明显是受到了希腊文化的影响。比如希腊人所开创的那些柱式风格，包括粗壮的多利亚式柱体和秀美的爱奥尼亚式柱体，最初就是通过伊特鲁里亚人传给罗马人的。研究者们普遍认为，最早的罗马城就是一座伊特鲁里亚人的城市，因为在罗马王政时期，曾经有三个国王都是伊特鲁里亚人，他们在对罗马城进行最初的改造时，显然为其注入了伊特鲁里亚的建筑风格。

此外，还有希腊人在作战时所使用的方阵战术，即由手执盾牌和长矛的士兵排成 10 人 ×10 人的方阵（马其顿人后来将其发展为 16 人 ×16 人的方阵），四边的战士高举盾牌，中间的士兵拿着长矛，整体往前推进，这种作战方式也是伊特鲁里亚人从希腊人那里学来的，罗马人早期也曾经使用，后来这种作战方式则被更加灵活的步队作战方式取代。

三、文化习俗

罗马人的一些文化习俗，最初也是从伊特鲁里亚人那里继承来的。例如，伊特鲁里亚人曾将最高权力的象征称为"法西斯"（fasces）。"法西斯"就是用十来根圆木棍绑着一把斧头，当作国家最高权力的象征。当国家的领导人外出时，一些随从会扛着"法西斯"为他开道。后来罗马王政时期的国王、共和国时期的执政官和独裁官，以及帝国时期的皇帝，都配备了相应数量的"法西斯"，象征着国家的公权力（public power）。这是"法西斯"一词的最初含义，至于它演变为一个贬义词，那是 20 世纪的事情。

罗马人在战争得胜时喜欢举行凯旋式，但是希腊人却从来没有这种习俗，这种仪式是罗马人从伊特鲁里亚人那里继承下来的。伊特鲁里亚人每当战争得胜后，都会举行隆重的凯旋式。仪式上得胜的将军押着战俘，带着金银财宝，后来到了罗马共和国中后期，甚至会乘用四匹白马所拉的战车，把这些俘虏和财宝带到神庙进行献祭。在影片《埃及艳后》中，我们可以看到恺撒当年举行的凯旋式是何等的威风！这些都是从伊特鲁里亚人那里学来的。

此外，罗马人角斗的习俗最初也是受到了伊特鲁里亚人的影响。早在希腊的克里特文明时期，宫廷中就已经有斗牛的游戏，但是这种游戏与其叫作"斗牛"，不如叫作"逗牛"，即戏逗公牛，更多的是一种杂技表演。伊特鲁里亚人可能最早开始了真正的斗牛活动，即在大庭广众之下搏杀公牛。后来罗马人由伊特鲁里亚人的斗牛活动发展出了搏杀各种猛兽，甚至培养角斗士进行残酷格斗的活动。罗马帝国鼎盛时期的最重要的公共场所就是竞技场，竞技场也是斗兽场，用于举行人与狮子、老虎、大象等各种凶猛动物，甚至人与人的格斗活动。罗马人这些血腥的娱乐活动，最早也是从伊特鲁里亚人的斗牛活动中发展起来的。

上述这些文化习俗，有的是由伊特鲁里亚人从希腊人那里习得的，有的则是伊特鲁里亚人自己开创的，它们都对后来的罗马文明产生了深刻的影响。

第 III 节

罗马的起源与历史划分

在关于罗马文明起源的传说中，影响最大的当数埃涅阿斯开创基业的故事。埃涅阿斯从特洛伊流浪到意大利的足迹是与伊特鲁里亚人迁徙的路线基本吻合的，这段故事早就在罗马民间流传，到了维吉尔的《埃涅阿斯纪》问世之后，这个传说更是成为罗马妇孺皆知的基本事实。

埃涅阿斯的迁徙

在希腊城邦时代，荷马史诗所讲述的特洛伊战争是家喻户晓的：为了一位红颜海伦，希腊人对爱琴海东岸的特洛伊发起了十年艰苦卓绝的战争，无数英雄血溅沙场、命丧黄泉，最后希腊人终于用木马计攻陷了特洛伊，将其烧为灰烬。荷马在史诗中就已经提到过特洛伊的大英雄埃涅阿斯，他是特洛伊国王的女婿，也是美神阿佛洛狄忒在人间的儿子。特洛伊城失陷后，埃涅阿斯扛着年迈的父亲安奇塞斯，携妻带子，引领着一批幸免于难的特洛伊人，离开了烈焰中的特洛伊城，开始了艰难的漂泊历程。

埃涅阿斯逃离特洛伊

按照罗马民间的传说和维吉尔的描写，埃涅阿斯离开特洛伊之后，先后辗转到爱琴海北岸的帖撒罗尼迦、南端的克里特岛和意大利西南边的西西里岛，并因海难被冲到了迦太基（Carthage，今北非突尼斯），与迦太基的狄多女王产生了一段炽烈的爱情。当俩人陷入热恋之时，埃涅阿斯的耳边回响起神圣的感召："你不能停留在此，你的使命在意大利！"因此，埃涅阿斯只能忍痛割爱，不辞而别，离开迦太基，来到了意大利的拉丁平原。在意大利，埃涅阿斯通过激烈的战斗杀死了拉丁英雄图尔努斯，并迎娶了拉丁酋长之女拉维尼亚（Lavinia）为继妻，从此在拉丁平原繁衍后裔，世代为王，开创了罗马文明最初的基业。

　　埃涅阿斯与迦太基女王狄多的那段缠绵悱恻的爱情故事，使得罗马与迦太基之间产生了一种极其复杂的恩怨情仇。埃涅阿斯胸怀去意大利建立基业的神圣使命，不得不割舍与狄多女王的爱情，不辞而别，从而遭到了身心俱焚的狄多女王的诅咒。狄多女王在临终之前发下重誓：从此以后，迦太基人绝不与罗马人和平相处，二者永世为敌！几百年之后，当罗马人迅猛崛起、开始走出意大利半岛时，他们遇到的第一个海外劲敌就是迦太基人。二者之间的血海深仇，酿成了一百多年间三次酷烈的战争（布匿战争），直至迦太基最终被罗马人彻底毁灭，焚城屠民，此仇方休。但是迦太基却阴魂不散，数百年后，随着罗马帝国日益衰颓，出身于北非迦太基故地的塞维鲁依仗军队攫取了罗马帝位；又过了二百多年，一支以迦太基为据点的日耳曼蛮族汪达尔人在公元 455 年对罗马城进行了十四天的烧杀掳掠，最终将辉煌无比的罗马城夷为一片废墟，总算是印证了狄多女王的临终诅咒。

埃涅阿斯原来有一位妻子克列乌莎（Creusa）和一个儿子阿

斯卡尼乌斯，阿斯卡尼乌斯的拉丁名又叫尤利乌斯（Julius），据说他就是后来罗马大英雄尤利乌斯·恺撒的始祖。恺撒出身于一个古老的罗马贵族家族，这个家族的姓氏就是尤利乌斯，可以追溯到阿斯卡尼乌斯那里，并且通过后者可以进一步追溯到埃涅阿斯。由此可以证明恺撒（以及被恺撒收养的屋大维）是名门之后，他在罗马的政治统治具有身世上的正统性根源。虽然这些说法难免有当权者刻意渲染的嫌疑，但是尤利乌斯家族确实是罗马的古老望族，毋庸置疑。

关于罗马建城的传说

埃涅阿斯和原配克列乌莎在流浪过程中失散，所以埃涅阿斯来到意大利后又娶了拉丁酋长的女儿拉维尼亚为妻，从此开始在拉丁平原生儿育女，繁衍后裔（阿斯卡尼乌斯则来到东南边的阿尔巴·隆加另建拉丁支裔）。埃涅阿斯与拉维尼亚的后裔传承了十多代之后，权力传到了一对兄弟手里，这对兄弟名叫努米托和阿穆略。按照王位传长的传统，努米托应该为王，但是弟弟阿穆略却用阴谋篡夺了权力，把哥哥赶走，并把哥哥的独生女儿西尔维娅囚禁在维斯塔神庙中当女祭司，不让她与男人接触，防止侄女将来生出一个男孩来复仇。

维斯塔（Vesta）是罗马的女灶神，也是圣洁女神，维斯塔神庙里的女祭司是不许结婚的。在希腊，美神阿佛洛狄忒神庙的女祭司往往充当妓女的角色，以此赚钱来维持神庙的运行和修缮；然而在罗马，维斯塔神庙却是极其圣洁的，女祭司不允许与任何男人接触。

按照罗马的传说，被囚禁在神庙的西尔维娅有一次到河边取水，犯困而睡着了，这时战神马尔斯（即希腊的阿瑞斯）乘机与她结合。不久以后，西尔维娅生下了一对孪生兄弟，就是战神马尔斯的儿子。面对这个结果，篡位者阿穆略感到非常惊慌，就叫人把这两个孩子扔到台伯河里。但是这两个孩子大难不死，被湍急的河水冲到了沙滩上，这时候恰好来了一头母狼，母狼用自己的乳汁哺育了这两个孩子。这两个孩子长大成人以后，就在人民的支持下推翻了阿穆略的残暴统治，还政于他们的外公努米托。然后，兄弟俩又回到当年母狼哺育他们的地方，在台伯河畔建立了一座城市，这座城市就是罗马。

"罗马"（Roma）这个词，就是起源于伊特鲁里亚语中的"河流"（Rumon），而这对孪生兄弟的名字"罗慕路斯"（Romulus）和"雷慕斯"（Remus），也与这个伊特鲁里亚词语有关。台伯河因此而成为罗马文明的母亲河，就如同黄河是中华文明的母亲河一样。据说这头母狼叫作卢巴（Lupa），根据语言学的研究，"卢巴"一词在伊特鲁里亚语里面既可以指称母狼，也可以用作女人的名字。关于母狼哺育罗慕路斯兄弟的传说，其真实的情况很可能是，一个名叫卢巴的女人收养了这一对被抛弃的孩子，和丈夫一起把他们养大。卢巴的丈夫名叫浮斯图卢斯（Faustulus），后来被人们神化，成为罗马的一位山林之神。

罗慕路斯和雷慕斯兄弟长大复仇之后，就在台伯河畔建立了罗马城，开启了罗马文明。按照罗马人的纪元系列，用现在的公历来推算，罗马城创建于公元前 753 年，与召开第一届奥林匹亚竞技会的公元前 776 年（希腊城邦文明通常以此为开端），相差不过二十余年。

充满狼性精神的民族

这就是关于罗马起源的著名传说。这段传说听起来会让人觉得很荒唐，人怎么可能吃狼奶长大呢？但是罗马人却对它深信不疑。而且正是由于坚信这个传说，罗马人的民族性格从一开始就浸润了狼性。罗马人绝不像希腊人那样温情脉脉，充满了"小资情调"，而是像狼一样具有勇猛、坚韧、凶残、贪婪的性格特征。在其后的发展过程中，罗马人充分展现出勇往直前、不屈不挠的坚强意志和狼性精神。那些悲歌慷慨的罗马英雄故事，不仅激励了古典时代的罗马子弟，而且至今仍然激荡着西方有志青年的壮烈情怀。

如果用一个字来概括希腊文化的特点，那就是"美"；如果也用一个字来形容罗马文化的特点，那就是"力"。罗马文化始终充满了强劲的力感，早先表现为雄浑壮丽的英雄主义，后来则表现为极尽人欲的享乐主义，这种浑厚的力感始终都与狼性有关。狼的身上虽然具有一些暴戾的特点，但是也有一些血性的东西。对于一个疲软的时代来说，读一读洋溢着狼性精神的罗马史是非常有必要的。

今天罗马的卡庇托尔博物馆里，珍藏着一尊经典的青铜雕像：一头母狼哺育着两个孩子。这尊雕像原来只有一头母狼，两个孩子的雕像据说是由文艺复兴时期的著名雕塑家米开朗琪罗增补上去的，但是母狼的雕像却从古代一直传承到今天。这尊雕像典型地反映了罗马人的性格特征和文化传统，罗马人始终以自己的祖先是吃狼奶长大的而感到荣耀，一直到 1960 年罗马举办第十七届奥林匹克运动会的时候，所用的会徽仍然是带有一头狼哺育着两个孩子图案的五环旗；此外，今天罗马足球俱乐部的会徽也是如此。由此可见罗马文明一脉相承的文化传统。

人固然是不可能吃狼奶长大的，但是一个民族如果从古代开始就流传着祖先吃狼奶的故事，那么这个民族就会自觉地把狼的秉性和精神在自己的历史传统中加以传承，并且发扬光大。所以

母狼哺育罗慕路斯兄弟

罗马人的历史从一开始就充满了狼性特点，既有狼的凶残暴戾、贪婪无情，又有狼的勇猛顽强、视死如归，狼身上的一切劣性和优点，都被罗马人淋漓尽致地表现出来了。在数百年的发展过程中，罗马人把最初只有 72 平方公里的弹丸之地，膨胀成一个地跨欧亚非三大洲，占地 590 万平方公里的超级大国，凭借的就是这种强悍的力感，就是这种永不言败、不断追功逐利和创造光荣的狼性精神。这种精神也为西方社会尤其是为军人们树立了楷模。罗马人有两个重要的图腾，一个是狼，另一个是鹰，共和国后期的罗马军旗上统一印制了鹰徽。狼和鹰都是凶悍的动物，它们对于后世西方文化影响深远。

罗马早期的历史中充斥着一些真伪难辨的传说，这些传说都与狼性相关。比如有一种说法认为，罗马城在草创之初，向所有逃亡的人打开国门，一个不论在外面犯了什么罪的人，或是杀人越货的恶徒，或是负债逃亡的奴隶，只要来到罗马，就会得到罗马人的收容和保护。罗马人非常自豪地宣称：他们从来没有把一个逃亡者交给他的追捕者，没有把一个债务人交给他的债权人。逃亡者只要来到罗马就安全了，但是他必须死心塌地为罗马效命，必须严格地遵守罗马人的规则。这样一来，最初的罗马就成为一个招降纳叛、藏污纳垢之所，因此罗马历史学家李维和近代哲学家黑格尔都把罗马的起源说成一种"垃圾堆状态"。罗马人从一开始就不讲任何温情脉脉的东西，没有希腊人的那种小资情调，罗马人只讲不可伸缩的纪律和规矩，这些纪律和规矩后来就发展成为刚性的罗马法律。正如同希腊人为后人开创了各种美轮美奂的文化形态一样，罗马人对后世西方社会最大的贡献就是铁一般严苛的法律制度。

另一个传说是关于孪生兄弟反目成仇的故事，据说罗慕路斯和雷慕斯刚刚建城时，兄弟两人都想当国王，结果就发生了手足相残的事情，哥哥罗慕路斯竟然把弟弟雷慕斯杀死，成为罗马的第一代国王。从一开始，罗马人就落了个六亲不认、唯利是图的坏名声，这也是罗马人身上的狼性特点的充分表露。

还有一个传说更加有名，那就是罗马人劫掠萨宾妇女的故事。罗马城草创之初，兼收四方剽悍之徒，但是缺少妇女，面临着难以传宗接代的大问题，于是他们就打起相邻部落萨宾人的主意。罗马人以举行一个盛大的宗教祭典为由，把萨宾的男人都请到罗马，将他们灌得烂醉。然后罗马的青年人乘虚闯入萨宾部落，劫掠了萨宾的妇女，强行与之成婚。等萨宾的男人回到自己的部落，发现自己的姐妹、女儿都被罗马人劫掠了，他们岂肯甘休！于是兴兵前来讨伐罗马人。双方发生了数次战斗，不分胜负，在最后一次关键的对阵中，双方将士剑拔弩张，大战一触即发，这时那些被劫掠的萨宾妇女奔至两军阵前。她们现在已经具有了双重身份，既是萨宾人的姐妹和女儿，又是罗马人的妻子，并且已为善待她们的罗马人生下了儿女。她们极力阻止这场即将发生在父兄和丈夫之间的残酷战争，在这些妇女和婴孩的调停之下，两方最终化干戈为玉帛，走上了和解的道路。

　　西方一些杰出的艺术家如普桑、鲁本斯等人都画过萨宾妇女阻止战争这个题材的油画，尤其是 18 世纪法国新古典主义大师雅克-路易·大卫（Jacques - Louis David），笔下展现的萨宾妇女阻止战争的画面更是具有极强的震撼力。雅克-路易·大卫的这幅《萨宾妇女》今天被收藏在卢浮宫，整幅画面充满了战争与和平、暴力与母爱的强烈对照，艺术魅力直击人心，充分展现了妇孺之爱化解族群仇恨的人道理想。

　　从起源上来说，最初的罗马民族是由三个部落合并而成的，

阻止战争的萨宾妇女

一个是以罗慕路斯为首的拉丁人，一个是以塔提乌斯为首的萨宾人，还有一个是稍后加入的伊特鲁里亚人。由于拉丁人与萨宾人的和解，罗慕路斯和塔提乌斯就共同成为罗马的统治者，不久后塔提乌斯死去，罗慕路斯继续统治罗马，前后一共达三十余年，罗马王政的历史也由此拉开了帷幕。从罗慕路斯开始，罗马相继执政的四位国王分别来自拉丁族和萨宾族，大家轮流"坐庄"。从第五位国王开始，政权落到了外来的伊特鲁里亚人手里，一直到第七位国王"骄傲者"塔克里乌斯（一译塔克文）被罗马人民推翻为止，王政时期的最后三任国王都是伊特鲁里亚人。在罗马王政时期，就形成了拉丁族、萨宾族和伊特鲁里亚族的族群融合，开启了罗马拉丁民族的早期历史。

罗马文明的历史划分

根据政体形式的变化，罗马文明的历史可以被划分为三个阶段。

一、王政时期

从传说中罗慕路斯兄弟建城的公元前 753 年，到罗马人推翻最后一个国王"骄傲者"塔克里乌斯的公元前 509 年，这一段长达 244 年的时间叫作王政时期，一共经历了拉丁族、萨宾族和伊特鲁里亚族的七个国王的统治。

二、共和国时期

共和国时期是罗马文明最重要、最辉煌的发展阶段。一般而言，共和国是从公元前 509 年罗马人民推翻王政开始的，一直到公元前 27 年罗马统治者屋大维被元老院授予"奥古斯都"称号，实际上将共和国转变为帝国。这一段历史长达 482 年，在此期间，罗马从一个七丘之城的蕞尔小国发展成为一个地跨欧亚非三大洲的超级大帝国，把整个地中海都囊括在版图之中。

三、帝国（帝制）时期

最后一个阶段是帝国时期，这个"帝国"是就政体形式而言的，即奥古斯都（皇帝）凌驾于元老院和公民大会之上，成为罗马国家的实际统治者。事实上，罗马早在共和国时期就一直奉行帝国扩张政策，公元前27年屋大维独揽罗马政治大权之后，共和国已经在实质上蜕化为帝国了，只不过在名义上叫作元首制，而非君主制，直到公元284年戴克里先称帝时才公然推行东方式的君主专制。到了公元395年，罗马帝国发生了分裂，分成了东、西两个罗马帝国，其中，以罗马为首都的西罗马帝国在公元476年被日耳曼人毁灭；而以君士坦丁堡为首都的东罗马帝国一直到公元1453年才被信仰伊斯兰教的土耳其人摧毁。

因此，当我们谈到罗马文明的历史时，从公元前753年罗马建城算起，如果到西罗马帝国灭亡为止，有1 000多年的时间；如果再到东罗马帝国的灭亡，则有2 000多年的时间。而且罗马文明环绕地中海，覆盖三大洲，鼎盛时期的帝国范围已经接近600万平方公里，后来从其版图中分裂出了40多个国家。所以无论是从时间跨度来看，还是从空间范围来看，罗马文明的影响都要比希腊文明更加深远和广泛。尽管二者对于后世西方社会的影响是迥然相异的，希腊文明的影响主要表现为务虚的文化形态，罗马文明的影响则主要偏重于务实的制度形态。

第 II 章

王政时期的历史与传说

关于罗马起源的故事，具有明显的神话色彩，罗慕路斯兄弟吃狼奶长大的传说固不足信，但是台伯河畔的罗马城始建于公元前 753 年（罗马历元年）的说法，两千多年以来一直被罗马人确信无疑，古代的罗马史即将此作为罗马文明的开端。

第 I 节

罗马王政的建立与早期发展

三合一的"罗马人"

罗马传说中关于始祖吃狼奶长大的故事、关于罗马人收容逃犯的故事，以及关于罗慕路斯兄弟手足相残的故事，虽然富有夸张色彩，却铸造了一个民族的基本性格。正如希腊人从小听着各种美轮美奂的神话传说而长大一样，罗马人则是听着那些充满狼性的英雄故事而成长，所以罗马人自古以来就表现出一种勇猛顽强、暴戾凶残的民族秉性。而关于罗马人劫掠萨宾妇女，从而致使两个部落合二为一，以及稍后又来了伊特鲁里亚人的故事，则印证了古代曾经发生过族群融合的事实。尽管有各种不同的说法，但是"罗马人"最初确实源于三个族群的合并，所以在拉丁语中"部族"一词就具有"三合一"的含义。有一种观点认为，"罗马人"最初是由以罗慕路斯为首领的罗马纳人（Ramnenses）、以塔提乌斯为首领的塔提恩人（Tatienses）和整体逃亡来投奔罗马的卢克伦人（Luccrenses，因曾经在丛林中避难而得名）共三个部族组成的。但是更加主流的观点则认为，"罗马人"是拉丁族、萨宾族以及生活在北方托斯卡纳地区的伊特鲁里亚族三合一的结果，而罗马王政时期的七位国王就分别由拉丁人、萨宾人和伊特鲁里亚人来轮流出任。

从根源上看，罗马纳人属于拉丁族，而塔提恩人则是萨宾人的一支；至于卢克伦人是否与伊特鲁里亚人有关，我们不得而知，但是罗马王政时期的第五位国王老塔克里乌斯（他也是罗马的第一位伊特鲁里亚族国王）据说就是从伊特鲁里亚流亡到罗马来的外乡人，这种背景又与卢克伦人（逃亡者）和伊特鲁里亚人多少都有些关系。这种三合一的结果可能蕴含着完全不同的关系模式，在罗马正史所表述的罗马纳人劫掠萨宾妇女、卢克伦人投奔罗马城等说法中，罗马人始终处于主动地位。而真实的情况也可能是，以罗慕路斯为首的罗马纳人先被萨宾人征服和吞并了，而伊特鲁里亚人则后来居上，成为罗马城的新统治者，所以才有了公元前 509 年罗马人民起义，推翻伊特鲁里亚人的最后一位国王"骄傲者"塔克里乌斯的事件。

无论是哪一种说法，都有这样一个观点，那就是"罗马人"最初是三合一的结果。这种三合一的结构既符合物理学意义上的稳定法则，也有利于政治力量的平衡。罗马社会最初的组织形态，也是根据三合一的原则建构的。在罗马早期国家中，最基本的社会单元是氏族，若干个氏族组成一个胞族，即库里亚

（Curia），十个库里亚组成一个部族，即特里布斯（Tribus），而最初的罗马国家就是由三个特里布斯组成的。对于后世西方社会和文化来说，由罗马人开创的这种三合一结构也产生了深远的影响，无论是后来基督教神学的"三位一体"，还是西方近代政治的"三权分立"，都具有深刻的"三合一"内涵。

　　萨宾妇女调解了拉丁人与萨宾人的矛盾之后，两个部族就合并为一个国家，而两个部族的首领罗慕路斯和塔提乌斯就成为共同执政的"双王"。罗马最初实行的这种"双王"执政的格局，后来深深地影响了共和时期的行政模式，从公元前 509 年共和国建立一直到屋大维成为"奥古斯都"独揽大权的四百多年的时间里，罗马的行政权力始终属于两位一年一任、权力对等的执政官。这种"双王"体制不同于现代西方国家的单一总统或者单一首相的制度设置，"双王"倒是有点像斯巴达"三十寡头"政体中的两位权力相等的国王。从起源上来看，这种"双王"体制的形成直接与罗马国家最初是由两个部族合并而成的历史事实相关，由于两个部族各有自己的首领，自然就形成了两位国王共同执政的格局。

　　根据罗马史的记载，两位国王共同执政不久，塔提乌斯遇刺身亡，于是罗慕路斯就成为唯一的统治者。在罗慕路斯去世以后，罗马形成了两个部族轮流主政的传统，人们推选了萨宾族的一位德高望重的贤人努马，由他出任国王。努马统治了 40 多年，他去世后，人们又推选了一位拉丁族的首领图鲁斯。图鲁斯也不负众望，开疆拓土，建功立业。他去世后，人们再次推选了一位萨宾族的首领安库斯。如此在罗马最早的四位国王中，有两位是拉丁族的，有两位是萨宾族的，人们唯贤是举，公平竞争，罗马从蕞尔小国日益走向强盛，成为拉丁同盟的盟主。

但是从第五位国王开始，外来的伊特鲁里亚人掌握了政权，此后的三位国王都是伊特鲁里亚人。这样一来，第三支力量也开始融入罗马，从而形成了三合一的格局。这七位国王前后一共统治了 244 年，构成了罗马文明第一个阶段王政时期的历史。至于这种三合一的架构在历史中究竟是如何形成的，三个部族具体经历了什么样的整合过程，由于时代久远，各种说法莫衷一是，亦真亦幻，人们通常都是以普鲁塔克等古代作家的传记为采信的依据。由于这些传记作品本身就夹杂着大量的神话成分，因此罗马民族早期"三合一"的具体过程至今仍然充满了扑朔迷离的特点。

　　说起罗马，有两句耳熟能详的话。一句话是："条条大道通罗马！"这句话不仅具有空间意义，而且也具有时间意义。空间意义是指罗马大道四通八达，像网络一样把整个罗马帝国联系在一起；而时间意义则是指，罗马人开创的一系列政治制度、法律规范、管理模式以及公共工程等，一直影响着今天的西方社会，渗透到社会生活的方方面面。

　　另一句流传已久的话是："罗马不是一天建成的。"罗马从一个七丘之城的蕞尔小国，发展为地跨三大洲的超级帝国，经历了漫长而艰难的生长历程，穿越了无数的狂风暴雨、惊涛骇浪。而罗马帝国的汪洋巨浸，最初就是从王政时期的涓涓细流滥觞而来。

从罗马建城之日到伊特鲁里亚人攫取统治权为止，大约 130 多年的时间里，罗马经历了拉丁族和萨宾族四位国王的励精图治和薪火相传，弹丸之地的罗马已经开启了最初的崛起历程。下面就来看看这些国王的丰功伟绩。

罗马的开国之君罗慕路斯

罗马的第一位国王就是罗慕路斯，他也是罗马城的创建者。虽然关于他的事迹充满了浪漫夸张的传说色彩，但是古代的罗马人却对此深信不疑，即使是今天的意大利人，也乐此不疲地传扬着罗慕路斯的故事。古代的传说与历史的事实已经在漫长的时间流逝过程中融为一体了。

按照掺杂着传说的历史记载，罗慕路斯的功绩主要有如下两点。

一、建立元老院

关于罗慕路斯弑弟为王、收容逃犯、率领属下劫掠萨宾妇女等故事到底是真有其事，还是讹传？这个问题我们姑且不论。但是，拉丁族与萨宾族最初合并，开创"双王"统治模式，确曾发生在罗慕路斯时代。在统治过程中，罗慕路斯创建了一个非常重要的政治统治机构——元老院，从而将氏族社会发展成真正意义上的国家形态。当时罗马的人口非常有限，拉丁族和萨宾族的不同氏族分别以罗马七丘之中的帕拉蒂尼山和奎里尔诺山为据点，形成了"罗马山人"（即拉丁族的罗马纳人）和"罗马丘人"（即萨宾族的塔提恩人）的对峙。罗慕路斯和塔提乌斯从各个氏族中选出 100 位德高望重的氏族长老，组成国家的重要咨询机构元老院，使之成为辅助国王执政的得力助手。

元老院作为西方国家的一个重要权力机构，从古代一直延续至今，仍然在政治生活中扮演着不可替代的角色。希腊的斯巴达城邦就有元老院（由 28 个元老组成），如果我们相信罗马元老院就是罗慕路斯所建，那么斯巴达的元老院在时间上未必会比罗马元老院更早。因为希腊城邦文明一般是以公元前 8 世纪为开端，而罗慕路斯也是在公元前 8 世纪建立元老院的，所以罗慕路斯建立元老院不可能是受到了斯巴达的影响，二者在时间上可谓伯仲之间。元老院自从建立之后，就对西方的政治生活产生了非常大的影响，斯巴达和罗马的元老院自不待言，即使是在现代西方社会中，英国的上议院和美国的参议院，仍然叫作 Senate，其政治功能与罗马元老院如出一辙。

在罗马国家的整个发展过程中，尤其是在共和国时期，元老院构成了最重要的权力机构，可以说元老院构成了罗马政治平衡的"压舱石"和罗马国家兴衰的"晴雨表"。元老院如果能够充分发挥政治功能，在各种利益集团的政治博弈中扮演主导角色，罗马就会兴旺发达；反之，如果元老院的权力旁落，比如说在王政末期，元老院完全被专制王权架空，或者在共和国后期，一些野心家篡夺了大权，以军队为后盾对元老院进行压制，罗马国家就会陷入混乱和衰落。

罗慕路斯当时从拉丁人和萨宾人的各个氏族中挑选出 100 个具有权势和威望的长老，组成了罗马元老院。这些元老奠定了罗马名门望族的根基，他们的后裔经过世代繁衍，成为罗马的血统贵族，罗马也因此形成了根深蒂固的贵族体制。在罗马，许多血统纯正的贵族可以一直追溯到罗马王政时期的元老权贵，例如法比乌斯家族、埃米利乌斯家族、贺拉提乌斯家族、科尔内利乌斯家族以及尤利乌斯家族等，这些家族都具有源远流长的贵族血统。

二、设立库里亚大会（Comitia Curiata）

罗慕路斯不仅创建了元老院，而且还设立了库里亚大会，库里亚大会就是全民大会。元老院的元老都是一些德高望重的显贵人士，但是氏族成员更多的是平民百姓，这些平民构成了国家的主要力量。无论是在经济生活中还是在对外战争中，国家都必须依靠平民阶层。因此国家统治者必须给予平民百姓参与政治活动的权利和机会，这样就形成了一个全体自由民都可以参加的权力机关，即库里亚大会。库里亚就是胞族，由若干氏族组成，库里亚大会实际上就是氏族成员的代表会议。罗马早期共有三十个库里亚，每十个库里亚组成一个特里布斯。库里亚大会在汇集各氏族——以拥有众多血缘亲属和门客附庸的氏族豪门为代表——意见的基础上，形成统一的意见，然后通过各次库里亚大会的表决来影响特里布斯、元老院和国王的政策制定和法律颁布。

作为国家的创建者，罗慕路斯不仅成为罗马最高的统治者——国王，而且也从各氏族中挑选了一批德高望重的长老组成了元老院，让他们辅助自己管理国家。此外，罗慕路斯还建立了一个全民大会——库里亚大会，除妇女、儿童和奴隶之外，所有罗马的自由民都可以参与国家的政治生活。这样就组成了一个三级权力机构，即国王、元老院和库里亚大会，从而确立了罗马王政时期的制度框架。

今天美国的政治体制和罗马的政治架构非常相似，美国的参议院就相当于罗马的元老院，美国的众议院就相当于库里亚大会。只不过罗慕路斯统治时期的人口非常少，所有自由的成年男子都可以参加库里亚大会；而现在的美国人口众多，只能实行代议制，由公民们选出代表来组成众议院。而美国的总统就相当于罗马的国王，只不过总统是四年一选，而国王却是终身统治。当然，现代西方国家除了有立法的权力机构和行政首脑之外，还有独立的司法体系，形成了三权分立、相互制衡的政治体制，这种演进与罗马时代大不相同。但是由一个人主掌国家行政大权，少数人和多数人分别组成不同且相互制约的立法机关（元老院和库里亚大会），这种三级权力机构的设置可以一直追溯到罗慕路斯那里。到了共和国时期，一个终身执政的国王被两个一年一任的执政官取代，但是这种三级权力机构的制度框架仍然被保留下来，一直影响着现代西方的政治体制。

无独有偶，同时期的希腊斯巴达城邦也出现了类似的情况。斯巴达的政治体制也是由两个国王、二十八位元老组成的元老院，以及全体斯巴达成年男子组成的公民大会所构成。国王负责统治和治理，元老院负责制定议案，然后交给公民大会表决通过，形成全社会必须遵循的法律。由此可见，罗马和斯巴达这两个以务农为本（其他希腊城邦大多以经商为本）且富于尚武精神的城邦在制度设置方面也不谋而合。

罗马与"七丘之城"

罗慕路斯设立了各种政治机构，创建了国家体制，牢固地统治了罗马三十七年。到了公元前 716 年，据说罗慕路斯在参加罗马的一次阅兵活动时，突然刮来一阵猛烈的狂风，大家的眼睛都被沙尘遮蔽住了。等狂风过去以后，人们发现坐在王座上的罗慕路斯不见了。这个故事当然带有神话的色彩，不足为信。还有一种说法认为，罗慕路斯在晚年的统治中越来越独断专行，因此激起了罗马元老和人民的不满，他在一次会议中被贵族们谋杀了，尸体被分割成好几块分别埋在罗马城的不同地方。但是无论何种说法，罗慕路斯死后，罗马人却追认他为神，称他为奎里努斯（Quirinus）。从此以后奎里努斯就成为罗马民族的保护神，与罗马另一位古老的神灵雅努斯（Junus）相合并，称作雅努斯－奎里努斯（Junus Quirinus），与主神朱庇特、战神马尔斯一样成为罗马人最崇奉的神明。

罗马城通常被称为"七丘之城"，它最初是在台伯河畔七个小山丘所环绕的一小片土地上建立起来的，而且这个"七丘之城"也不是一蹴而就的，而是逐渐拓展的结果。

据说在罗慕路斯兄弟初建罗马城的时候，两人麾下的部属分别占据了七丘之中的帕拉蒂尼山和阿文庭山，后来哥哥杀死弟弟，帕拉蒂尼山就成为罗马人的主要根据地。正因为如此，帕拉蒂尼山后来就成了罗马权贵的聚集之地，许多贵族豪宅都建在山上。到了罗马帝制时期，公元 1 世纪的罗马皇帝图密善在帕拉蒂尼山（Monte Palatino）上修建了一座非常奢华的宫殿，这座宫殿后来为历代罗马皇帝所袭用，所以英文中的"宫殿"（palace）一词就源于这座山丘的名字。

在七丘之中，与罗马纳人居住的帕拉蒂尼山形成对垒之势的是萨宾人居住的奎里尔诺山。当拉丁人与萨宾人化干戈为玉帛之后，双方就把帕拉蒂尼山与奎里尔诺山之间的一座更高的山丘——卡庇托尔山作为罗马的神圣之地和国家中心，在这里修建了朱庇特神庙（第五代国王老塔克里乌斯所建）。从此以后，卡庇托尔山及朱庇特神庙就成为罗马的象征，正如同雅典的阿克罗波利斯（卫城）及帕特农（雅典娜）神庙是希腊的标志一样。后世西方的一些历史学家在谈到罗马的时候，往往会用卡庇托尔山和朱庇特神庙来指称罗马。例如，18 世纪英国杰出历史学家爱德华·吉本在他的巨著《罗马帝国衰亡史》里面，在论及罗马多神教被基督教取代时就写道："（基督教）终于在朱庇特神庙的废墟上竖起了胜利的十字架的旗帜。"

　　今天人们如果来到罗马，登上卡庇托尔山，就会将昔日辉煌、今已坍毁的罗马广场以及尽头处的罗马竞技场一览无余。卡庇托尔山是罗马七丘之中最高的山丘，背靠着台伯河，古代的朱庇特神庙高高耸立在山巅之上，人们站在其他山丘或者罗马城的任何地方都可以清晰地领略到它的赫赫风采，而开阔壮观的罗马广场就在以卡庇托尔山为标志的七座山丘的环抱之中。早在创建之初，罗马城就显示出举世无双的恢宏气势。

　　随着罗马的不断发展，除了帕拉蒂尼山、卡庇托尔山、奎里尔诺山之外的其他四座山丘也开始被新来的移民居住。罗马的平

七丘之城罗马

民阶层集中居住在阿文庭山，这里最初是罗慕路斯之弟雷慕斯的
地盘，后来成为罗马平民和穷人的聚集地。西里欧山、维弥纳山
和埃斯奎里山也逐渐住满了外来的移民，这些移民的到来都是罗
马早期对外扩张的结果，他们是从拉丁同盟的其他部族迁徙到罗
马来的。到了第六任国王塞尔维乌斯当政时期，他修建了一道城
墙，把罗马这七个山丘全部圈在里边，所以罗马就有了"七丘之
城"的称号。准确地说，这些山头原本都是一些不高的小丘陵，
上面长了很多杂草树木，人们逐渐把树木砍伐之后，这里就变成
可以住人的地方了。而七座山丘所环绕的空地，原来是一片不太
适合居住的湿地，潮湿阴冷，后来被改造成罗马广场了。

英明的国王努马

罗慕路斯去世以后，罗马人民推选了萨宾族的一位德高望重者来接任国王，这个人名叫努马·庞皮留斯（Numa Pompilius，公元前 716 年—公元前 674 年当政）。努马是一位在民众中享有盛誉的贤人，他起初不愿意接受王位，但是禁不住元老们的频频劝说，最后才同意就职。努马上位之后，呕心沥血，励精图治，成为一代英主。他统治罗马四十余年，进行了许多重大的改革，极大地改变了罗马的社会面貌，对后世西方文化也产生了深刻而持久的影响。努马对罗马的贡献主要体现在如下几点。

一、确立了人民选举国王的制度

罗慕路斯是罗马的第一位国王，而且又是非正常死亡，未能指定继承人，所以元老和人民选举了贤明的努马来继承王位。努马继位之后，首先就确立了人民选举国王的制度，杜绝了王位世袭的可能性。在这一点上，罗马的王政与斯巴达是一样的，却不同于东方世袭的君主制。罗马的国王虽然可以终身任职，但是国王的儿子却不能世袭王位，继位者必须由库里亚大会来推选。

按照司马迁的《史记》的记载和古史传说，中国最初的国君之位也并非世袭的，而是通过禅让制来延续。从黄帝到帝喾、颛顼、尧、舜，一直到夏朝的大禹王，都是通过禅让而实现王位传承的。只是从夏启开始，才确立了王位世袭制度。此后，中国历代王朝的王位延续就采取了长子继承制。

努马设置的这个制度非常重要，对后来的罗马历史产生了深远的影响。在整个罗马王政时期，尽管国王的权力日益加强，但是一直到最后一位国王"骄傲者"塔克里乌斯为止，始终没有出现过王位世袭的例子。到了共和国时期，由于推翻了国王，代之以一年一任的两位执政官，执政官由公民大会选举产生，经元老院任命授权，所以就更不可能出现世袭的情况了。尽管罗马共和国具有浓郁的贵族政治色彩，许多名门望族的子弟都能够子承父业，相继活跃于罗马政坛，但那都是在祖辈声望的激励之下自己建功立业的结果，绝非仅凭着血脉因袭而飞黄腾达。即使到了罗马帝国时期，帝制的奠基者屋大维由于没有男性子嗣，开创了养子继承制度（此制度早在共和国时期即已有渊源），这种制度仍然具有任人唯贤的特点，只是推举权由罗马人民转变为皇帝本人了。到了后来的"五贤帝"时代，这种任人唯贤的养子继承制度也发挥了积极的作用，一度把罗马文明推向了巅峰状态。但是从"五贤帝"的最后一位皇帝马可·奥勒留开始，继位制度一旦转向了帝位世袭（亲子康茂德继位），罗马帝国很快就陷入了衰败之中。

二、修建雅努斯神庙

为了加强罗马民众的宗教虔诚度、完善伦理规范，努马积极推动对神灵的崇拜，设立了负责宗教事务的罗马祭司团，他自任大祭司长（Pontifex Maximus），并且主持修建了罗马的第一座神庙——雅努斯神庙。那时候希腊的奥林匹斯诸神还没有被引入罗马，罗马民间流行着对各种本土神灵的崇拜，其中一个非常重要的神就是雅努斯。雅努斯是一个双面神，他长着两张面孔，分别面对着前后方，代表一切事物的开端和终结，过去和未来。与雅努斯的面孔对应，雅努斯神庙也有前后两扇大门。每当罗马人发起对外战争时，雅努斯神庙的两扇大门一定都要打开，直到战争结束，和平到来，雅努斯神庙的大门才会关闭。这种宗教习俗后来成为罗马国家的一个传统，雅努斯神庙大门的开启和关闭就象征着罗马的战争与和平。

在罗马的发展过程中，由于其不断地对外扩张，战争频发，所以雅努斯神庙的大门往往长期敞开着。在努马统治的数十年和平时期，刚刚建造的雅努斯神庙大门倒是关闭着的，但是自从第三位国王图鲁斯开始发动对拉丁同盟的战争之后，雅努斯神庙的两扇大

雅努斯神像

门就一直处于开启状态。尤其是在共和国的四百多年时间里，罗马人不断发起对外战争，因此除了公元前 2 世纪初叶的二十余年时间外（那是第二次马其顿战争和第三次马其顿战争的一段间歇期），雅努斯神庙的大门基本上就没有关闭过。在罗马连年对外扩张之后，罗马内战又开始了，一直到公元前 30 年，屋大维完成了罗马的统一，吞并了埃及，雅努斯神庙的大门才最终关闭，罗马也在屋大维开创的帝制统治下迎来了二百年之久的长期和平。

有一种观点认为，雅努斯原本是拉丁人信奉的战神，而奎里努斯则是萨宾人信奉的战神，拉丁人与萨宾人合并之后，这两个神也合二为一，所以罗慕路斯被后世的罗马人奉为雅努斯－奎里努斯。由于雅努斯象征着一切事物的开端和终结，所以努马在编修的罗马历法中就把雅努斯确定为每年第一个月的名称，这就是后来公历中 1 月（January）的由来。

努马与月亮历法

努马执政时期的另一个重要功绩就是编制了罗马的月亮历法。在努马之前，罗马的历法是很混乱的，一年只有 10 个月份，这 10 个月份的名称用拉丁语来表述分别是 Martius、

Aprilis、Maius、Iunius、Quintilis、Sextilis、September、October、November 和 December。由于每个月的具体天数缺乏严格的规定，经常根据天时的变化而发生调整，所以这种历法是非常混乱的。努马执政之后，根据月亮的变化制定了新历法，从此罗马历法开始有了 12 个月份。

在努马当政之前，罗马历的第一个月份是 Martius，这得名于罗马人最崇拜的一位神灵，即战神马尔斯。在罗马，马尔斯和奎里努斯都是战神，这两个神的特点差不多，他们都是挥舞着长矛，象征着战争与暴力的"杀神"。相比之下，马尔斯的名气更大一些，因为马尔斯后来又与希腊的战神阿瑞斯合二为一，战神在希腊叫阿瑞斯（Ares），在罗马则叫马尔斯（Mars）。

努马在原来 10 个月份的基础上又增加了两个月份，分别放在旧历法的一头和一尾的位置。他以雅努斯为名设置了 1 月 Ianuarius，放在 Martius 之前，作为一年的开端，因为雅努斯本身就象征着开端和终结，然后又在原来的 10 月 December 之后增加了一个月 Februarius。在罗马的古老习俗中，Februarius 具有赎罪、洁净的意思，人们往往在这个时候要打扫、清洁，涤除污秽，所以 Februarius 就成为一年终结时清污赎罪的月份。后来到了共和国时期的公元前 452 年，罗马人又将 Februarius 移到 Ianuarius 和 Martius 之间，使之成为 2 月，从 Martius 到 December 也就相应地依次向后推移为 3 月到 12 月。

努马根据月亮的盈亏把一年分为 12 个月，又按照单双数将 12

个月分为大月和小月，大月为 30 天，小月为 29 天，又在最后一个月（即 Februarius）中增加了一天，这样就形成了 7 个大月和 5 个小月，一年共计 355 天。为了弥补月亮历（355 天）与回归年（365.2422 天）之间的时间差距，努马每隔一年就在年底再增加一个有 22 天或 23 天的特别月份，叫作 Intercalaris 或 Mercedinus。

努马编制历法大约是在公元前 710 年，这套月亮历法在罗马沿用了 660 多年，一直到公元前 46 年，恺撒才根据太阳的运行周期重新编修了罗马历法。因为这套月亮历法延续到恺撒时代，已经变得混乱，与天时季节的变化相差了两个月的时间。在公元前 1 世纪，罗马人受埃及文化和希腊文化的影响，科学技术水平已经大大提高了。所以恺撒就在埃及亚历山大（Alexandria）的著名天文学家索西琴尼的帮助下，把努马制定的月亮历法修改为太阳历法，将一年 355 天调整为 365 天。他把大月改为 31 天，小月改为 30 天，将 2 月设为平月 29 天。这样一来，1 月、3 月、5 月、7 月、9 月、11 月都是大月，各有 31 天；4 月、6 月、8 月、10 月、12 月都是小月，各有 30 天；二月是平月，有 29 天，一年共计 365 天。他还每四年设置一个闰年，把二月增加一天为 30 天，闰年为 366 天。后来恺撒和他的养子屋大维死后，罗马人又把原来的 7 月 Quintilis（原义为从 Martius 开始数起的第五个月）改为恺撒的家族名 Iulius（拉丁文尤利乌斯），因为恺撒出生于 7 月；而把原来的 8 月 Sextilis（原义为从 Martius 月开始数起的第六个月）改为屋大维的尊称 Augustus（奥古斯都），因为屋大维在公元前 30 年 8 月征服了埃及，而且他也死于公元 14 年 8 月。为了让纪念屋大维的八月和纪念恺撒的 7 月一样成为大月，人们还从 2 月中抽出一天增加到 8 月，将 8 月改为大月 31 天，2 月则成为 28 天，闰年为 29 天。由于 7 月和 8 月都是大月，所以 8 月以后的月份也相应改变为 9 月、11 月为小月 30 天，10 月、12 月为大月 31 天。

表 2-1　儒略历（尤利乌斯历）的月份名称

中文	拉丁文	英文	月份名称来源
1 月	Ianuarius	January	源于开端与终结之神雅努斯
2 月	Februarius	February	源于"赎罪、洁净"之义，宰牲祭祀之季
3 月	Martius	March	源于战神马尔斯
4 月	Aprilis	April	源于开花之季
5 月	Maius	May	源于商业之神墨丘利之母迈亚
6 月	Iunius	June	源于朱庇特之妻朱诺
7 月	Iulius	July	源于恺撒的家门名尤利乌斯
8 月	Augustus	August	源于屋大维的尊称奥古斯都
9 月	September	September	从 Martius 月开始数起的第七个月
10 月	October	October	从 Martius 月开始数起的第八个月
11 月	November	November	从 Martius 月开始数起的第九个月
12 月	December	December	从 Martius 月开始数起的第十个月

恺撒编修的这套太阳历法通常被称为"儒略历"（即"尤利乌斯历"），沿用到 16 世纪被罗马教皇格里高利十三世根据时日的差距进行了微调，形成了以耶稣基督诞生为元年的公历，至今已经成为世界各国通用的历法。但是追根溯源，西方最早的历法编制却是从努马开始的。

图鲁斯与阿尔巴的兼并

努马统治了罗马 42 年之后，寿终正寝。于是元老院又从拉丁族中推举出第三位国王，并经过库里亚大会表决通过，这就是图鲁斯·奥斯蒂留斯（Tullus Hostilius，公元前 674 年—公元前 642 年当政）。从图鲁斯开始，罗马人迈出了对外扩张的步伐。

在罗马城的东南边，有一个叫作阿尔巴·隆加的地方，相传埃涅阿斯的长子阿斯卡尼乌斯在这里建立了拉丁支裔阿尔巴族。早在罗慕路斯兄弟建立罗马城之前，阿尔巴就已经发展成为一个强大的族群，成为拉丁各支裔所组成的同盟的盟主。罗马在经历了罗慕路斯和努马的精心治理之后，也日益走向强盛，于是就与阿尔巴形成了争锋之势。虽然二者同属拉丁族裔，但是一山不容二虎，到了雄心勃勃的图鲁斯当政之时，罗马与阿尔巴之间的冲突一触即发。

由于两族同为埃涅阿斯的后裔，手足相争多少还要留点情面；再加上当时各族人口有限，为了避免过多伤亡，双方首领商定采取一种绅士的决斗方式来决出胜负。双方各自从本族人中选出三名战士进行决斗，战败的一方从此就臣服于胜利的一方。

罗马方面派出了贺拉提乌斯三兄弟，贺拉提乌斯是罗马的一个古老的显贵家族；而阿尔巴方面则派出了英勇的库里亚斯三兄弟，双方在战场上采取单打独斗的方式来一决胜负。18 世纪法国大画家雅克－路易·大卫曾创作了一幅名画《贺拉提乌斯三兄弟

贺拉提乌斯三兄弟的誓言

的誓言》，在这幅画中，老贺拉提乌斯把自己的三个儿子都贡献出来，让他们代表罗马去和阿尔巴人决斗。贺拉提乌斯三兄弟在出征之前，手握着宝剑向父亲和国家宣誓，他们将誓死捍卫家族荣誉，为国效劳。这幅油画充满了英雄主义的豪迈气概，同时也表现了一种上流社会的贵族风范。

　　这场决斗的结果极富戏剧性，经过一番激战之后，库里亚斯三兄弟首先杀死了贺拉提乌斯兄弟中的两人，剩下的一个贺拉提乌斯佯装逃跑，库里亚斯三兄弟追杀在后。贺拉提乌斯跑了一段路之后，看到库里亚斯三兄弟之间的距离逐渐拉开，于是他反身杀死了追在最前面的那个库里亚斯，接着又用同样的策略杀死了

贺拉提乌斯三兄弟与库里亚斯三兄弟的决斗

另一个库里亚斯。最后，剩下的两个战士采取了一对一的决斗方式，贺拉提乌斯终于杀死了对手，为罗马人赢得了这场胜利。于是按照双方的君子协定，阿尔巴就被合并到罗马之中，而罗马也就理所当然地成为拉丁同盟的盟主。这场决斗在罗马历史上非常有名，至今罗马卡庇托尔博物馆的大厅墙壁上仍然绘制有这场生死决斗的情景，虽然它难免带有传说的色彩。

  在后来的法国波旁王朝时期，决斗风气非常盛行，法兰西宫廷中的那些豪门贵胄，一旦涉及名誉纠纷，就会采取一对一的决斗方式来解决问题。他们最初是用剑，后来则开始用左轮手枪，双方在决斗时始终要保持一种高雅的风度，决不能使用下三烂的卑鄙手段。法兰西宫廷的这种决斗风气很快就影响了欧洲其他国家的上流社会，成为有教养阶层的一种时髦风尚。法国思想巨擘伏尔泰在《路易十四时代》中描写了当时流行的决斗风尚，按照他的说法，路易十三时代的贵族死于决斗的比死于战场上的还要多。俄国大文豪普希金和莱蒙托夫都曾经创作过关于决斗的文学作品，他们二人后来也是死于决斗；美国的开国元勋汉密尔顿亦是如此。学者们认为，这种决斗风气最早可以追溯到中世纪日耳曼习惯法中的司法决斗制度，但是贺拉提乌斯兄弟和库里亚斯兄弟的生死对决却是西方关于决斗的最古老的传说。

　　这场决斗还具有另一个非常重要的意义：罗马人取得了决斗的胜利之后，他们就把臣服的阿尔巴人整体迁到罗马，将他们安置在罗马七丘之中的西里欧山上。阿尔巴人中间的一些贵族后来也就成为罗马的名门望族，其中的一支就是尤利乌斯族，而恺撒就来自这个家族。如此看来，如果当年罗马人把阿尔巴族毁灭了而不是将其迁到罗马，那么尤利乌斯·恺撒就不会在六百年之后出现了，罗马历史也就缺少了一段令人回肠荡气的精彩故事。

　　这就是罗马第三位国王图鲁斯的主要功绩，他最先拉开了对外扩张的序幕，将阿尔巴纳入罗马当中，并使罗马成为拉丁同盟的盟主。在此后的四百年间，罗马从拉丁同盟的盟主再到罗马同盟的盟主，最终完成了对整个意大利的统一。

安库斯与奥斯提亚的开拓

　　图鲁斯统治了三十多年，他死后，罗马人又选出了一位萨宾族的国王安库斯·马尔西乌斯（Ancus Marcius，公元前 642 年—公元前 617 年当政）。安库斯继续推进图鲁斯开启的扩张战略，征服了一些地方，并把那些新兼并的部族整体迁到罗马七丘之中的阿文庭山上，后来这些人都沦为平民和穷人。所以此后帕拉蒂尼山和阿文庭山就分别成为罗马富人和穷人的据点，七丘之中已有五个山头有人居住了，罗马也日益繁荣起来。

除了继续开疆拓土，安库斯也大力推动罗马城的基础建设，他在台伯河上修建了罗马的第一座桥梁，即萨布里休斯大桥，这座桥今天已经不存在了。后来到了共和国时期，罗马人又修建了许多桥梁，这些桥都修得非常坚固，有些至今仍然在使用，如米尔维奥大桥、法比雷西奥大桥等。

安库斯不仅在河上建桥，而且还征服了台伯河的出海口。罗马位于台伯河畔，但是距离出海口还有一段距离，而台伯河的出海口是一个叫作奥斯提亚的地方。安库斯征服了奥斯提亚，控制了台伯河的出海口，从而极大地推动了罗马的商业发展。奥斯提亚地处海边，是重要的产盐基地，而盐对于当时住在内地的人们来说是非常重要的生活物资。在最初没有通用货币的情况下，盐就是"硬通货"，可以用来换取各种东西，具有一般等价物的属性，发挥了货币的功能。由于控制了食盐的生产和贸易，罗马逐渐走上了富庶之路。

在安库斯执政之前，罗马是一个纯粹的内陆小邦；自从安库斯打开了台伯河的出海口之后，罗马就可以像希腊城邦一样面向宽阔的海洋了。

第 II 节

伊特鲁里亚人的统治

　　前面的这四位罗马国王，拉丁族和萨宾族各占两位，他们都为罗马的建立和发展做出了重要的贡献。但是从第五位国王老塔克里乌斯开始，一直到后来被推翻的第七位国王"骄傲者"塔克里乌斯，都是来自伊特鲁里亚族的统治者。这里面可能蕴含着一段伤心的历史，即罗马人被北方来的伊特鲁里亚人征服了。

老塔克里乌斯的改革

　　在罗马人书写的历史中，卢西乌斯·塔克里乌斯·布里斯库斯（Lucius Tarquinius Priscus，公元前 617 年—公元前 579 年当政）是一个从伊特鲁里亚地区来的移民（为了与后来的"骄傲者"塔克里乌斯相区别，他通常被叫作老塔克里乌斯）。据说他的父亲是希腊科林斯人，早年从希腊流亡到了意大利，娶了一位伊特鲁里亚贵族的女儿为妻，生下了老塔克里乌斯。老塔克里乌斯长大成人之后，感觉到伊特鲁里亚人比较闭塞排外，于是就举家迁移到了南边的罗马，而素有兼收并蓄传统的罗马人收容了他们一家。

当时伊特鲁里亚人的文明水平要比罗马人高得多，他们尤其擅长工程技术。老塔克里乌斯在伊特鲁里亚生活了半辈子，自然深受其文化的熏陶，所以他就把伊特鲁里亚人的精湛技艺带到了罗马。在罗马，老塔克里乌斯经营有方，掌握了大量钱财，同时他又乐善好施，热心助人，所以深受罗马人民的爱戴。在安库斯当政时，老塔克里乌斯就已经得到了国王的青睐和栽培。因此，在安库斯去世之后，罗马元老院和人民都推选老塔克里乌斯继承王位。这样一来，一个伊特鲁里亚人就取代了以前的拉丁人和萨宾人，成为罗马的第五位国王。

老塔克里乌斯当了国王以后，也进行了一些重要的改革。

一、增加元老院人数

他把元老院的元老扩增到 200 人。因为现在有很多外邦人像他一样加入了罗马，这些外来人口中不乏一些有能力者，他们通过自己的努力获得了大量的财富，同时也为罗马的繁荣做出了重要贡献。因此，这些人在政治上当然也提出了相应的要求。在罗慕路斯建国之初，元老院由 100 位本族的氏族长老所组成，他们的后裔依凭血缘和功勋而子承父业。现在罗马的外来人口增加了，元老院也需要吸收新鲜血液，必须把通往罗马权贵阶层的大门向新来者打开。所以老塔克里乌斯当了国王以后，就把罗马元老院的人数增加到 200 人，除了以前的血统贵族之外，新晋的一些元老往往是通过后天努力而成功的人。这样就使得罗马贵族可以不断地进行成分更新，将一些佼佼者吸收进来，从而保证罗马权贵阶层始终保持一种开放状态，与时俱进，常变常新。

二、发展工程技术

老塔克里乌斯是从伊特鲁里亚移民来的，他精通伊特鲁里亚人的一些工程技术，所以当他成为国王之后，就开始对七丘之间的湿地进行开垦治理。

罗马七丘之间的洼地由于地势低，经常处于被水淹没的状态，非常潮湿，滋生了大量的蚊蝇和寄生虫，极大地影响了附近百姓的健康和生活。罗马这块地方不同于阿尔巴·隆加，后者是一个环境非常好的风水宝地，但是罗马城却从一开始就建立在一个环境比较恶劣的地方，七座山丘中间都是湿地，蛮烟瘴雨，虫豸丛生。当然，罗马在地理上也有它的优势，那就是依山傍水，紧靠着台伯河，对于农耕民族来说这是一个非常重要的便利条件。后来台伯河的出海口奥斯提亚被罗马人控制，借助河道运输又极大地利于商业的发展。

由于湿地经常滋生瘴疠之气，伤害人民的身体健康，所以早期的罗马人特别注重用火，只有靠火才能驱除瘴气。在罗马，每家每户的火种都是常年不灭、昼夜燃烧的，一来是用于炉灶和照明，二来则是为了驱除瘴气，此外也有重要的宗教祭祀功能。所以火种往往都位于每个家庭的中心位置，火种燃烧之处也是罗马家庭的祭坛所在，这种传统一直在罗马社会中保存下来。

> 罗马有一位非常重要的神祇，后来成为罗马人圣洁的象征，这就是灶神维斯塔。维斯塔是一位女神，她后来与希腊传来的灶神赫斯提亚相合并。在罗马人的信仰中，维斯塔是一位不结婚的圣洁女神，而维斯塔神庙的女祭司往往由贵族家庭的少女来充当，她们自愿成为维斯塔神庙的女尼，在还俗之前必须保持圣洁。维斯塔神庙是罗马最神圣的宗教场所，神庙中心永远燃烧着熊熊火焰，女祭司的主要职能就是负责守护火焰，而火焰则象征着神圣。维斯塔贞女在罗马社会中享有很高的声誉和地位，虽然她们并不参与政治，但是道德地位却非常崇高。

老塔克里乌斯掌权之后，就运用他从伊特鲁里亚带来的工程技术对七丘之间的湿地进行排水开垦，并且在湿地治理的基础上建造了最早的罗马广场。此外，老塔克里乌斯还在七丘之中最高的卡庇托尔山上修建了朱庇特神庙。努马执政时期曾经修建了雅努斯神庙，到了老塔克里乌斯执政时期才开始修建朱庇特神庙。他不仅把国家金库设在朱庇特神庙中，还把朱庇特确立为罗马各部族共同信仰的最高神灵。老塔克里乌斯的大兴土木极大地推动了罗马工程技术的发展，城市建设也不断地推进和更新，所以有人说罗马最初就是一座伊特鲁里亚人的城市。

　　到了罗马帝国时期，七丘环抱之中的罗马广场曾一度气吞万象，傲视寰宇，成为整个地中海世界的中心。到了公元5世纪，日耳曼人在入侵劫掠罗马城之后，一把火将雄浑壮丽的罗马广场焚烧殆尽，只留下游客们今天在卡庇托尔山上所看到的那片坍塌的历史废墟。从日耳曼人焚城一直到今天，一千五百多年过去了，罗马广场依旧保持着当年被焚毁的模样，向后世人们默默地诉说着历史的沧桑。

　　这张图片是站在卡庇托尔山上俯瞰罗马广场遗址所看到的景象，视野的尽头依稀可辨的就是著名的罗马科洛西姆竞技场

站在卡庇托尔山上俯瞰罗马广场遗址

（亦称圆形竞技场），在竞技场和卡庇托尔山之间的广大区域，就是当年气势雄伟的罗马广场。今天的广场上，仍然屹立着一些巨大建筑的残躯和废墟，例如近处的韦斯巴芗神庙和萨图尔努斯神庙的高耸入云的柱体、协和神庙的废墟和罗马广场中心的标志佛卡圆柱，以及宏伟的塞维鲁凯旋门；中间处的作为罗马平民大会场所的尤利娅会堂遗址、埃米利亚会堂遗址和罗马元老院的三角顶；远处的卡斯托尔和波吕克斯兄弟神庙残柱、维斯塔神庙和恺撒神庙遗址，以及保存完好的安东尼·庇护及妻子芙斯汀娜的神庙。更远处（图片上已无法显示）还有所谓的罗慕路斯神庙、马克森提乌斯会堂、维纳斯和罗马女神神庙废墟、提图斯凯旋门等诸多建筑。罗马广场的右边是豪宅林立的帕拉蒂尼山，左边则是奎里尔诺山和维弥纳山。

　　人们在卡庇托尔山上看到的气势恢宏的罗马广场，就是在老塔克里乌斯最初开拓的基础上逐渐扩建而成的，而那里原来只是一块烟笼雾罩的蛮荒湿地。

塞尔维乌斯的建树

罗马王政时期的第六任国王塞尔维乌斯·图里乌斯（Servius

Tullius，公元前 579 年—公元前 535 年当政）是一位颇具传奇色彩的人物，他对于罗马城市和制度的建设都具有重要的里程碑意义，为罗马后来的迅猛崛起奠定了牢固的根基。

按照罗马历史的记载，塞尔维乌斯是第五任国王老塔克里乌斯家里的一个女奴隶所生的孩子。罗马是严格的奴隶制社会，奴隶没有任何权利，只是会说话的工具而已。塞尔维乌斯为一个女奴隶所生，他的父亲是谁也没人知道，可能也是一个无名无姓的奴隶，因为当时的奴隶是没有固定的家庭的。

但是在塞尔维乌斯出生以后，发生了一些奇特的事情，他不仅招人喜欢，而且他身上还发生了一些奇迹。老塔克里乌斯是一位比较英明的国王，他的妻子也是一位很贤惠的王后，他们当时就觉得塞尔维乌斯这个孩子很不一般。据说有一次，大家发现婴儿塞尔维乌斯躺在地上，头上发出火光，深感恐慌的众人就请来了国王和王后。当时有人想要用水把火浇灭，但是被王后阻止了，王后相信这个异象带有神明的旨意。从此以后，老塔克里乌斯夫妇就非常喜欢这个孩子，把他在王宫中抚养长大，后来又把成年后的塞尔维乌斯招为女婿，把亲生女儿嫁给他。由于塞尔维乌斯从小在国王身边长大，受过很好的教养，并且表现出卓越的治理能力，所以被国王和王后暗中确定为未来的接班人。

老塔克里乌斯是在第四任国王安库斯死后被罗马元老院和人民推举为国王的，由于他是伊特鲁里亚人，而以前的四任国王不是拉丁族就是萨宾族，所以老塔克里乌斯的执政引起了安库斯两个儿子的极大不满，他们认为罗马不应该由伊特鲁里亚人来统治（此时罗马与伊特鲁里亚的一些城市经常发生冲突）。在老塔克里乌斯进入老年以后，在一次阴谋中，安库斯之子派人把老塔克里乌斯杀死了，而且他们急于掌控国家政权。

在这样的情况下，老国王的女婿塞尔维乌斯临危受命，在其岳母也就是王后的支持下挺身而出，凭借实力成功地挫败了安库斯之子的叛乱，掌控了罗马的局势。由于是出于戡乱平叛的紧急情况，塞尔维乌斯成为一位没有经过人民选举就直接被元老院推上王位的国王，这也为后来"骄傲者"塔克里乌斯的武力篡权埋下了伏笔。

塞尔维乌斯上台以后做了一些非常重要的工作，首先主持修建了罗马的第一座城墙，即塞尔维乌斯城墙。当时，罗马的七座山丘上面都已经有人居住了，七丘之间的湿地也得到了有效拓垦，所以塞尔维乌斯就设计修建了一座城墙，把卡庇托尔、帕拉蒂尼、阿文庭、西里欧、埃斯奎里、维弥纳、奎里尔诺这七座山丘全部包围在里面。由于修建了这座城墙，罗马城才开始形成了最初的规模，因为只有围起了城墙才能算是一座真正的城市。

塞尔维乌斯城墙把罗马城最早的基业奠定下来。这道城墙建造在台伯河东岸，通过安库斯建造的萨布里休斯大桥与河西地区相交通，这就是罗马城最初的雏形。罗马城为什么被人们称为"七丘之城"？就是因为塞尔维乌斯修建的这道城墙把由七丘组成的罗马围成了一个封闭的城市。

　　罗马城建有两座古代的城墙，一座是公元前 6 世纪塞尔维乌斯修建的城墙，另一座则是公元 3 世纪罗马皇帝奥勒良（Aurelianus）所建的城墙，即奥勒良城墙。时至今日，塞尔维乌斯城墙只剩下几处断壁和土坯，而奥勒良城墙依然高大坚固。奥勒良城墙在罗马的外圈，全长为 19 公里，要比塞尔维乌斯城墙长得多，至今仍然是罗马市区和城郊的分界线；塞尔维乌斯城墙

塞尔维乌斯城墙、奥勒良城墙和罗马市区地图

则构成了罗马的核心，即七座小山丘所包围的罗马市中心。这两座城墙的建造时间相隔了差不多 800 年之久，塞尔维乌斯城墙修建时，罗马只是一个名副其实的"七丘之城"；而到了奥勒良城墙修建时，罗马已经是一个地跨三大洲的超级大帝国的宏伟首都了。

罗马的百人团制度

比修建城墙更加重要的是，塞尔维乌斯建立了罗马的百人团制度。他在行政分区和人口普查的基础上，根据财产资格将罗马人分成六个等级，建立了兵役、税收、选举权三合一的公民团体，即百人团（Centuria，音译为"森都里亚"）。塞尔维乌斯此举可能是受了雅典"立法者"梭伦（Solon）的影响，梭伦在公元前 6 世纪初对雅典进行了改革，他打破雅典传统的氏族格局，根据地域把雅典分为四个行政区划，然后再按照财产资格把四个地区的雅典人又分成四个不同的等级或阶层，不同的等级享有不同的政治权力，同时也要履行相应的政治义务。梭伦改革发生在公元前 596 年前后，而塞尔维乌斯的改革则是在公元前 6 世纪中后叶开始进行的，因此他很可能是受到了梭伦改革的影响。

从罗慕路斯和努马的时代开始，罗马人一直是按照氏族关系来进行划分和组织的，若干个氏族组成一个库里亚（胞族），十个库里亚（胞族）组成一个特里布斯（部族），而罗马最初是由三个部族构成的。但是随着外来人口的不断迁入，罗马以前的氏族关系已经发生了极大的变化，罗马人需要打破传统的血缘原则，按照新的方式来重新建立社会关系。塞尔维乌斯顺应时代发展的要求，像梭伦一样废除了原来的氏族部落，按照地域原则把罗马划分为四个城区特里布斯和若干个乡村特里布斯（此时的特里布斯已经不再是血缘意义上的"部族"了，而演变为地域意义上的"社区"），再在行政分区人口普查的基础上，根据财产资格建立起百人团制度。这样就使得按照地域原则划分的社区成为罗马的行政单位，建立在氏族关系上的库里亚大会的政治功能也逐渐被建立在财产资格上的百人团大会（Comitia Centuriata）取代。因此有人认为，罗马是在塞尔维乌斯建立百人团制度之后才真正从氏族社会转变为国家。

塞尔维乌斯在人口普查的基础上，按照每个家庭的财产资格（动产和不动产）把罗马自由民分成六个不同等级，然后在此基础上建立了百人团大会。所谓"百人团"，就是由 100 个男性自由民组成的一个团体，构成罗马社会的基本单位。按照财产资格，拥有 10 万阿司（货币单位）和 20 尤杰罗（土地单位）以上的罗马最富有者组成了第一等级的 98 个百人团（包括 18 个骑兵百人团和 80 个步兵百人团），他们是罗马最有权势的血统贵族（大地主）和财富贵族（骑士）。之后，罗马自由民再依照不同的财产

标准分别组成第二、第三、第四等级的百人团各 20 个，第五等级
的 30 个百人团，以及无产者的 5 个百人团，一共 193 个百人团。
虽然百人团由 100 个人组成，但是每个百人团在参与政治表决时
只有一票，这和今天美国的选举人制度非常相像。所以，每个百

表 2-2　百人团的划分

等级	划分标准		百人团数量	装备
	钱财	土地		
第一等级	10 万阿司	20 尤杰罗	骑兵团 18 个（前 6 个为血统贵族成员）	头盔、圆盾或方盾、胸甲、胫甲、矛、剑、马
			步兵团 80 个（青年团和老人团各 40 个）	头盔、圆盾或方盾、胸甲、胫甲、矛、剑
第二等级	7.5 万阿司	15 尤杰罗	步兵团 20 个（青年团和老人团各 10 个）	头盔、椭圆盾、胫甲、矛、剑
第三等级	5 万阿司	10 尤杰罗	步兵团 20 个（青年团和老人团各 10 个）	头盔、椭圆盾、矛、剑
第四等级	2.5 万阿司	5 尤杰罗	步兵团 20 个（青年团和老人团各 10 个）	矛、标枪
第五等级	1.25 万阿司	2 尤杰罗	步兵团 30 个（青年团和老人团各 15 个）	投石索、石头
无产者	1.25 万阿司以下	2 尤杰罗以下	杂役团 5 个（木匠、铜匠、鼓手、号手等）	无
备注	·钱财或土地低于第五等级标准者无选举权； ·青年团和老年团以 45 岁为划分标准； ·2 尤杰罗约等于半公顷。			

人团在进行投票表决之前首先需要进行内部协商，采取少数服从多数的原则来确定百人团的最终意见，然后再在各等级的百人团大会上进行表决。

第一等级是罗马最富有的阶层，他们为什么会拥有98个百人团呢？这就涉及我们前面讲过的恩主－门客制度。那些血统贵族和大富豪本身的人数是有限的，但是由于他们拥有大量的家族成员、门客，这些人都具有罗马自由民的身份，所以这些家族成员和门客与主人共同组成百人团，这样就形成了贵族和富豪们的庞大势力。在罗马，一个大地主或大富豪往往拥有成百上千名属下，而平民却只有自己一个人，所以第一等级的百人团数目比其他几个等级的百人团数量总和还要多。

比如说罗马早期对外扩张时，曾经兼并了拉丁同盟的一个部族，这个部族叫克劳狄乌斯家族。这个家族并入罗马后成为罗马的新贵族，当时克劳狄乌斯家族一次性带了数千名家族成员和门客来到罗马，这些人大多是自由人，他们可以组成若干个百人团。

兵役、税收和选举权的三合一

百人团主要是作为军事单位而组建的，以应对罗马经常要面临的对外战争。罗马在发展的早期阶段，四邻布满了不同的敌国，当时罗马没有职业军队，而是实行兵民一体的征兵制度，服兵役、保家卫国既是每个自由民的义务，也是他们不可让渡的基本权利（通过征战而获得战利品和建立军功）。百人团主要是应对战争需要而组建的，同时也兼具经济和政治功能。由于背景情况的差别，不同等级的百人团在战斗中所发挥的职能是不同的。在塞尔维乌斯统治时期和罗马共和国早期，国家财力有限，不可能提供战争装备，一切武器、甲胄、马匹等都是由参战者自己配备。第一等级的百人团通常装备精良，充当骑兵和重甲步兵，具有较强的战斗力，因此在战争中发挥最重要的作用。除了头盔、铠甲、圆盾、长矛等装备之外，他们往往会配备一把长剑和一把短剑，长剑是用来搏杀的，短剑则是用来防身的，在关键时刻也可能会用来杀身成仁。在罗马早期社会，贵族除了有钱有势之外，还有一个特点，那就是有德行、有担当，对国家有强烈的责任感。第一等级的百人团组成的骑兵和重甲兵，在战斗中冲锋陷阵，以身垂范，为平民们做出了榜样，这也是他们能够服众的原因。

在西方，从古罗马时期一直到中世纪和近代，佩剑成为贵族的一种特权，而平民是没有资格佩剑的。贵族们佩剑以防身，用剑来进行决斗，捍卫自己的荣誉，危难时刻还可以用剑来自杀，而平民却没有这个必要。随着中世纪大学的兴起，大学生作为一个新兴的知识群体，也被赋予了佩剑的特权，由此就闹出了许多荒唐的故事，甚至有一种说法，认为英国剑桥大学的建立也与学生的剑斗有关。到了近代，知识精英也与贵族阶层一样，将佩剑作为一种特权身份的象征。因此，佩剑与戴假发一样，成为近代西方上流社会的一种时髦风尚。

与第一等级的百人团相比，其他几个等级的百人团的装备配置逐渐简化，战斗力依次减弱，他们分别构成了具有一定防护作用和武装的轻甲兵，以及装备简单的轻步兵。在第五等级的百人团以下，是由木匠、铜匠、鼓手、号手等无产者所组成的 5 个百人团。所谓无产者就是除了子女之外一无所有的人，他们既没有钱财也没有土地，完全不能提供任何军事装备，缺乏战斗力，所

罗马重甲兵、轻甲兵和轻步兵

以一般是不需要参加战斗的，只是从事一些修桥补路、吹号打鼓之类的事情。在罗马，打仗主要是有产者的职责。

罗马军队以百人团为基本单位，每个百人团有一个百夫长来率领士兵，他的勇气、能力和谋略会对百人团的战斗力产生重要的影响。一个罗马军团通常由 4 200 名步兵和 300 名骑兵组成，包括几十个百人团。罗马早期实行兵民一体的征兵制度，打起仗来，所有适龄男子都要按照百人团编制上战场，战争结束后大家就刀枪入库，回家种田。

同时百人团也构成了罗马基本的纳税单位，罗马自由民在百人团的体制内完成纳税义务。从法权上来说，只有罗马公民才有纳税的义务，非公民是不纳税的，奴隶、外邦人都不用纳税。纳税是罗马自由民或公民的一项基本义务，是与他们所享有的政治权利相对应的。但是，罗马法律规定，服兵役者是可以免除税务的，也就是说，如果一位罗马公民作为百人团成员而为国出征，他就可以享受免税的权利。在罗马的历史发展过程中，除了努马时期雅努斯神庙的大门曾经关闭了 40 年之外，后来基本上就一直处于开启的状态，这就意味着罗马连年都会发生对外战争，而早期的罗马又是一个全民皆兵的国家，所以罗马公民们基本上就不用纳税了，他们以服兵役来代替缴纳税项，同时也通过对外战争来掠取大量战利品，从而促进了国家和个人的财富增长。从这种意义上来说，百人团实现了兵役与税收的合一。

此外，百人团制度还包括了政治选举权，只有被编入百人团的罗马公民才具有这种权利,而百人团之外的非公民(妇女、儿童、奴隶、外邦人等)都没有选举权,甚至连早期的无产者也不具有选举权(虽然他们也位于公民之列)。在具体的操作程序上,塞尔维乌斯设计了一套旨在强化权贵阶层的优势地位的表决方式,每次百人团大会进行表决,均按照从高到低的等级顺序来进行。在 193 个百人团中,由贵族和骑士组成的第一等级的 98 个百人团首先进行投票表决,然后第二、第三、第四、第五等级的百人团依次进行表决。由于第一等级的各个百人团往往是利益攸关、立场相近的,而且其数量已经占了全部 193 个百人团的半数以上,所以当第一等级的 98 个百人团投票达成一致意见时,其他等级的百人团就不用再投票了,因为结果已经被决定了。由此可见,塞尔维乌斯设计的百人团制度及其表决方式充满了权贵优先的特点,这样就保证了罗马的政治权力总是掌握在有钱有势的豪门贵族手中。当然,罗马早期的权贵也不是帝国时期的那些奢靡堕落之徒,而是一些有德行、有情怀,愿意为国家舍身捐躯的社会精英,他们在公共生活和对外战争方面都高风亮节、以身垂范,发挥了楷模作用,因此他们所享有的政治权力是与他们所承担的公共义务相称的。在塞尔维乌斯时代和具有浓郁贵族气息的共和国早期,这种强化第一等级的政治权重的荣誉制度是完全符合时代要求的。

塞尔维乌斯建立的这种兵役、税收、选举权三合一的百人团制度,奠定了罗马政治体制的基本框架。不久以后罗马王政虽然被共和国取代，但是百人团制度却得以长期沿用，并且不断根据形势的变化而得到调整，成为罗马共和国时期政治体制的重要组成部分。

罗马王政时期最初几位国王的政治建树和丰功伟绩，或多或少都掺杂着一些传说的成分；然而塞尔维乌斯的这些业绩却是真实可考的，罗马国家的面目在塞尔维乌斯时代，也逐渐变得清晰起来。如果说修建城墙构成了罗马城必不可少的基础设施，那么百人团制度则成为罗马国家基础性的政治设计，正是由于这两方面的奠基工作，一个朝气蓬勃的罗马如同初升的旭日一般在七丘之上喷薄而出。

"骄傲者"塔克里乌斯

第六任国王塞尔维乌斯执政了四十多年，他治国有方，却齐家失当。塞尔维乌斯膝下无子，只有两个女儿大、小图利亚。大图利亚性格文静，心地善良；小图利亚长相美丽，却凶悍恶毒，蛇蝎心肠。

塞尔维乌斯原为一个女奴之子，被老塔克里乌斯夫妇收养长大并招为东床快婿，故而常怀感恩之心。因此当他到了暮年之时，就想让自己的孩子和老塔克里乌斯的后裔结成秦晋之好，使两家合为一家。于是他就把两个女儿分别嫁给了老塔克里乌斯的两个孙子大、小塔克里乌斯。大塔克里乌斯老实厚道，小塔克里乌斯却是一个凶狠残暴之人。塞尔维乌斯出于善意，把温顺的大女儿嫁给了性情凶暴的小塔克里乌斯，而把凶悍的小女儿嫁给了心地善良的大塔克里乌斯，原本是希望这两对夫妻能够在性格方面相互中和。然而事与愿违，性格凶悍的小塔克里乌斯和小图利亚分别将自己的妻子和丈夫谋害了，二人臭味相投，结为新的夫妻，并且通过阴谋手段攫取了权力和钱财，控制了军队。

塞尔维乌斯面对这个结果束手无策，毕竟小图利亚也是他的女儿，而且年龄的增长也使他变得昏庸懦弱，他只能忍气吞声，一味妥协。但是暴戾的小塔克里乌斯（被人们叫作"骄傲者"塔克里乌斯）并没有就此罢手，而是变本加厉，最后公然杀害了老迈的塞尔维乌斯，篡夺了王位。据说当塞尔维乌斯遭到打击奄奄一息的时候，他的女儿小图利亚竟然驾着马车从父亲的身体上碾压而过，这对奸贼淫妇合谋杀死了一代英主塞尔维乌斯。

"骄傲者"塔克里乌斯（卢西乌斯·塔克里乌斯·苏佩布斯，Lucius Tarquinius Superbus，公元前 535 年—公元前 509 年当政）获得权力以后，一方面对内实行专制统治，将元老院抛在一边，对所有敢于反抗的民众施加酷刑，用极权来统治罗马。但是另一方面，这位"骄傲者"塔克里乌斯却擅长打仗，在对外战争中不断取得胜利，通过军功来维系和强化他的暴政，如此竟然统治了二十多年，一直到公元前 509 年才被罗马人民推翻。

第 III 章

罗马共和国的建立与"共和"的意义

罗马王政时期经历了七个国王的统治，历时244年。到了公元前509年，罗马人民在贵族们的领导下举行了起义，推翻了最后一位国王"骄傲者"塔克里乌斯的统治，建立了世界上的第一个共和国。

第 I 节

共和国的开创

罗马共和国的创立起源于一个颇有传奇色彩的故事，即一位罗马元老之妻被国王儿子凌辱、自杀而死的事件。此事的一些细节虽然被后世人们加以夸张渲染，但其主要情节还是真实可信的。正是这位烈妇卢克丽霞之死激起了罗马贵族们的极大愤慨，最终酿成了布鲁图斯等人领导的罗马革命。

卢克丽霞之死

公元前 509 年，罗马国王"骄傲者"塔克里乌斯带着军队外出与邻邦打仗，他的儿子塞克斯图斯和一些元老贵族随行。有一天军中无事，贵族们聚在一起闲聊，国王的儿子塞克斯图斯和一位贵族科拉提努斯打了一个赌，两个人想比一比谁的妻子更加贤惠，于是他们决定星夜赶回罗马城，看看各自的妻子正在干什么。

两个人回到罗马之后，首先来到了王宫，看到塞克斯图斯的妻子正在大宴宾客，花天酒地。然后两人又来到科拉提努斯的家里，后者的妻子卢克丽霞正独自在房间里默默地为丈夫织一件衣服。两相对照，判若云泥，这个赌局无疑是王子塞克斯图斯输了。

塞克斯图斯在科拉提努斯家里见到了卢克丽霞，她不仅非常贤惠，也美丽动人，于是塞克斯图斯心中动了邪念。回到军中的第二天晚上，塞克斯图斯趁着科拉提努斯忙于军务，再次来到科拉提努斯家里，强暴了卢克丽霞。卢克丽霞在遭到玷污以后，把这件事情告诉了自己的丈夫和父亲，以及丈夫的好友布鲁图斯，这三个人都是罗马元老院的贵族。卢克丽霞忍辱含垢地讲述完这件事情之后，就挥剑自杀而死。

卢克丽霞自杀后，在场的布鲁图斯义愤填膺，当即与科拉提努斯等人向卢克丽霞的遗体发誓，一定要为她复仇。布鲁图斯和科拉提努斯在罗马元老院发表演讲，煽动元老们起来反抗暴政，并且得到了罗马人民的大力支持。元老们纷纷谴责，国王的儿子竟然连元老的妻子也敢凌辱，实在是无法无天；而广大民众早已对国王"骄傲者"塔克里乌斯的暴戾统治充满怨恨，卢克丽霞之死成为一根导火线，点燃了罗马人民起义的烈焰。

卢克丽霞受辱自杀的故事在西方历史上非常出名，可谓是妇孺皆知。后世的许多著名艺术家都绘制了有关卢克丽霞之死的作品，例如文艺复兴时期的意大利绘画大师提香、荷兰杰出画家伦勃朗、佛兰德斯艺术巨匠鲁本斯等。人们谈到罗马共和国的建立，往往会从这位节烈贵妇之死说起。

卢克丽霞之死

共和国的开创者布鲁图斯

卢西乌斯·尤尼乌斯·布鲁图斯（Lucius Junius Brutus）是"骄傲者"塔克里乌斯的外甥（一说为塔克里乌斯的妻弟），那时候罗马的贵族之间或多或少都具有一定的血缘关系，但是他心中早就对塔克里乌斯的残暴统治充满了愤慨。布鲁图斯其实不是他的原名，他是一个大智若愚的人，平时表现出一副老实巴交的样子，木讷寡言，很多人都认为他是一个傻瓜，所以就给他起了一个绰号，叫"布鲁图斯"，这个词在拉丁文里面就是"傻瓜"的意思。

布鲁图斯雕像

有一个故事说到"骄傲者"塔克里乌斯曾经派布鲁图斯陪同两个王子一起到希腊的德尔菲神庙去求取神谕，德尔菲神庙是希腊显贵们求神谕的灵验之所。这三个人来到神庙，完成了国王交代的任务之后，"骄傲者"塔克里乌斯的儿子们就问了阿波罗神一个问题："国王百年之后，谁将统治这个国家？"德尔菲神庙发布神谕的女祭司回答道:"第一个亲吻母亲的人将获得统治国家的权力"。德尔菲神庙的神谕一向以晦涩难懂而著称,"骄傲者"塔克里乌斯的儿子们听不出其中的奥义,于是他们急于赶回罗马去亲吻自己的母亲。但是布鲁图斯却听懂了神谕的意思,他假装摔倒,用嘴亲吻了大地,因为按照希腊神话的说法,大地女神盖娅就是万物之母。

卢克丽霞自杀后,布鲁图斯一改昔日的韬光养晦,愤然向罗马元老和民众披露王子的暴行,抨击国王的残暴统治,激起了罗马人民的革命,建立了罗马共和国。布鲁图斯和科拉提努斯被罗马元老院和人民推举为共和国的最高行政官员——执政官,从此以后,两位任期一年的执政官取代了一个终身掌权的国王。

虽然布鲁图斯、科拉提努斯领导人民推翻了王政,但是国王"骄傲者"塔克里乌斯仍然带兵在外,罗马城内也有一些国王的亲信在暗中密谋,准备里应外合帮助国王复辟。这些密谋者当中,不幸就有布鲁图斯的两个儿子和科拉提努斯的外甥。布鲁图斯和科拉提努斯都是贵族,与国王有着密切的亲缘关系,布鲁图斯的两个儿子从小就是在国王的宫廷里长大的,对国王情深意笃。由于情感所系和利益驱使,他们都参与了复辟王政的密谋,结果东窗事发,阴谋者被绳之以法。面对自己的亲人参与谋反,共和国的第一任执政官布鲁图斯和科拉提努斯表现出完全不同的态度。布鲁图斯毫不犹豫地对自己的两个儿子加以鞭笞,然后斩首示众;科拉提努斯却无法面对这个残酷的事实,因为他和姐姐的情感深厚，他不忍心伤害自己的外甥，于是便向元老院求情，希望大家能够网开一面。但是元老院通过投票表决，最终还是将科拉提努斯的外甥判处死刑。面对这个结果，科拉提努斯羞愧难当，他深感自己不像布鲁图斯那样公正无私，无颜继续担任共和国的领导人，因此辞去了执政官的职位。

法国画家雅克－路易·大卫曾经画过一幅油画来表现布鲁图斯大义灭亲的事迹，画面通过谋反者的尸体映衬出布鲁图斯

布鲁图斯大义灭亲

的刚毅和其家眷的悲痛，从而形成了强烈对照。布鲁图斯的行为给后世罗马人树立了典范，同时也为共和国确立了对待叛国者的惩罚律例。在罗马共和国的法律中，谋反和叛国构成了杀无赦的最大罪行。罗马人最痛恨的就是背叛行径，无论是什么人，也无论谁曾经有过多么显赫的功勋，一旦犯了叛国罪，按律一概格杀勿论。

布鲁图斯忍痛杀子之后，“骄傲者”塔克里乌斯率军卷土重来，攻打罗马城，布鲁图斯带领罗马人民组成的军队出城与国王对阵，最后在激战中以身殉职，壮烈牺牲。布鲁图斯不仅是罗马共和国的开国元勋，也因其可歌可泣的悲壮行为而成为罗马人世代颂扬的英雄楷模。

罗马共和国始终具有浓郁的权贵色彩，贵族始终是国家权力的主要执掌者。布鲁图斯本身就是贵族，又是罗马共和国的缔造者，所以布鲁图斯家族从此以后就成为罗马的名门望族和罗马元老院的中流砥柱。有一个非常著名的历史典故，那就是关于布鲁图斯家族的另一位成员马可·布鲁图斯刺杀恺撒的故事。老布鲁图斯在公元前 509 年创立了罗马共和国，并且大义灭亲、以身殉职；到了四百多年后的公元前 44 年，一个名叫马可·布鲁图斯的青年人联络了十多位元老，在临时作为元老院议事地点的庞培剧场里面刺杀了具有雄才大略、野心勃勃的恺撒。虽然这位马可·布鲁图斯并非老布鲁图斯的嫡传后裔，但是仍然与该家族有着深厚的渊源关系。更何况老布鲁图斯的嫡传子孙德奇姆斯·布鲁图斯（Decimus Brutus）（另一位布鲁图斯）也参与了这次刺杀活动，在十多位元老之列。而两位小布鲁图斯策动元老们刺杀恺撒就是为了捍卫共和国，为罗马人民消除"暴君"（指恺撒）。

从这个意义上来讲，老布鲁图斯作为罗马共和国的开国元勋，为后世那些捍卫共和国的罗马贵族和元老树立了典范。布鲁图斯之于罗马共和国，就如同华盛顿之于美利坚合众国一样，是一座不朽的历史丰碑。

"人民之友"瓦列里乌斯的立法

科拉提努斯辞职之后，一位深孚众望的公众人士瓦列里乌斯（Valerius）被推举为接替者，成为罗马的第二任执政官。瓦列里乌斯曾经与布鲁图斯、科拉提努斯等人一起领导了罗马人民的革命，创建共和国；而且由于他的亲民和雄辩，经常为民众提供法律上的援助，他因此获得了"人民之友"（Poplicola）的美誉。布鲁图斯在战场上殉职之后，瓦列里乌斯继续率领罗马军队抗击国王的进攻并最终取得了战争的胜利。瓦列里乌斯精通法律，他在执政期间颁布了一系列法律，这些法律深深地影响了罗马共和国的政治体制，同时也确立了共和国的基本规范。

"共和"这个词的拉丁文是"res publica"，原意为"公众事务"。而罗马人在公元前 509 年创建的，由执政官、元老院和公民大会共同组成的国家政体，是人类历史上的第一个共和国。希腊人从来没有创建过共和国，希腊诸城邦中只有雅典式的民主制、斯巴达式的寡头制和一些城邦实行的君主制，但是并没有出现过共和制。罗马是世界上第一个共和国，而且这个共和国的政治制度对后来的西方社会产生了深远的影响。关于罗马共和国的政治体制以及"共和"的基本内涵，我会在后面再进一步分析。而瓦列里乌斯的立法却为共和国奠定了最初的法律根基，搭建了共和政治的制度框架。虽然这些法律还不是成文法，而是约定俗成的习惯法，但是它们却确立了共和国的基本原则。这些法律的主要内容如下。

一、坚决杜绝国王

瓦列里乌斯立法的第一要点，就是共和国坚决不能容忍任何人成为国王。该法律明确规定："任何人自立为王，人人得而诛之。"由于罗马人是通过革命推翻了国王的统治，建立了共和国，因此共和国决不允许任何人再度成为国王。后来罗马人制定的许多法律和规范，都是为了在政治上防范一个人的权力过大，防止野心家篡夺国家权力，而瓦列里乌斯确立的这条法律成为杜绝国王再现的最初的法律保障。

同时，瓦列里乌斯立法也明确规定，任何不经人民同意而擅任公职者，应被处以死刑。作为"人民之友"，瓦列里乌斯特别强调人民在政治上的重要意义，规定如果不经人民选举，任何人不得擅自担任公职。此外他还宣布，平时宣判死刑的唯一权力属于人民，只有公民大会可以合法地剥夺一个人的生命。死刑作为一种最严重的刑罚，具有不可逆性，一个人的生命一旦被剥夺，就无法重新拥有了。所以对待死刑要慎之又慎，只有人民才有权力宣判一个人的死刑。

这里的"人民"指的是什么呢？当然就是指由全体罗马公民所组成的公民大会，最初是库里亚大会，后来发展成为百人团大会，这就是罗马共和国早期的议会或国家权力机构。公民大会既包括贵族，也包括平民，虽然仍以贵族的势力占优（这一点早在第六任国王塞尔维乌斯建立百人团制度时就已经通过程序正义的方式确定了），但是并不排斥广大平民的参与。就此而言，公民大会不同于全然由贵族组成的元老院，它是由罗马全体公民组成的立法机构，在法理上代表着国家的最高权力机关。

瓦列里乌斯制定的法律明确地杜绝了国王的再度出现，从此以后的四百多年时间里，从共和国创建一直到屋大维悄悄地把共和国转变为帝制为止，罗马人民尤其是罗马贵族们（以元老院为核心）对国王深恶痛绝，充满了仇恨和抵触。在罗马共和国的整个发展过程中，罗马的贵族们都是坚决反对国王的，但是广大民众对此的态度却比较暧昧。公元前 44 年，马可·布鲁图斯为什么要刺杀恺撒？当时的恺撒创造了丰功伟绩，罗马人民都拥戴他，但是贵族却认为恺撒要当国王，要搞集权专制，所以即使恺撒得到了人民的拥戴，贵族们仍然要刺杀他。因为共和国最早就是由老布鲁图斯、科拉提努斯等贵族创建的，罗马贵族长期以来都将共和国视为生命，他们要捍卫元老院的贵族领导，反对某些野心家利用军队和民众的支持来搞独裁专制，为此不惜杀身成仁，用生命来捍卫共和国。这就是罗马共和国的一个重要特点，正是由于共和国最初是在贵族的领导下开创的，所以贵族元老们始终与专制君主不共戴天，一直到他们逐渐在财富和权欲的腐蚀之下丧失了道义和德行的时候，共和国晚期的野心家们才找到了可乘之机。

二、人民的上诉权

瓦列里乌斯立法的第二个要点，就是保护广大民众的基本权利，特别是生命权利。他发布的法律明确规定，任何公民如果被判处死刑或者鞭挞罪，都有权向公民大会上诉。"我向人民上诉！"（provoco ad populum!），这句拉丁文成为人民权利的重要保障。从共和国建立伊始，上诉权就成为共和国公民的基本权利，一旦公民提出上诉，百人团大会必须受理，因为剥夺一个人的生命不是儿戏。相对于国家官员而言，普通民众缺乏颁布法令和执行政策的积极权力，但是他们必须具备捍卫自己的生命、安全以及私有财产的消极权利。在刚刚创建的罗马共和国，人民往往是手无寸铁的弱势群体，而权贵们却掌握着国家机器，可以通过制定各种法律政策来侵害民众的利益，所以必须给民众保留一种基本的权利，那就是自我保护的权利，而上诉权就是最基本的自我保护权利，尽管它只是一种消极的权利。一个人在面临着被剥夺生命的威胁时有没有上诉的权利，是一个基本的人权问题。一个权力机构如果宣判了一个人死刑，就直接将其处死，而不给予他上诉的权利，这就完全剥夺了人的基本权利，就是对人权和人性的暴戾践踏。

在整个共和国时期，上诉权一直都是罗马人民的最基本的权利。后来，随着百人团大会的一些政治权能逐渐被以城市平民为主体的平民大会取代，接受民众上诉就成为平民大会及其代言人保民官（Tribune）的重要权限。公元前 494 年设立的平民保民官的主要职责就是保护人民的权益，而接受民众的上诉自然就成为题中之义。保民官有权主持受理上诉的审判仪式，可以代表平民大会改变对上诉者的死刑判决。这种作为人民基本权利的上诉权就是由共和国的第二任执政官瓦列里乌斯最先确立的。

三、人民主权至上

瓦列里乌斯立法的第三个要点，那就是执政官以及其他掌握公权力的高官在进入公民大会（百人团大会）的时候，必须把象征着国家权力的标志"法西斯"里面的斧头从棍束中取出来，以表示对人民主权的尊重，同时也意味着官员的权力来自人民。即使是国家的最高领导人，也不能在象征人民主权的公民大会里面耀武扬威，必须在人民面前低下其高贵的头颅。在罗马共和国，公民大会是由全体人民组成的会议，在法理上是国家最高的立法机构和权力机构，它的权威是高于执政官等政府官员的。

"法西斯"在拉丁语中的本义是"束棒"，即一把斧头被捆绑在一束圆木棍之中，在古罗马标志着权力和威望。用"法西斯"作为权力的象征，最初是从北方伊特鲁里亚人的文化传统中发展而来的，据说是由第五任国王老塔克里乌斯把"法西斯"带到了罗马。老塔克里乌斯成为罗马国王之后，为了强化自己的政治权威，就让一帮随从每人扛着一个由斧头和圆木棍组成的"法西斯"跟随左右，既起到了保镖的作用，又彰显了国王的权威。从此以后，"法西斯"就成为罗马国王的权力象征。后来到了共和国时期，国王不存在了，执政官成为国家最高的行政首脑，他们也继承了象征国家最高权力的"法西斯"标志。所以在共和国期间，罗马执政官外出时都会带 12 个肩扛"法西斯"的随从，执政官走到哪里，12 个"法西斯"就跟到哪里。

除了"法西斯"之外，另一个用来象征权力与地位的东西是象牙椅。在罗马共和国，只有执政官、监察官等高官才能坐这种镶有象牙的椅子，象牙椅和"法西斯"一样成为罗马高官的权力象征。此外，罗马高官在服饰上也与众不同，以前罗马国王都是穿镶有金边的衣服，表示自己是国家的最高统治者。后来共和国的执政官大多喜欢穿镶紫边的托加袍，因为紫色是

象征国家最高权力的"法西斯"

罗马人最推崇的颜色，也是贵族的特权嗜好。但是穿紫袍和坐象牙椅并不是执政官的主要标志，国家最高权力的主要标志还是"法西斯"。

在最早的罗慕路斯统治时期，元老院是 100 人；到了老塔克里乌斯统治时期，元老院增加到 200 人。

共和国建立之初，有人说是布鲁图斯，也有人说是瓦列里乌斯，又给元老院灌注了新鲜血液，把元老数额增加到 300 人。从此以后，罗马共和国的元老院员额一直保持为 300 人，这种情况持续了 400 多年，直到公元前 80 年，独裁官苏拉才把元老院扩展到 600 人。恺撒执政的时候，又将元老院扩充为 900 人，后来屋大维再将元老院人数缩减为 600 人。由此可见，元老院作为罗马共和国最重要的权力机构，自瓦列里乌斯以来，长期保持在 300 人的规模，一直到共和国末期。

"共和"的含义

罗马共和国是人类历史上的第一个共和国,共和制是一种既不同于王政,也不同于民主制和寡头制的全新的政体形式。罗马共和国是一种混合政制,主要体现为元老院、公民大会(后来为平民大会)和执政官这三个政治要素之间的权力关系,其实质即为贵族与平民这两大利益集团之间权力博弈的动态平衡。

共和与王政的联系与区别

古希腊城邦曾经有过王政、贵族政体和民主政体,但是罗马人却在公元前 6 世纪末叶第一次建立了共和国。而在此前的 300 多年,远在东方的中国也曾出现过所谓的"共和",即"周召共和":

公元前 841 年,周厉王的残暴统治激起了国人的革命,周厉王出逃在彘，大臣周定公和召穆公共同执掌政权，史称"周召共和"。公元前 828 年，周厉王死于彘，太子静即位，共和时代结束。汉代司马迁所撰《史记》，便是从"周召共和"的元年（公元前 841 年）开始了中国最初的历史纪年。

显然，罗马共和国完全不同于中国的"周召共和"，它并非动乱时期二位权臣的共同执政，而是一套不同于王政的全新的政制体系。

关于罗马共和国的建立及其意义，存在着各种不同的说法。有些学者认为，从王政到共和国并没有发生翻天覆地的变化，既没有发生剧烈的革命，王权也没有真正被废弃，所谓的变化只不过是一个终身制的国王被两个年度制的执政官取代罢了。从形式上看，两个执政官的政治地位相当于以往的国王，他们仍然掌握着国家最高的行政权力。元老院作为一个重要的咨询机构依然存在，而且在共和国的政治生活中发挥着更大的作用；而公民大会在法理上仍然是一个立法机构。过去国王的统治要依靠贵族和人民的支持，现在两位执政官的领导也同样要依靠元老院和人民的支持。因此，所谓的罗马革命看起来不过是一种形式的转变而已。

那么，二者的差别主要体现在哪里呢？德国著名古典学者蒙森强调："同僚性和年度性的原则乃是共和与王政的区别所在。"原来的国王只有一个，而且是终身制；现在则是两个"王"（执政官）执政，而且只能当一年。同僚制指的就是两位权力相等的执政官，并没有正副之分；年度制则是指两个罗马执政官都只能在任一年。由于两位执政官权力相当，在所有重大问题上都必须意见一致，否则就不能形成政策法规，因此同僚制实际上起到了权力互相掣肘的作用，可以防止一个人独断专行。而年度制更是使得一个人不可能长期控制权力，在罗马共和国的官制设计中，权力越大的职位，任期就越短。执政官是国家最高领导人，所以执政时间只能以一年为限，因为一个人如果权力太大，时间长了就很容易演变为专制君主。由此可见，同僚性和年度性的原则非常有效地杜绝了君主专制的复辟。从表面上看，共和与王政的差别只是两个"年度王"取代了一个"终身王"，但是实际上整个权力结构的性质发生了根本的变化，一种相对民主的统治形式取代了独断专行的君主制度。

关于罗马共和国的建立，还有一种说法或许更加符合历史事实。从第五位国王老塔克里乌斯的统治开始，真实的情况可能是北方的伊特鲁里亚人征服了罗马，罗马人寄人篱下，伊特鲁里亚人成为国家的统治者。在意大利文明发展的早期阶段，南方出现了许多希腊城邦，希腊人作为一个很大的族群，始终和北方的伊特鲁里亚人处于对立状态，双方经常发生冲突，而这两大族群冲突的焦点位置就在罗马南部的坎帕尼亚地区。坎帕尼亚有一个重要的希腊城邦叫库迈，地处今天意大利第三大城市那不勒斯的西北方，这里成为希腊人与伊特鲁里亚人直接对峙的焦点

地区。公元前 6 世纪下半叶，库迈城邦的僭主阿里斯托德莫斯
（Aristodemus）打败了北方的伊特鲁里亚人，在希腊人的帮助之
下，罗马人也顺势从伊特鲁里亚人的统治之下获得了解放，推翻
了伊特鲁里亚人的国王，建立了共和国。依照这种观点，前面关
于卢克丽霞自杀和布鲁图斯起誓的事迹基本上都属于浪漫夸张的
传说故事，罗马共和国建立的真正起因是希腊人与伊特鲁里亚人
在意大利中部的实力博弈。

　　由于历史久远和史料缺匮，关于罗马共和国创建的各种说法
均难以印证，传说和史实相互糅杂，无法稽考。正如中国人关于
三皇五帝和炎黄始祖的传说一样，罗马王政时期和共和之初的历
史同样扑朔迷离。尽管这段历史存在着明显的浪漫色彩，但是后
世西方人仍然更愿意接受卢克丽霞自杀、布鲁图斯建国的说法。
罗马共和国早已成为过眼烟云，但是卢克丽霞、布鲁图斯等人的
名字却穿越时空，一直流传到今天。

波利比乌斯关于罗马共和制的解释

　　关于罗马共和国的政治体制，其最主要的特点就是综合了君
主制、贵族制和民主制各自的优点，形成了一种混合政制，并且
在历史发展过程中不断通过制定各种法律来协调不同阶级之间的

利益关系，实现了权力博弈的动态平衡。

公元前 2 世纪出现了一位伟大的希腊历史学家波利比乌斯（Polybius，约公元前 208 年—公元前 121 年），他与希罗多德、修昔底德并称为希腊三大历史学家，他所撰写的《通史》不仅与希罗多德的《历史》、修昔底德的《伯罗奔尼撒战争史》并列为古代历史学的经典名著，而且他还开创了一种具有普遍意义的世界史观，超越了希罗多德、修昔底德等人的狭隘的希腊家国情怀。在公元前 168 年结束的第三次马其顿战争中，作为希腊亚该亚同盟（Achaean League）骑兵长官的波利比乌斯和该同盟的其他领导人被战胜的罗马人带回罗马，成为罗马人的人质。由于波利比乌斯精通文史和哲学，到罗马后遇上了一位慧眼识珠的重要人物，这就是取得第三次马其顿战争胜利的罗马执政官埃米利乌斯·保卢斯。波利比乌斯被保卢斯聘为家庭教师，负责教导他的两个儿子，其中之一就是日后成为第三次布匿战争胜利者的小西庇阿（该子由于后来被第二次布匿战争的罗马主帅大西庇阿之子所收养，故而更名为西庇阿）。小西庇阿比波利比乌斯年轻二十多岁，属于罗马贵族中的自由派，仰慕希腊文化，非常尊重满腹经纶的波利比乌斯，从政后时常把波利比乌斯作为幕僚带在身边。在公元前 146 年结束的第三次布匿战争中，作为罗马主帅的小西庇阿攻占并下令焚毁了迦太基城，当小西庇阿面对这座在熊熊烈焰中燃烧的历史名城而百感交集时，波利比乌斯就站在他的身边。

原本就精通希腊历史的波利比乌斯在罗马先后生活了数十年，不仅跟随小西庇阿南征北战，还经常参加罗马的一些重要的政治活动。罗马政治生活中的亲身经历与深厚的历史学识相结合，使得波利比乌斯晚年完成了一部具有普遍历史眼光的名著《通史》。在这部著作中，波利比乌斯在借鉴希腊政治学理论的基础上，入木三分地揭示了罗马共和政制的本质特点。当时的罗马虽然有许多骁勇的战将和资深的元老，但是没有自己的历史学家，罗马的文人大多是从希腊俘虏或者贩卖过来的奴隶，波利比乌斯就是这样的人物。因此，波利比乌斯在《通史》中对罗马政制特点的分析，比起尚武而轻文的罗马本土人士的见解要高明、深刻得多。

波利比乌斯在谈到罗马政制的特点时，说了如下这段极为深刻的语言：

"我们已知的政体有三种，即王政、贵族政体和民主政体。如果你问罗马人，他们国家的政体属于其中的哪一种，估计无人能回答。

"如果眼里只有执政官，看上去像王政；如果只注重元老院的作用，大概有人会说是贵族政体；如果只重视平民大会，这人一定果断回答是民主政体。……然而，罗马政体正是这三者的统一体。"

在以往的希腊城邦中，有过国王一人统治的君主制，也有斯巴达那样的"三十寡头"政体即贵族制，还有以雅典城邦为典范的所谓的民主制。波利比乌斯则认为，罗马共和制的特点就在于把一个人统治的君主制、少数人统治的贵族制和多数人统治的民主制综合在一起，形成了一种混合政制。从形式上看，执政官就如同大权在握的君主，只不过是两位年度制的"君主"，而且他们的权力要受到元老院和公民大会的制约。罗马元老院由 300 位贵族组成，代表着少数权贵的利益，但是元老们创制的议案必须通过公民大会的表决才能成为法律。而罗马公民大会是一个全民参与的权力机构，虽然它后来被平民大会取代，却仍然是一个由大多数人所组成的立法机构，然而法律的提案权和国家的行政权却分别掌握在元老院和执政官手里。由此可见，罗马共和政制综合地包含了君主制、贵族制和民主制的相关因素，它的特点恰恰就在于这三种政体形式的相互制衡和彼此协调。

罗马共和国的混合政制

公元前 453 年，当时的罗马共和国刚刚建立半个多世纪，罗马人完全缺乏建构国家体制的政治经验，因此派了三位元老到希腊的雅典去学习治国理政的方略。在过去的二百多年时间里，罗马人一直都是处于国王的统治之下，一旦推翻了国王，草创之初的共和国应该如何建设？罗马人可谓是一筹莫展。而当时的雅典城邦，正值杰出领袖伯里克利的统治时期，其民主政治已经达到了巅峰状态，成为希腊各城邦纷纷效法的楷模。于是，三位罗马元老怀着仰慕的心情，越过亚得里亚海来到了希腊，试图从雅典的政治制度中学习到有利于罗马政体建设的宝贵经验。这三位元老在雅典待了一年多的时间，对伯里克利时期如日中天的民主政治进行了深入细致的考察，然而他们最后的结论却是，这种由大多数人掌握国家权力的民主制度并不适合罗马，罗马人应该根据自己的具体国情建立一种全新的政治体制。这三位元老回到罗马以后，立即参与了《十二铜表法》的制定工作。《十二铜表法》虽然吸收了雅典私法的一些因素，但是在政体形式方面却基本上否定了雅典民主政治的制度框架。由于罗马共和国是在推翻君主专制的基础上创建的，广大民众尤其是贵族阶层对国王深恶痛绝，因此，罗马人就在长期的政治发展过程中逐渐探索出一条既要杜绝君主制，又不同于民主制的共和制。这种共和制的实质就是由贵族占据权力支配地位，同时保障平民政治权利的混合政制。

公元前 1 世纪，共和国末期的罗马政坛上出现了一位大法学家和政治家西塞罗，他也是罗马元老院的领袖人物，他曾经用一句话说明了共和国的政制实质，揭示了贵族与平民的权力关系。这句话就是："让所有人参与投票，但权力掌握在第一等级手里。"

这就是罗马共和国政治体制的实质所在，全体公民都可以通过投票的方式参与国家的政治事务，但是国家的统治权却必须始终掌握在贵族手里，既不能由一个独断专行的暴君来攫取，也不能让广大民众来控制。伯里克利时代以后的雅典城邦就是由于无限制地推行民主，结果导致了乱哄哄的暴民政治，最终造成了雅典国家由盛转衰的蜕变。但是权力也不能仅仅由占据少数人口的贵族垄断，国家必须不断地向平民做出让步，通过立法使人民能够享有相应的政治、经济权利，从而在贵族与平民之间形成平衡。质言之，罗马共和政制既要保证贵族掌握国家权力（power），也要保障广大民众享有充分的政治权利（right），实现贵族权力与平民权利的协调与平衡。而四百多年来罗马共和国不断推进的法律制度，就是为了实现这一根本目标。

"共和"的静态分析和动态平衡

"共和国"这个概念最早出现在希腊哲学家柏拉图的著作《理想国》里面，柏拉图认为，当时希腊存在着两种截然对立的政治制度：一种是斯巴达城邦的寡头政治，即少数贵族掌握国家权力；另一种是雅典城邦的平民政治，即多数平民控制政权。柏拉图认为这两种制度都不好，他主张一种介乎于两者之间的政治制度（politeia），而"politeia"一词就具有混合政体或"共和国"的含义，即寡头政治与平民政治的混合体制。可见在柏拉图那里，"理想国"或"共和国"是指一种介乎于少数人统治的寡头政治和多数人统治的平民政治之间的中庸政体。柏拉图的学生亚里士多德在解释"politeia"一词的意义时指出，这种中庸之道的混合政体只是一种理想模式，但是在现实社会中，它总是会有所偏倚。它如果偏重于寡头因素，就叫作贵族政体；如果偏重于平民因素，就叫作共和政体。作为一位形式逻辑的奠基者，亚里士多德根据命题的质和量把所有政体分为六种形式，其中三种叫"正宗政体"（肯定形式），另外三种叫"变态政体"（否定形式），顾名思义，所谓"变态政体"就是"正宗政体"蜕变的结果。亚里士多德根据统治者人数的多少将"正宗政体"分为三种：一个人统治叫君主制，少数人统治叫贵族制，多数人统治叫共和制。这三种"正宗政体"中，虽然统治者的人数不同，但是每一种政体都是以全体人民的共同利益为统治宗旨的。但是如果君主政体只以君主个人的利益、贵族政体只以少数寡头的利益、共和政体只以多数平民的利益，而不是以全体人民的共同利益为统治宗旨，那么这三种"正宗政体"就分别蜕变为三种"变态政体"，即僭主政体、寡头政体和平民政体了。亚里士多德认为，与三种"正宗政体"相比，这三种"变态政体"都是不好的；而在三种"正宗政体"中，以中庸思想为根据并具有综合特点（兼顾所有人的共同利益）的共和政体是最好的政体形式。

无论是柏拉图的"理想国"还是亚里士多德的"共和政体"，都是一种静态分析的政体形式，建立在中庸之道和综合兼容的理论预设之上。到了波利比乌斯那里，他把亚里士多德的这种静态分析的共和制称为民主制，而把它的变态形式称为暴民政体。这样一来，亚里士多德提出的六种政体形式就被修改为：一个人统治，正宗的叫君主制（kingship），变态的叫僭主制（tyranny）；少数人统治，正宗的叫贵族制（aristocracy），变态的叫寡头制（oligarchy）；多数人统治，正宗的叫民主制（democracy），变态的叫暴民制（mob- rule），而共和制并不包含在这六种静态分析的政体形式之中。波利比乌斯认为，罗马人开创的混合政制的特点恰恰就在于三种"正宗政体"即君主制、贵族制和民主制的辩证统一，这种不断调适的混合政制就是"共和"，在其中君主制、贵族制和民主制通过相互对抗和协调而实现了一种动态平衡。这样一来，波利比乌斯就用动态平衡的罗马"共和国"取代了中庸和谐的希腊"理想国"。

这三种政体形式，尤其是贵族制和民主制之间的动态平衡是极其复杂的，需要通过漫长而系统的法律规范和制度设计来实现。罗马共和国从创建之初就承认现实社会是由两批利益不同甚至相互对立的人群所构成的，一批人叫贵族，另一批人叫平民，罗马共和国的基本宗旨就是协调这两个利益集团或阶级之间的政治关系，使二者达成一种良性的互动，共同对外，利益均沾。罗马共和国的整个政治制度就是为了达到这个目的而设计的，罗马人的头脑非常清醒，他们并不回避矛盾和抹杀矛盾，而是在承认矛盾的前提下寻求各种解决方案，通过不断地颁布法律和设立制度以保证贵族和平民的利益都能够得到最大化满足（对外扩张是一条非常好的共赢之道）。这套制度设计非常复杂和曲折，在数百多年的发展过程中曾经出现过多次危机，但罗马人都很好地克服了危机，缓解了矛盾。然而，到了共和国的后期，随着国家版图的迅猛扩张，一系列新的社会问题开始出现，罗马传统的制度设计已经难以适应时代的变化了。于是贵族与平民之间的矛盾就迅速走向了白热化，罗马共和国已经无法应对新的危机，最终导致了罗马共和国向帝制的转化。

第 IV 章

罗马共和国的政治博弈和权力平衡

从一个简单的力学原理来说，多条腿的东西是可以保持静态稳定的，如三只足的鼎、四条腿的桌子等，而两条腿的东西往往只能通过动态的方式来实现平衡。例如幼儿刚开始学习站立的时候，往往是站不稳的，只能跟跟跄跄地不断往前走，才能保持身体的平衡。在罗马共和国创建之后，国王被推翻了，只剩下贵族和平民这两个利益集团，二者之间必须通过一个不断调适的博弈过程，来实现动态平衡。这个调适过程，就是根据具体的社会环境和时代变化，不断地制定法律和建立制度来协调贵族与平民之间的利益关系和矛盾冲突，使二者在相互妥协的前提下，携手共进，一致对外，通过分享战利品来缓解内部的阶级对抗。这就是罗马共和国时期的动态平衡意义上的"共和"含义，它不同于希腊哲学家（柏拉图、亚里士多德等）的静态分析的理想国度，而是在罗马贵族与平民的数百年政治博弈的历史过程中逐渐实现的。就此而言，只有罗马人才真正地在政治实践中建立了共和国，希腊人的共和国永远都只是一种可望而不可即的政治理想。

第 I 节

罗马共和国的社会关系和贵族统治

罗马共和国的社会主要被划分为贵族与平民两大阶级，而共和国的权力关系则表现为官员及元老院的公权力与人民的政治经济、权利之间的张力。如何在二者之间达成一种微妙的平衡，这是贯穿共和国之始终的核心问题。

共和国时期的社会分层

整个罗马社会是由贵族、平民和奴隶三个部分构成的。贵族属于罗马社会的第一部分，又可以分为如下两种。

第一种是血统贵族（Patrician），他们是罗马真正的贵族，最初是指传说中协助罗慕路斯建国的那些氏族长老。据说当时一共有 100 位氏族长老，这些人就成为罗马最古老的贵族，每个家族都有着源远流长的传统。

后来经过不断繁衍，这些血统贵族到了第五位国王老塔克里乌斯执政的时候，已经发展到 200 个家族。到了共和国之初，第二任执政官瓦列里乌斯又将元老院发展为 300 人，于是这 300 个传统悠久的血统贵族就成为罗马政坛上地位最显赫的人。这些贵族都是罗马最古老的名门望族，具有非常深厚的历史渊源，我们可以把他们称为古典贵族。在王政时期，他们是真正意义上的罗马公民，被称为"Classicus"，即"头等公民"，共和国也是在他们的领导下创建的。

第二种是骑士（Equites），即商人或财富贵族，他们最初也来自平民，但是通过后天的努力，掌握了钱财、土地等经济资源，然后获得了政治权利，跻身于显贵之列，成了罗马的新权贵。罗马元老院的元老最初都是由古典的血统贵族来担任，但是由于罗马贵族阶层一直具有开放性的特点，可以不断地吸收新鲜血液，所以那些平民出身的骑士就相继加入贵族的行列，成为罗马贵族中的新生力量和后起之秀。

血统贵族和骑士（财富贵族）共同构成了罗马共和国时期的统治阶层，他们也是共和国最早的公民，被称为"优秀者"（Optimates）。"优秀者"就意味着，从王政时期一直到共和国中期，罗马贵族不仅血统高贵、地位显耀，而且也具有崇高的德行，有道义有情怀，为国家勇于担当，视死如归，为平民百姓树立了英雄典范。从这种意义上来说，贵族果然是罗马社会中最优秀的人，共和国晚期的西塞罗把他们叫作善人（Boni）。所以"贵族"这个称谓不仅具有血统含义，而且还具有道德含义。由于贵族往往拥有大量的门客，他们的德行担当对罗马的恩主－门客关系产生了重要的影响，激励了广大的门客附庸对恩主忠心耿耿，赴汤蹈火，死不旋踵。

罗马社会的第二部分就是平民（Plebeian）。平民最初是指那些个体经营的农民、工匠等自由人，后来也包括那些获得解放的奴隶，以及脱离了恩主庇护的门客。与贵族相比，平民在人数上占有优势，从共和国建立伊始，平民就不断地和贵族发生冲突，二者长期处于对立和竞争的关系中。在共和国的早中期，平民主要是采用发起脱离运动的手段来与贵族展开斗争。所谓脱离运动，就是如果贵族不能满足平民所要求的政治权利，平民就选择集体离开罗马，到其他地方去另建国家。平民的这个撒手锏对于贵族产生了很大的威胁，因为贵族毕竟是少数，平民才是构成国家人口的主要成分，一旦平民选择离开罗马，共和国就难以存在了。从公元前 494 年到公元前 287 年，罗马的平民曾经发起过三次脱离运动，这三次脱离运动对贵族专权进行了沉重的打击，同时也为平民争取了重要的政治权利。

罗马社会的第三部分就是奴隶。奴隶在罗马社会中没有任何政治、经济权利，甚至连人身权利也没有，被称为"会说话的牲口"，任凭主人生杀予夺。在罗马王政时期和共和国刚刚建立的时候，奴隶人数并不多，但是随着罗马不断扩张，征服了越来越多的土地，许多被征服地区的人民就沦为奴隶，这样就导致了罗马的奴隶数量剧增。这些奴隶构成了共和国后期主要的农业劳动力，对罗马的自耕农经济产生了巨大的冲击。但是随着版图趋于饱和，罗马无法继续通过武力来获得新的奴隶，这时罗马的经济资源就日益走向枯竭，这也是罗马帝国走向衰落的一个很重要的原因。

在罗马的政治发展过程中，主要的社会矛盾是平民与贵族之间的矛盾，奴隶在政治生活中基本上不起作用。无论是贵族还是平民，在对待奴隶的态度上都是一致的，那就是无情地加以奴役和压迫。因此，虽然在共和国后期罗马也发生过几次大规模的奴隶起义，但是他们很快就被罗马人镇压了。在奴隶制兴盛的罗马共和国，奴隶的起义根本不可能改变罗马社会的基本性质和状况。

贵族阶层的政治权重和统治基础

罗马贵族是一个与时俱进的社会集团，这个集团在共和国建立之初控制了几乎所有的政治权力。但是面对着平民的不断抗争，罗马贵族一方面不得不向平民让渡部分权力，另一方面也通过吸收平民中的精英分子来补充新鲜血液。正是通过不断变革更新，贵族阶层才能够在共和国发展的早中期牢牢地控制住罗马的政权。

在由权贵主宰的罗马共和国，贵族子弟要想在政治上获得成功，需要具备以下三个条件。

第一个条件是家族的背景，即贵族的血缘身世和政治优势。一般来说，罗马元老院的元老是终身制的，除非犯了重大的道德错误，否则是不会被解除元老职务的。而元老主要来自贵族（血统贵族或财富贵族），他们的孩子不仅继承了贵族的身世和财富，而且从小就跟随父辈在元老院和各种政治场合中学习政治统治的技能，耳濡目染，心领神会，积累了丰富的政治经验和广泛的人脉资源，拥有较高的政治素质，为日后在政坛上崭露头角和建功立业奠定了牢固的根基。

第二个条件是个人的优异表现，包括美德和功业两个方面。共和国早中期的罗马贵族不仅拥有高贵的血统，还要具备高尚的品德。贵族们在罗马的公共领域，无论是在国内的政治活动中，还是在对外战争中，都必须表现出贵族的担当、情怀、气概和美德，同时还要建立赫赫功勋，创造令人瞩目的业绩。他们只有借助这些后天的德行和功业，而不是仅仅依靠先天的身世，才能得到人民的认可，在政治上不断攀升。

第三个条件是人民的拥戴，通过民众的选举而最终实现个人的政治理想。罗马平民虽然与贵族处于对立和竞争的状态中，但是作为具有狼性禀赋的罗马人，他们也服膺和崇拜英雄。比起平民阶层，罗马贵族具有更多的建功立业的机会（同时也必须承担更大的风险），具有更丰富的政治经验，这些因素都使得他们中间的佼佼者更容易被崇拜英雄的罗马人民认可。在这个具有浓郁权贵色彩的罗马共和国，贵族凭借显赫的家族背景，再加上高尚的个人美德和辉煌的政治业绩（尤其是赫赫军功），自然就会得到广大民众的拥戴。

由此可见，罗马贵族与平民相比，在政治上具有先天的和后天的两方面的优势。祖上积累的政治资源和金钱财富（罗马的政治生活始终是一场富人的游戏，政治家们必须用金钱来笼络人心，为仕途升迁铺垫道路），从小熏陶出的政治素养和铭心刻骨的家族传统，以及在更多的政治场合中所表现出来的个人美德和卓越功勋，这些优越条件都使得贵族子弟比平民更容易攀升政治高位，攫取政治权力。当然，除具备了上述这些条件外，最终还必须得到人民的认可，这是贵族获得政治成功的不可或缺的条件。尤其是到了共和国的末期，民众的支持更是成为一个重要的政治筹码，从而为一些具备雄才大略的野心家（恺撒等）实现政治理想提供了坚实的后盾。

罗马共和国建立伊始，就开始了不断的对外扩张，把越来越多的拉丁族群和其他部族纳入罗马人的统治之下。随着国土面积不断扩大，人口不断增加，被征服的拉丁地区甚至整个意大利的社会精英也逐渐被吸纳进罗马元老院，为罗马贵族补充了新鲜血液。正是由于不断地吸收精英人士加入统治阶层，罗马共和国才能长期保持与时俱进的制度更新。就此而言，罗马的贵族阶层是一个相对开放的团体，它不仅吸纳了许多被征服族群的精英人士，而且把那些没有高贵血统但通过后天努力而获得成功的罗马平民中的佼佼者也吸收到了贵族的行列。这样一来，就可以确保始终有一批优秀的精英分子掌握着罗马的政治权力，维系着共和国的发展与变革。这个不断吸收新鲜血液的罗马统治集团（它的核心就是罗马元老院），正是罗马共和国能够持续发展四百多年的重要原因。

除此之外，罗马社会结构中的恩主－门客制度也极大地加强了罗马贵族的政治统治力。在传统的罗马农业社会中，作为氏族首领的贵族不仅拥有盘根错节的血缘宗亲，而且统辖着大量外来的依附者——门客。这些门客由于种种原因离开了自己的乡土，转投到新的土地贵族（恩主）的门下，他们在恩主管辖的土地上耕作，始终效忠于恩主，为他提供各种必要的服务，同时也会受到恩主的庇护。与自由散漫的希腊人不同，质朴的罗马人非常讲究忠诚，这种建立在忠诚义务之上的恩主－门客关系构成了罗马社会的一个基本特色。罗马贵族在政治上和经济上所具有的巨大势力，在很大程度上来自这种恩主－门客关系。贵族本身虽然人数有限，但是贵族所拥有的大量门客却构成了贵族在政治上独占鳌头的重要根据。由于这些门客也是自由人，可以加入百人团的编制，受效忠意识的影响，他们在政治上当然就会旗帜鲜明地站在自己的恩主一边。这种社会结构就决定了罗马权贵始终能够有效地掌握国家权力。

维系和加强贵族政治权力的另一个重要因素是宗教。罗马宗教的基本宗旨就在于维护家长的绝对权威，它也构成了维系贵族权力和平民依附的重要因素。罗马是一个以一夫一妻制家庭为基本单元的农业社会，在家庭中父亲的绝对权威是不可动摇的。罗马的父权制要比希腊严苛得多，父亲对家庭成员拥有绝对的主宰权，无论孩子是否成年，作为一家之长的父亲都可以对自己的子女行使生杀大权，可以自由地贩卖自己的子女，且不受法律的追究。而这种绝对的父权制就是靠一套系统的宗教信念和制度来加以维系的。

罗马的宗教和希腊的宗教不一样，希腊的宗教充满了浪漫超逸的色彩，希腊人在宗教（奥林匹斯宗教）信仰的基础上创造出大量美轮美奂的诗歌、雕塑、建筑、戏剧甚至哲学等，这些文化形态都充满了美感。然而罗马的宗教却缺乏这种美的情调，它的主要功能在于维系等级森严的父权制家庭以及在此基础上确立的宗法制度和法权社会。所以罗马的宗教没有任何柔性特点，而是充满了不可伸缩的刚性意味，明确规定了家长和家庭成员的权利及义务关系。父亲与子女的法权关系中，顺理成章地衍生出贵族与平民尤其是恩主与门客的社会关系。如果说希腊的宗教极大地弘扬了个性的自由，展现了一种超越的维度；那么罗马的宗教就有力地加强了集体的秩序，体现出一种现实的功用。无论是罗马的家庭宗教规范，还是国家祭祀仪式，都大大地强化了家庭与社会的强权 – 依附关系，使其变得极其森严，不可撼动。因此，罗马的宗教成为滋润家长权威和贵族特权的重要文化园圃。

贵族领导下的共和制

古希腊哲学家和政治学家亚里士多德认为，具有中庸特点的"politeia"如果偏向于平民因素，就叫"共和政体"，因此"共和"一词很容易让人联想到民主。事实上亚里士多德的共和政体就是民主政体，它意味着多数人的统治，所以后来波利比乌斯直接把亚里士多德的共和政体改称为民主政体。亚里士多德所说的共和政体，就是以雅典政制为典范的，这种以伯里克利统治时期的五百人会议、十将军委员会和公民陪审法庭为立法、行政、司法机构，所有雅典公民都可以自由参与的政治制度，被后世人们普遍称为民主政制。

从这个意义上说，"共和"这一概念很容易使我们联想到全体人民或大多数人民当家作主的政治体制，国家的权力完全归于人民。然而，作为人类历史上第一个具有真正意义的共和体制，罗马共和国的情况却完全不同，罗马共和国不是民主制，而是贵族主宰的共和制，它与雅典的政治制度存在着巨大的差别。虽然在整个历史发展过程中，罗马共和国都在努力寻求两大利益集团——贵族与平民——以及三大政治要素——执政官、元老院、公民大会——之间的协调共进，但是在本质上，罗马共和国始终具有浓郁的权贵色彩。

质言之，罗马共和国是理论上的人民主权和实际上的权贵政治。以元老院为代表的罗马权贵始终掌握着国家政权，并且不断地将社会上的成功者和精英人士吸收进贵族的行列。执政官的职位长期垄断在血统贵族和财富贵族的手里，一些通过出任保民官而在政坛上平步青云的平民政治家，和那些靠着掌握巨大财富而问鼎政界的骑士阶层一样，很快也通过跻身元老院而成为罗马新贵，改变了此前的政治立场。由于不断地吸收新鲜血液，所以罗马元老院和贵族阶层可以常变常新，不断地适应共和国的发展变化，成功地应对各种时代性的挑战。坚持贵族阶层的政治领导，同时又不断地通过立法来向广大民众让渡部分政治权利和经济利益，成功发挥共和制或混合政制的政治优势，让全体罗马人民在贵族的政治领导下齐心协力地对外扩张，这就是罗马共和国能够不断取得胜利、创造辉煌的根本原因。

公元前 133 年是罗马共和国历史上的一个重要分水岭，此前的数百年间，罗马贵族和平民在权力博弈的动态平衡中携手共进，一致对外，发起了一系列对外扩张、掠夺的侵略战争。从公元前 133 年开始，随着大规模对外战争的结束，罗马内部的社会矛盾再度激化，从而导致了由格拉古兄弟发轫的一系列改革，最终导致了罗马内战与共和国的衰亡。

以公元前 133 年为一个重要的转折点，我们可以看到罗马贵族在共和国政治生活中的权重变化情况。从公元前 232 年到公元前 133 年的 100 年间，罗马每年通过选举产生两位执政官，一共产生了 200 位执政官。统计资料表明，这 200 位执政官来自 58

个家族，其中的 159 位执政官来自 26 个家族，再其中的 99 位执政官居然被 10 个家族垄断。换言之，在这 100 年间所产生的 200 位执政官当中，竟然有接近一半的执政官被掌握在 10 个家族手中。由此可见，罗马共和国的政治带有非常明显的权贵特点，那些门第高贵、渊源深厚的名门望族强有力地控制了罗马的统治权。

但是经过格拉古兄弟开启的一系列社会改革之后，从公元前 132 年到公元前 33 年的 100 年间，平民阶层趁着罗马内乱之机不断地加强自己的政治权力，一些暴发的骑士和平民豪门跻身贵族阶层，冲淡了传统贵族的政治比重。所以在公元前 133 年以后的 100 年间，经过选举产生的 200 位执政官开始被更多的家族分有，拥有执政官头衔的家族数量大大地增加了。这种变化意味着罗马共和国的政治权力正在逐渐流入骑士或平民豪门之手，这些平民豪门通过建立军功或者创造财富而跻身元老院，日益与传统贵族相融合（通过家族联姻的方式），成为共和国领导层中的新生代。

但是极少数平民豪门的立场变化并没有缓解平民与贵族之间的历史矛盾，反而使得这种矛盾更加尖锐和激烈，平民对贵族（旧贵和新贵）的仇恨也变得更加强烈。在这样的情况下，罗马就出现了一些政治野心家，他们虽然是贵族出身，但是利用人民对贵族的强烈不满，一面拥兵自重，一面收揽民心，打击元老院，削弱贵族势力，最终实现了从共和国向帝制的转变。

随着贵族政治权重的下降，罗马共和国也日益跌入权力危机和社会动荡的深渊。共和国最初是由贵族领导而建立的，元老院一直是共和国政制的压舱石和传动轴。一旦元老院的政治功能减弱，贵族阶层的集体领导力就会下降，这就为那些借重军权和民意来实现个人野心的集权者或独裁者提供了可乘之机，从而为共和国的覆灭埋下了隐患。

第 II 节

平民的反抗与争权

  罗马的贵族阶层是开放的，他们可以不断地吸收新鲜血液来控制政权。与此相应，罗马的平民也在持续地向贵族索要政治权利。罗马元老院和执政官们掌握着国家公权力，而平民则坚持不懈地捍卫自己的政治、经济权利，当他们的权利被压缩到极限的时候，他们就会采取相应的行动。这种行动不是拿起刀剑与贵族直接对抗，而是集体撤离罗马，另建家园。从共和国刚刚建立的时候开始，平民就在不断争取自己的政治权利和经济权利的过程中，先后发起了三次脱离运动。正是通过这种反抗和争权活动，平民迫使贵族在法权方面做出了一些重大让步，从而逐渐实现了政治权力的动态平衡。

第一次平民脱离运动和保民官的设立

  第一次平民脱离运动发生在公元前 494 年，共和国是公元前

509 年建立的，到公元前 494 年才过去了十多年。在共和国草创之初，罗马的贫富差距不断扩大，很多平民由于还不起沉重的债务，按照罗马债务法的规定，将面临沦为债务奴隶的风险。而奴隶在罗马是没有任何权利的，平民一旦沦为奴隶就意味着身份发生了翻天覆地的变化。为了捍卫自己的人身权利和经济利益，平民激烈地反对罗马贵族制定的严苛的债务法。当时弱小的罗马共和国正面临着伊特鲁里亚人的十二城市同盟的军事威胁，而平民则构成了罗马军队的主要成员。

在这样的情况下，罗马的贵族不仅要抵抗伊特鲁里亚人的外部入侵，还要平息罗马平民反对债务法的内部抗争。当时伊特鲁里亚同盟的大军已经压境，以罗马平民为主体而组成的军队本来已经在罗马城外集结，随时准备抗击外来入侵的敌人。但是由于平民要求废除债务法的要求得不到元老院的认可，于是平民军队就集体撤离了"七丘之城"，来到罗马附近的一个叫蒙特萨克罗山的地方另建国家，这座山后来被称为"圣山"。罗马平民掀起的这次脱离运动，最终以元老院的妥协让步而收尾。罗马不仅在平民债务问题上采取了一种较为宽松的政策，而且设立了一个专门负责保护平民利益的重要官职，即平民保民官。从公元前 494 年开始，罗马公民大会每年选举产生两名保民官（后来增设为十名），他们必须是平民出身，这样才能立场坚定地站在平民的立场上来保护平民阶层的利益。从此以后，保民官就与执政官分别成为代表两个不同利益集团的领袖人物，他们不仅可以接受罗马平民的上诉，还可以用人民的名义对元老院和执政官的议案行使否决权。

第二次平民脱离运动和《十二铜表法》

第二次平民脱离运动发生于公元前 449 年，此前罗马元老院为了制定第一部成文法，临时成立了一个十人立法委员会来专门负责这项工作。结果十人立法委员会在制定法律的过程中攫取了过多的政治权力，日益蜕变为一个专断的寡头集团。他们的暴虐统治不仅侵害了罗马平民的基本权利，还威胁到保民官的人身安全，这样就激起大量的罗马平民再次选择撤离到"圣山"（也有一种说法是撤离到阿文庭山），与罗马形成对峙之势。罗马平民的第二次脱离运动直接导致了罗马共和国的第一部成文法《十二铜表法》的颁布。

在此之前的罗马法律都是口头法或习惯法，罗马贵族拥有随意解释这些法律的权力，这就使得平民的利益很难得到法律的保护。在平民的不断要求下，元老院决定制定一部成文法，以保证所有人的权利在白纸黑字的法律面前一律平等。公元前 454 年，元老院推举了十位资深元老组成了一个立法委员会，负责把罗马社会普遍遵循的一些习惯法编制成为成文的法律。这个十人立法委员会派了三位元老到雅典去学习政治法律制度，而此时的雅典正处于伯里克利统治时期，民主制达到了鼎盛状态。这三位元老回到罗马之后向元老院汇报了雅典民主制的一些优点和弊端。元老院在这次考察的基础上，于公元前 451 年重新成立了一个十人立法委员会，开始制定和颁布第一部罗马成文法。他们首先颁布了十条法律，由于这些律法条文被镌刻在十块铜板上，所以被后世称为《十表法》。到了公元前 450 年，十人立法委员会又在《十表法》的基础上补充了两条法律，这样就形成了《十二铜表法》。

但是十人立法委员会制定完成了《十二铜表法》之后，却迟迟不对广大民众公布补充的两条法律，而且还不愿意自行解散。由于十人立法委员会在立法期间取代了执政官的职权，也架空了保民官的职能，所以他们成了国家实际上的统治者，形成了一个政治寡头集团。本来这个十人立法委员会的主要工作就是制定法律，他们在完成了立法工作之后就应该解散。但是十人立法委员会却不愿意放弃已经掌握的政治权力，所以迟迟不公布后来补充的两条法律，以此为由来拒绝解散。这个十人立法委员会中有一位领袖人物——出生于克劳狄乌斯家族的阿庇乌斯·克劳狄乌斯，他是一个贪恋权力、专制暴戾的强悍贵族。克劳狄乌斯家族是在王政时期从外地迁到罗马来的，当时一下子就带来了五千名家族成员和门客，是一个人多势众的权贵家族。这个家族在罗马政坛上一向是以作风强硬、刚愎自用而著称的，阿庇乌斯·克劳狄乌斯倚仗着强大的家族势力，对于平民的反抗采取了非常严酷的镇压措施，激起了平民的强烈不满。此时著名的维吉尼娅事件恰好又发生了，从而成为激起罗马平民发起第二次脱离运动、推翻十人立法委员会专制统治的导火索。

当时罗马有一位平民出身的百夫长维吉努斯，他是百人团当中的一名老战士，在罗马士兵中享有很高的威望。阿庇乌斯·克劳狄乌斯看中了这位百夫长的漂亮女儿维吉尼娅，想把她占为己有。但是尚未公布的两条补充法律中，有一条明确规定"禁止平民和贵族通婚"。阿庇乌斯·克劳狄乌斯是贵族，而百夫长和他的女儿都是平民；更重要的是，百夫长已经为女儿选定了未婚夫，这位未婚夫恰好就是当年的一位保民官。

在这样的情况下，阿庇乌斯·克劳狄乌斯想利用自己的权势将美丽的维吉尼娅占为己有，却碍于法律不允许贵族和平民通婚的规定，于是他策划了一个非常歹毒的阴谋。阿庇乌斯·克劳狄乌斯指使手下的一位随从编造了一个谎言，声称维吉尼娅原本是这位随从与克劳狄乌斯家里的一个女奴隶所生的私生女，只不过后来被送给了百夫长养育成人。按照罗马的法律，奴隶是主人的财产，奴隶的孩子也是主人的财产，就像一头母牛生了一头小牛，这头母牛和小牛都属于主人所有一样。一旦这个谎言被认可，那就意味着克劳狄乌斯可以任意处置维吉尼娅了。维吉尼娅的父亲和未婚夫坚决反对那位随从编造的谎言，于是就偕同维吉尼娅一起前往罗马法庭请求审判。

　　然而，由贵族控制的法庭站在阿庇乌斯·克劳狄乌斯一边，最终判定那位随从的说法是成立的，维吉尼娅将归克劳狄乌斯所有。面对法庭不公正的审判结果，维吉尼娅的未婚夫愤怒地拔剑冲向克劳狄乌斯，结果却被法庭差役捆绑；维吉努斯为了保护女儿的贞洁不受玷污，当着众人的面用佩剑杀死了维吉尼娅，然后骑马冲出罗马城，来到军队集结的大营（当时罗马军队正准备与外敌作战），向士兵们报告了刚才发生的事件。这件事情激起了加入军队的罗马平民的极大愤慨，于是在公元前449年，正在备战的罗马平民再次发生哗变，又一次脱离共和国，前往蒙特萨克罗"圣山"附近重建国家。

维吉尼娅之死

　　这次脱离运动使得罗马元老院不得不再次做出妥协，阿庇乌斯·克劳狄乌斯锒铛入狱，在接受审判之前自杀而死；十人立法委员会也被解散，其成员被驱逐出国。这次平民脱离运动的最重要的成果就是使完整的《十二铜表法》（特别是后来制定的两条补充法律）得以公开颁布。此外，罗马元老院也制定法律明确规定，保民官在在任期间人身神圣不受侵犯，这样就极大地保证了保民官的人身安全。此后一直到公元前 133 年保民官提必略·格拉古被杀害的三百多年时间里，罗马共和国从来没有发生过保民官在在任期间人身安全受到侵犯的事例。

第三次平民脱离运动和《霍腾西阿法》

　　第三次平民脱离运动发生于公元前 287 年，起因仍然是平民的债务得不到缓解，经济权利得不到保障。由于贵族始终不愿意放弃自己在债务问题上享有的特权，总是根据债务法将欠债不还的平民沦为奴隶，平民的人身安全始终都得不到有效的保障，于是平民就在公元前 287 年外敌入侵的情况下再次准备撤离罗马。这次脱离运动最终仍然以贵族的让步而结束，其结果直接导致了《霍腾西阿法》的颁布。

　　《霍腾西阿法》明确规定，从此以后平民大会的决议不需要经过元老院的批准就具有法律效力，这就意味着平民大会真正具有了立法的权力。自从公元前 287 年《霍腾西阿法》颁布以后，平民大会的决议就构成了罗马私法的重要来源。私法主要涉及个人财产和经济利益方面的权利问题，《霍腾西阿法》将平民大会的决议提升到立法的高度，这就从根本上保证了平民的经济权利。由平民大会来负责制定和颁布私法，就如同由元老院和执政官来掌握国家的公权力一样，二者共同使罗马各政治力量之间的权力抗争达到了一种平衡状态。这种权力划分的基本格局一直延续到今天，例如美国的政治制度中仍然保持着参议院和众议院的相互制约，众议院主要负责财务和内政方面的立法，例如批准政府年度预算、制定财税议案、弹劾政府官员等；而参议院则在政府人事安排和外交事务方面享有更大的权力，诸如审批和任命行政官员和司法官员，批准涉外条约及宣战、媾和等。

公元前 287 年的第三次平民脱离运动也是罗马发生的最后一次平民脱离运动，而它的成果就是《霍腾西阿法》的颁布，从此以后平民大会就真正拥有了立法的权力，而罗马平民与贵族之间的矛盾也因此而得到了极大的缓解，双方的权力实现了平衡。从此以后，罗马的平民与贵族就可以捐弃前嫌，携起手来一致对外，罗马共和国也因此走上了对外扩张的快车道。

开明贵族改革的可悲下场

　　罗马平民与贵族的矛盾是贯穿于整个共和国历史的一条主线，但是二者之间也绝非只有冲突没有协调。早在罗马平民的实力还没有得到发展和壮大的时候，就有一些具有大局意识的贵族精英能够体察民间疾苦，主动进行一些保护平民基本权利的改革，试图调和平民与贵族之间的矛盾。在罗马共和国的早期，平民主要面临着债务缠身和耕地匮缺的困境。由于早期的共和国非常弱小，罗马人经常要和周边不同的部族发生战争，共和国仅靠贵族的力量是不够的，需要动员平民参战。所以有少数开明的执政官也想采取措施来减缓平民在债务和土地方面的压力，从而激励平民积极地投身于对外战争。但是这些有识之士的改革很容易引起保守的贵族集团的反对，最后的结果不仅是改革流于失败，而且改革者本身也会招来杀身之祸。

　　在公元前486年，贵族出身的卡西乌斯担任共和国的执政官。卡西乌斯是一位拥有雄才大略的统治者，他在就任执政官期间，建立了显赫的军功，试图对新征服地区的土地以及一些贵族多占的公地进行重新分配。由于罗马的农民一般都养有牛羊等家畜，而农民自己的耕地是有限的，所以他们就让这些家畜到一些杂草丛生的公地上去吃草。但是贵族仗着势高权重，将大片的公地据为己有，在公地上放养自家的牛羊，却不允许农民养殖的家畜来吃草。面对这种不公正的现象，卡西乌斯不仅把新征服地区的土地分配给罗马农民，而且限制贵族占有的公地和养殖牲畜的数量，并对贵族占有的土地征收赋税。卡西乌斯的这次改革影响到了贵族的利益，所以遭到了贵族的强烈反对。于是在公元前 485 年卡西乌斯卸任执政官之后，贵族就通过百人团大会将他判处死刑，他所进行的改革也前功尽弃。

无独有偶，另一位试图进行类似改革的罗马贵族曼利乌斯也得到了同样的下场。公元前 389 年北方的高卢人攻占了罗马城，罗马人最后只剩下卡庇托尔山上的一座卫城。曼利乌斯正是当年的罗马执政官，他率领军队坚守在这座卫城里，孤军奋战，打退了高卢人的多次进攻，立下了战功。但是曼利乌斯在公元前 384 年试图解放一些因为债务而卖身为奴的平民，他的这一行为激怒了贵族，最后竟然被贵族从塔尔塔乌斯山上扔下去摔死。

公元前 439 年，一位罗马富商马利乌斯以低价购买了大量谷物，然后把这些谷物分配给饥饿的罗马贫民。这件事情也引起了贵族的极大不满，他们认为这种行为是在笼络人心，带有明显的个人图谋和政治动机。最后，马利乌斯也遭到了贵族的迫害。

上述事例表明，在权贵垄断政治权力的罗马共和国里，某些开明贵族或富商试图改善平民疾苦的举措，很难产生实际效果。虽然卡西乌斯、曼利乌斯等人属于罗马贵族中的精英人士，曾经为罗马共和国建立了功业，但是如果他们的改革侵犯了贵族阶层的整体利益，他们最后往往也会被冠以收买人心、谋求王权的罪名，落得个身首异处的悲惨下场。此后，利益攸关的罗马贵族们达成了一种默契：任何未经贵族阶层认可的集体，擅自推行取悦于平民的改革措施的政治家，都具有图谋不轨和觊觎王权的嫌疑。这种默契来源于罗马人对君主制的深恶痛绝，在领导人民推翻暴君统治的罗马贵族们的眼里，居心叵测之徒往往都是通过笼络民心来实现集权专制的野心。这种看法固然是出于维护阶级利益的立场，但是也确实道出了部分的历史真相——在共和国晚期，马略和恺撒等人果然是利用手中的权力去推行一些取悦于平民的改革政策，最后依靠平民和军队的支持而削弱了元老院的权力，最终颠覆了共和国。

在罗马王政时期，国家由国王、贵族和平民三部分构成，在终身制的国王眼中，贵族和平民并不存在根本性的区别，两者都是自己的子民。在这种情况下，贵族与平民的矛盾还处于萌芽状态，尚未演化为直接的对立。但是到了共和国时期，共和政制的基本特点就是贵族统治，贵族阶层不仅与平民阶层形成了尖锐的利益冲突，而且还要防范君主制的复辟，所以他们很容易把平民改革与君主专制联系在一起，警惕有人借助平民的支持来掌握大权进行独裁统治，成为新的国王或暴君。因此，共和国早期由开明贵族推行的一些改善平民状况的改革都因触犯了贵族的集体利益和保守观念，最后流于失败。但是卡西乌斯等人的改革尝试却如同幽灵一般徘徊在罗马共和国的上空，引发了平民与贵族之间一次又一次的冲突，直到共和国的末期。

平民的立法运动与贵族的政治妥协

依靠开明贵族的同情和善意是很难获得帮助的，因此罗马平民只能通过自己的不懈努力来推进改革。在共和国的早中期，这种努力主要表现为平民的脱离运动和法制建设，旨在不断提高平民的法权地位和改善平民的生存处境。平民的三次脱离运动促成了保民官的设立、《十二铜表法》和《霍腾西阿法》的颁布，对于加强平民的政治权力起到了重要的作用。在此过程中，随着罗马版图的扩大和平民数量的激增，平民持续地通过立法来迫使贵族阶层做出让步，在推进政治平等和提高社会地位方面成就斐然。例如，公元前366年罗马执政官的职位开始对平民开放，公元前356年、公元前351年、公元前339年独裁官、监察官和法务官（副执政官）的职位也分别向平民开放。此外，平民在维护自身的基本权利方面也取得了一些令人瞩目的成就。从第一次脱离运动（公元前494年）到第三次脱离运动（公元前287年）的二百多年时间里，平民通过与贵族的长期博弈，促使公民大会制定和颁布了一系列保护平民权益的法律，其中最重要的列举如下：

公元前494年设置了保护平民利益的保民官职位；

公元前449年颁布《十二铜表法》，确定了私有财产不可侵犯、"法无特例"（法律面前人人平等）和按律量刑的原则；

公元前 445 年颁布《卡努优斯法》，废除了禁止平民与贵族通婚的规定；

公元前 367 年颁布《李锡尼－赛克斯法》，规定每年可以有一个执政官职位向平民开放；立法限制贵族占有公地的数量，缓解平民债务等；

公元前 326 年颁布《彼提留法》，明文废除了债务奴役制，禁止将负债的自由人沦为奴隶；

公元前 300 年颁布《瓦列里亚法》，再次以成文法的形式重申了公民的上诉权；

公元前 287 年颁布《霍腾西阿法》，规定平民大会的决议具有与百人团大会决议同等的法律效力，对全体罗马人民都具有约束力。

这一系列法律的颁布，不仅有力地保护了平民的基本权利，而且协调了平民与贵族之间的矛盾，使得双方能够在冲突与妥协的动态平衡中搁置矛盾，同舟共济。在公元前 367 年《李锡尼－赛克斯法》颁布之后，一位曾经五次当选独裁官、因战功显赫而举行过四次凯旋式的罗马大英雄卡米卢斯，为了庆贺该法律的颁布，表彰罗马平民与贵族的团结和谐，下令在罗马广场上修建了著名的协和神庙。

正是由于这些法律协调了平民与贵族的关系，使得双方握手言和、一致对外，因此罗马才能在布匿战争、马其顿战争、叙利亚战争、努曼提亚战争等一系列扩张战争中取得重大胜利，迅猛崛起为一个地跨欧亚非三大洲的超级大国。

谁是"罗马公民"？

在罗马共和国，贵族是最早的公民，也是"头等公民"。随着罗马的不断壮大，罗马的平民也开始拥有公民权。按照罗马法律的规定，凡是出生于或者被收养于罗马最初三个部族的自由成年男子，包括他们的门客，以及被赋予罗马公民身份的外国人，都是罗马公民。罗马最初的三个部族就是指带有传说色彩的拉丁人、萨宾人和伊特鲁里亚人的部族。后来罗马人通过不断扩张，征服了越来越多的地区和人民，罗马公民的范围也随之日益扩大。在共和国里，"罗马公民"是一个非常光荣的称号，罗马公民享有完全的政治权利，既享有选举权和被选举权，也要承担服兵役和纳税等义务。非公民不需要纳税，一般情况下也不用服兵役，但是他们却没有政治权利，不能参与罗马的公共政治生活。

要言之，"罗马公民"是一个既享有政治权利，又需要承担社会义务的自由身份的象征，而且"罗马公民"的范围是随着罗马共和国的扩张而不断拓展的。罗马公民最初就是指共和国建立之初的那些自由人，包括贵族和平民，后来进一步扩大到以罗马为盟主的拉丁同盟的成员。罗马人非常慷慨地把公民权赋予那些被他们降服的拉丁同盟者，条件是每当罗马人与其他民族发生战争的时候，同盟者必须向罗马人提供一定数量的军队，但可以在战争结束后分得战利品。再往后，到了罗马人统一了意大利半岛之后，意大利各族群不断地向罗马人索要完全的公民权，公元前89 年，执政官马略正式将罗马公民权赋予了全体意大利自由人，罗马公民的范围再度扩大到整个意大利半岛。

罗马为什么会迅猛地扩展成为一个超级大帝国？其中一个重要原因就是罗马的公民人数也随着领土的扩展而同步增长。在早期的扩张过程中，罗马人每征服意大利的一个族群，不仅不对其加以奴役，还会慷慨地把公民权赋予对方，其目的就是让被征服者与罗马人同心协力地投入进一步的对外扩张中。这样一来，罗马公民的覆盖范围也就会与罗马的版图同步扩大了。

但是当罗马人统一了意大利以后，他们就不这么慷慨了，尤其是在海外遇到北非迦太基人顽强抵抗的时候，罗马人就开始采取赶尽杀绝的手段，战败者一概沦为奴隶，再也不能享受罗马公民权了。由于整个意大利的人口数量已经足够庞大，罗马人无须再依靠扩大公民范围的方式来推动进一步的扩张，因此罗马公民权就基本上被限制在意大利人的范围之内。直到公元前 1 世纪的后半叶，恺撒才再次把罗马公民权赋予他所征服的部分高卢人和一些专业人士，但是罗马公民权仍然局限在较小的范围内。在恺撒和屋大维的时代，大体上还是只有意大利人才能享有完全的罗马公民权，意大利人以外的希腊人、小亚细亚人、西亚人、北非人、西班牙人以及大多数高卢人仍然不能享受罗马公民权，即使他们具有自由人的身份。这种情形一直持续到公元 212 年，当时有一位非常暴戾荒唐的罗马皇帝卡拉卡拉，他把公民权给予了罗马帝国境内的所有自由人。

卡拉卡拉皇帝为什么会这么慷慨？因为此时的罗马早已从共和制转变为帝制，公民既不再享有参与政治生活的权利，也不用履行服兵役的义务，但是必须承担纳税的义务。此时的罗马公民权已经没有任何实质性意义，成了一种让公民只有义务没有权利的虚名和累赘。一些历史学家认为，卡拉卡拉皇帝之所以慷慨地把罗马公民权赋予帝国境内的所有自由人，就是为了让更多的人承担纳税的义务，以便更加广泛地搜刮民脂民膏。事实上，随着罗马共和国逐渐衰落以至转化为帝国，罗马的公民精神也日益沦丧，光荣的罗马公民已经蜕化为卑微的罗马臣民了。

第 III 节

罗马共和国的政治要素

罗马共和国从创建之初一直到走向衰亡，其政治发展始终都受到三个重要因素的影响，这就是执政官、元老院和公民大会，三者之间的权力博弈贯穿于整个罗马共和国的历史。

三大要素的动态平衡

第一个要素是以执政官为代表的高级官员，如执政官、法务官、监察官等，这些高级官员构成了罗马共和国的行政首脑，其中以执政官为最高行政长官（非常时期的独裁官除外）。共和国虽然废除了国王，但是设立了两个任期为一年的执政官。从主管内政和统帅军队的角度来看，执政官就相当于国王，只不过要受到同僚制和年度制的约束。两位作为国家最高行政长官的执政官都是一年一任，彼此的权力是完全对等的，二者相互监督，荣辱与共，共同掌握共和国的行政管理权和军事指挥权。

　　第二个要素是元老院，这是一个非常重要的政治机构，以贵族为主体（共和国早期甚至为清一色的贵族）。元老院掌握着罗马的财政、裁判、外交、宗教等方面的权力，并且决定着执政官、独裁官等高官的任命。可以说，在共和国的政治体制中，元老院发挥了举足轻重的关键作用，它从根本上决定了罗马共和国的兴衰存亡。如果元老院能够协调好三大政治要素之间的关系，调和贵族与平民之间的矛盾，共和国就会兴旺发达；否则，共和国就将走向衰亡。从王政时期到共和国时期，甚至到屋大维开创的元首政制时期，元老院一直在罗马的政治生活中扮演着重要角色，尤其是在共和国时期发挥的作用最大，堪称罗马共和国的中流砥柱。罗马元老院的政治影响力一直延续到当代，至今美国参议院仍然沿用罗马元老院的名称 senate，其政治功能一脉相承；美国参议院议员和英国上议院议员仍然被叫作 senator，即"元老"。

　　第三个要素是公民大会，在共和国时期，公民大会拥有选举、立法和司法的权力。罗马元老院是以贵族为主体的权力机构，执政官等高级官员也大多出身于贵族，而广大的罗马民众也需要有属于自己的权力机构，这就是公民大会。公民大会后来又产生了以保护平民利益为己任的保民官，与站在贵族立场上的执政官形成了旌旗相望之势。罗马王政时期的公民大会叫库里亚大会，后来塞尔维乌斯统治时期建立了百人团大会，到了共和国时期又在库里亚大会和区域划分的基础上形成了特里布斯大会。这三个公民大会之间有着非常复杂的联系，但是又彼此不同。随着贵族与平民矛盾的不断激化，特里布斯大会逐渐演变为由城市平民控制、排斥贵族的平民大会，与元老院形成了尖锐的对立，最后甚至演成了共和国晚期的罗马内战。

　　以执政官为代表的高级官员，由贵族操纵的元老院，以及最初由全体罗马公民组成、后来逐渐演变为由城市平民控制的公民大会，这三大政治要素之间的权力博弈维系着罗马共和国发展演变的动态平衡。以贵族掌控的元老院为一端，以民众组成的公民大会（或平民大会）为另一端，二者之间的权力博弈构成了罗马共和国最根本的矛盾冲突，而执政官等政府官员以及平民保民官则在二者的抵牾之中不断地进行协调，极力维护双方的平衡。但是总的来说，执政官由于受其出身的影响，往往是倒向元老院一边的，正如平民出身的保民官通常会旗帜鲜明地站在平民这边一样。到了共和国后期，当那些拥兵自重的执政官（马略、恺撒等）开始倒向平民一边，利用人民的支持来实现个人的政治野心时，元老院就逐渐被架空，共和国也就岌岌可危了。所以在共和国的权力博弈过程中，元老院就如同一张晴雨表，元老院功能强大，共和国就兴旺发达；元老院大权旁落，共和国就要面临灭顶之灾了。

罗马共和国的政治博弈

罗马共和国虽然由贵族和元老院掌握国家权力，但是在四百多年的历史发展过程中，面对着罗马民众的不断维权和抗争，贵族们不得不持续地通过立法来提高民众的政治权利，满足他们的经济利益。而且随着罗马版图的不断扩大，罗马又开始制定法律来协调传统的罗马公民与意大利人以及环地中海世界的外邦人之间的利益关系。这种持续的法制过程不仅有效地协调了罗马三大政治要素和两大利益集团之间的权力关系，维护了共和政制的动态平衡，而且通过各种政治力量之间的携手共进，使罗马日益壮大并成为一个地跨三大洲的世界帝国。

正是各种政治力量之间的相互博弈和利益调适，推动了罗马共和国的迅猛发展，提高了国家的行政效率和扩张效益。这些政治力量之间的博弈和调适主要体现在两个方面。

一、贵族与平民之间的竞争与协调

贵族与平民之间的竞争与协调保证了共和国政治发展的动态平衡，罗马共和国不断取得成功的最重要的诀窍，就在于它把竞争与协调作为一对保证自由的基本因素。它不仅承认罗马共和国是由贵族和平民这两个利益相互抵牾的社会阶层所构成，而且承认二者之间存在着竞争，然后通过持续而有效的立法过程来实现二者的协调共赢。牛津大学著名罗马史专家安德鲁·林托特在其名著《罗马共和国政制》中精辟地指出：

> "罗马共和国给西方政治思想留下的最经久的遗产，也许
> 是把对立与竞争作为自由的组成部分和效率政府的催化剂，让
> 它们具有了合法性和可欲性。"

这种通过竞争与协调来实现自由和效率的共和制度，至今仍然影响着现代西方的一些宪政民主国家。

二、官吏的权力与人民的权利之间的平衡

罗马共和国是由贵族和平民两大利益集团构成的，同时又存在着执政官、元老院和公民大会三大政治要素，三者各自在共和国的政治中扮演着不同的角色。罗马共和国的公权力掌握在权贵控制的元老院和执政官等官员手里，这是一种主动执行的权力，表现为发布命令、颁布法律、制定政策、宣战与媾和的权力等。广大民众虽然不掌握国家的公权力，但是他们始终要捍卫自己的基本权利，包括政治上的和经济上的权利，这是一种被动的权利，民众必须通过与权贵的对立和竞争来不断争取。因此，整个共和国时期的权力博弈就表现为民众要限制官员和元老院的权力，捍卫自己的权利。元老院和执政官可以根据形势的发展不断地向民众做出政治上和经济上的让步，但是国家的统治权却必须

始终掌握在他们手里。著名罗马史专家蒙森用一句话概括了罗马共和国的特点：

> "自塔克文时代起至格拉古时代止，罗马进步人士所呼吁的，不是限制国家的权力，而是限制官吏的权力；同时，罗马人从未忘记，人民不应进行统治，而是应当接受统治。"

从罗马共和国创始之初，平民和贵族中的一些改革者就在不断地呼吁限制官吏的权力。但是除了极少数野心家之外，罗马政要包括平民保民官从来没有想到要把权力完全交给人民。他们深深地意识到，完全由人民来进行统治必定会重蹈雅典民主制的覆辙，最终使共和制蜕变为一种暴民政治。人民的基本权利应该得到保障，但是国家的统治权只能掌握在元老院和官员手里，这就是罗马共和国的政治奥秘。

S. P. Q. R. ——"共和"的标志

罗马共和国的"对立"主要表现在元老院代表的贵族和公民大会代表的平民之间，在罗马，有一个用四个缩写的拉丁词来表示的非常重要的标志，即S.P.Q.R.。

S 是拉丁文 Senatus 的缩写，也就是元老院；

P 是拉丁文 Populus 的缩写，用英文表示就是 People，指的是"人民"；

Q 是拉丁文介词 Que 的缩写，相当于英语中的 and；

R 是拉丁文 Romanus 的缩写，指的是"罗马的"。

这四个拉丁词如果用英语来表示，就是"The Roman Senate and People"，中文意思就是"罗马元老院和人民"。

这四个缩写词就是罗马共和国的经典标志，它明确地表达了罗马共和国就是由两个不同的政治集团所构成，一个是代表贵族的元老院，另一个则是罗马人民，他们通过各种不同的权力机构来表达自己的政治要求，比如说早先的库里亚大会，后来的百人团大会和特里布斯大会，这些都是代表人民利益的权力机构。

这样一来，两个不同的政治机构——元老院和公民大会——就构成了罗马的两个公众团体，"共和"一词的英文"republic"的含义就是"公众事务"，而中文里的"共和"一词最初则是表示两个统治者的共同执政（"周召共和"）。如果这两种不同文字的"共和"之意结合在一起，那恰恰就是指两个公众团体之间的对立与竞争，就是指两个利益集团之间的权力博弈和协调共赢。所以这个标志就成了罗马共和国最重要的标志。古代的罗马共和国并没有国旗和国徽这些东西，但是罗马军团是有军旗的，自从公元前 1 世纪初马略开展军事改革之后，罗马军旗统一使用鹰徽，鹰徽下面都印有"S.P.Q.R."的字样。这就意味着，凡是有罗马雄鹰标志和"S.P.Q.R."字样的军旗飘扬之处，就是罗马人的国度。在罗马疆域的辽阔大地上，"S.P.Q.R."随处可见，甚至到了罗马共和国已经转变为帝制，这个标志依然是罗马国家的经典指称。古罗马经过中世纪和近代，一直到今天的意大利，"S.P.Q.R."仍然在罗马的大街小巷随处可见，就连今天罗马下水道的窨井盖上，都镌刻着这个标志。

罗马街头随处可见的"S.P.Q.R."标志

罗马共和国的三对矛盾

罗马共和国从建立之初到最终瓦解始终存在着三对矛盾。

第一对矛盾是平民和贵族之间的矛盾，表现为平民不断地向贵族争取政治权力。比如说，政府高官和元老院都被贵族垄断了，人民也应该选出能够维护自身基本权利的议会领袖，公元前 494 年产生的平民保民官就扮演了这样的角色；人民也必须拥有属于自己的立法机构（平民大会），可以主动地创制法律，而不是仅仅被动地对元老院的提案进行表决。公元前 3 世纪颁布的《霍腾西阿法》，就明确规定平民会议（特里布斯大会）的决议对于全体罗马人民均具有法律约束力，而无须元老院的批准。这些政治权利都是平民在与贵族的不断斗争中获得的。这就是罗马共和国的第一对矛盾。

第二对矛盾是穷人和富人之间的矛盾，表现为穷人不断地向富人争取经济权利。值得注意的是，虽然穷人和富人的矛盾与平民和贵族的矛盾往往是相互重合的，但是由于后来平民中的一些成功者获得了大量的经济资源，从而跻身富人阶层（骑士），因此罗马的一部分富人也是平民出身。从这个意义上来说，穷人和富人的矛盾与平民和贵族的矛盾并不完全一致。在罗马共和国的整个发展过程中，穷人总是在不断地要求维护和增加自己的经济权益，特别是随着罗马版图的迅猛扩张，罗马社会开始出现大地主运用战俘、奴隶来从事农业经营的情况，于是就导致了残酷的土地兼并，致使大量自耕农失去土地，沦为城市无产者。这些流离失所的农民无法维持日常的生计，就会向富人索要殖民地的土地和廉价的粮食等经济权利，于是穷人与富人的矛盾就开始取代平民与贵族的矛盾而上升为社会的主要矛盾，并且与第一对矛盾非常复杂地纠缠在一起，引发了罗马社会的混乱和内战。

第三对矛盾是罗马公民和非公民之间的矛盾，主要表现为意大利同盟成员以及外省人向罗马人要求拥有充分的公民权。罗马最初是一个弹丸之地，经过几百年的发展，膨胀成一个地跨欧亚非三大洲的超级大国。罗马共和国最初的公民只有罗马城和拉丁同盟的人民，但是随着罗马的不断扩张，被征服的意大利地区以及外省人民也开始要求拥有罗马公民权，特别是那些曾经与罗马人并肩战斗的同盟者，他们也要享受充分的政治权利和经济权利，于是这就成了一个非常棘手的问题。

概言之，罗马平民与贵族的政治矛盾、穷人与富人的经济冲突，以及罗马公民与非公民自由人的身份抵牾，这三对矛盾如同梦魇一般始终笼罩在罗马共和国的头顶上，推动了罗马社会一次又一次的权力博弈和改革更新。

第 V 章

罗马共和国的权力机构和主要官职

罗马共和国的权力机构主要指立法机构。虽然罗马共和国不像现代西方国家那样采用三权分立、相互制衡的政治机制，将立法权、行政权和司法权明确分开，但是至少罗马共和国的立法权和行政权还是明确区分的。立法权分属不同的权力机构，行政权则掌握在执政官和其他行政官员手中。罗马的权力机构非常复杂，多有变更，大体上可以分为库里亚大会、百人团大会、特里布斯大会以及元老院四者。

第 I 节

罗马公民大会

在罗马，从王政时期到共和国时期，以贵族为主体的权力机构始终是元老院，而代表人民的权力机构则包括库里亚大会、百人团大会和特里布斯大会。这三者都是罗马的权力机构，称为人民大会或公民大会，只不过在不同的时代具有不同的特点，既相互重叠，也前后更替。

库里亚大会

公民大会的第一种形式是库里亚大会，它是最古老的权力机构。罗马最初是一个蕞尔小国，地处七座山丘的环绕之中。作为农业社会的罗马早先是以氏族为社会的基本单元，若干个氏族组成一个胞族，这个胞族叫作库里亚，罗马建国时一共有 30 个库里亚。每 10 个库里亚又构成了一个部族，部族又叫作特里布斯。按照罗马的历史传说，这三个部族分别就是拉丁人、萨宾人和伊特鲁里亚人的族群，三个部族合在一起共同组成了最早的罗马国家。

库里亚（胞族）是建立在具有直接血缘关系的氏族之上的更大群落，不同的库里亚共同组成的库里亚大会就成为罗马最早的政治联合体，所以罗马王政时期由全体人民参与的权力机构就是库里亚大会。库里亚大会据说是由罗慕路斯创建的（正如他也创建了罗马元老院一样），它的主要职责就是处理各个氏族之间的日常事务，例如举行个人脱离氏族仪式和收养子女仪式、解决财产纠纷和进行遗嘱公证、主持宗教仪式和祭祀活动、推选和任命国王，以及制定法律和审理案件等。

由 30 个库里亚的民众（包括贵族和平民）组成的库里亚大会构成了罗马最早的公民大会，这里的公民是指凡出身于罗马最初的三个部族，或者被收养的成年自由男子。在早期的罗马，按照库里亚大会的规定，每个库里亚在打仗的时候需要为国家提供 100 个步兵和 10 个骑兵组成军队，30 个库里亚加在一起就需要提供 3 000 名步兵和 300 名骑兵，这就是罗马王政初期的总兵力。由于库里亚大会是一个建立在若干血缘氏族联合基础上的政治统一体，因此，随着罗马国家的不断发展，被并入的族群不断增加，原来的氏族血缘关系逐渐松散，到了第六任国王塞尔维乌斯的时代，库里亚大会的政治职能逐渐被新兴的百人团大会以及更晚的特里布斯大会取代。到了共和国中期，库里亚大会已经名存实亡，不再具有任何政治功能，成为一个荣誉性的团体。在共和国晚期，库里亚大会的成员就只剩下执政官身边的 30 个随从了，每个随从在名义上代表着一个胞族。因为此时的罗马已经地跨欧亚非三大洲，囊括的族群实在太多了，30 个胞族已经成为一种传统的象征了，库里亚大会已经随着罗马国家的发展消逝在历史的长河之中。

百人团大会

公民大会的第二个重要形式就是百人团大会，百人团大会是第六任国王塞尔维乌斯创立的。塞尔维乌斯在行政分区和人口调查的基础上，按照不同的财产资格把罗马人分成了六个等级——每个等级享受不同的政治权利，也要承担相应的政治义务，从而建立了兵役、税收和选举权三合一的百人团制度。不同等级的百人团在政治上的意见表达要通过百人团大会来实现，所以百人团大会就成为新的公民大会，逐渐取代了建立在血缘关系之上的库里亚大会的政治功能。由于从王政时期一直到共和国时期，罗马始终处于不断对外扩张的状态中，所以当时的整个社会架构是按照军队建制而搭建的，具有兵民一体的特点。实际上百人团最初就是一个军事单位，只不过它们是根据公民财产的多寡而组建的，包括以贵族和骑士为主体的第一等级的 98 个百人团（含 18

个骑兵百人团），第二、第三、第四等级的各 20 个百人团，第五等级的 30 个百人团和第六等级即无产者的 5 个百人团，一共是 193 个百人团。等级越高的百人团拥有越多的财产，所以自配的军事装备也比较精良，包括马匹、全身重甲和多种武器，他们在战斗中充当主力部队，冲锋陷阵，建功立业；而较穷人群组成的百人团的武器装备就比较简陋，战斗力也依次递减。至于无产者组成的 5 个百人团，根本就不能参加战斗，只能做一些辅助工作，如修桥补路、吹号打鼓等。

百人团不仅是一个战斗单位，而且是一个政治团体，每个百人团通过内部协商而形成统一意见，在由 193 个百人团组成的百人团大会上都具有一票表决权，这一票就代表了这个百人团的集体意志。所以百人团既是一个军事单位，也是一个政治单位，它构成了罗马社会的基层组织。百人团制度建立之后，就逐渐取代了库里亚大会的政治功能，成为罗马国家最权威的立法机构，每个百人团的一票表决权在决定国家重大事务方面都具有重要的作用。

但是塞尔维乌斯建立的百人团制度明显具有强化贵族和富人的政治权重的特点。在所有的百人团中，18 个骑兵百人团是由出身高贵的血统贵族组成，他们成为战争中最精锐的主力；而第一等级百人团的 80 个步兵百人团也都是由罗马最有权势和钱财的富人组成，他们作为重甲兵，在战争中也发挥着重要的作用。正是因为第一等级的百人团在战争中起到了举足轻重的作用，所以他们在政治上也相应地占据了重要的地位。在百人团大会中，第一等级的 98 个百人团一共拥有 98 票，占了整个百人团 193 票的半数以上。而按照百人团制度的程序规定，百人团大会在进行表决时，都是按照等级顺序从高到低依次唱票，首先由 18 个骑兵百人团投票，然后由第一等级的 80 个步兵百人团投票，如果这 98 票的意见相同（作为公民大会的百人团大会只有表决权而无创议权，即只能对元老院或行政首长提出的议案进行同意或者否定的表决），那就已经代表了罗马公民中多数人的意见，后面几个等级的百人团（其票数加起来一共只有 95 票）也就没有必要继续投票了。因为在一些重大的政治、经济问题上，传统的古典贵族和成为新贵的平民豪门（他们共同组成了第一等级），往往利益相关，大家的态度通常比较一致，投票表决的结果也基本相同，因此作为公民大会的百人团大会在政治上带有明显的权贵特点。

百人团大会后来成为罗马共和国时期的立法机构，它的主要职责包括：

1. 对元老院和执政官的提案进行表决。由于元老院在法理上并不是一个真正意义上的立法机构（尽管它实际上越来越向一个握有实权的立法机构发展），而只是一个咨询机构或议政机构，所以元老院的提案不能直接成为法律，必须通过百人团大会的表决才能成为法律。

2. 选举执政官和监察官。执政官是每一年选举两个，监察官一般是每 18 个月选举两个。这些国家行政长官的产生首先需由百人团大会采取差额选举，然后把选举结果提交元老院批准生效。

3. 进行死刑判决。共和国第二任执政官瓦列里乌斯的立法就明确规定：判处死刑的唯一权力属于人民。百人团大会是罗马的公民大会，代表全体罗马人民，所以只有百人团大会才可以做出死刑判决，被判决死刑的公民也可以向百人团大会提出上诉。

4. 对宣战、媾和等重大外交事务进行表决。后来随着元老院的政治权重日益增加，百人团大会的宣战、媾和以及审判等权力逐渐被元老院和后来独立的司法机构取代，它的立法权也日益被特里布斯大会取代，最终仅仅保留了选举执政官、监察官等高级官员的权力。

尽管百人团大会是罗马王政时期的第六位国王塞尔维乌斯建立的，但是它却在罗马共和国早中期的政治生活中发挥了非常重要的作用。因为百人团大会经典地表现了罗马共和国政制的基本特点：全体罗马人民包括贵族和平民都享有参与政治事务的权利，虽然政治权力更多地掌握在权贵手里。自从百人团制度建立以后，百人团大会就逐渐取代了库里亚大会的政治功能，成为罗马共和国最重要的立法机构。

特里布斯大会

罗马公民大会的第三种形式是特里布斯大会，它原本是罗马的部族大会，创建于公元前 5 世纪上半叶，最初仅有部族平民参加，与全民（包括贵族与平民）参加的百人团大会不同。后来随着罗马的扩张，越来越多的外来移民迁入罗马，打破了以前的部族界限，再加上罗马统治的疆域也不断扩大，特里布斯大会就逐渐由部族大会演变为行政区域大会了。除平民之外，贵族也开始参加特里布斯大会，因此该大会也逐渐发展成为全体罗马人的公民大会，与百人团大会相互呼应。与此相应，特里布斯大会的权力也在不断加强。最初作为部族平民社团，特里布斯大会的决议仅对平民具有约束力，而不能成为对所有公民都有效力的罗马法律。自从公元前494 年设立保民官之后，特里布斯大会的主要职权是选举保民官。后来经过平民们的不断抗争，罗马通过了一系列法案来加强特里布斯大会的立法权，直到公元前 287 年颁布的《霍腾西阿法》正式确立了特里布斯大会（或平民大会）的决议对于全体罗马公民均具有约束力，这就使得特里布斯大会真正拥有了立法权。

如果说库里亚大会是按照氏族血缘而划分的，百人团大会是按照财产资格而划分的，那么特里布斯大会就是按照行政区域而划分的，这三种不一样的划分标准，意味着罗马社会的组织原则发生了变化。罗马最早的政治组织库里亚大会是建立在不同的血缘氏族关系之上的，后来随着罗马版图的不断扩张，很多周边的族群被合并到罗马人中，这样就使得以人口居住地为根据的区域关系逐渐代替了以血缘为根据的氏族－胞族关系，所以塞尔维乌斯才把罗马划分为若干行政区域，并且以财产资格为依据建立了百人团制度。特里布斯大会最初虽然是在部族的基础上建立的，但是到了共和国中期，罗马的版图已经扩大到了意大利的整个中部地区，传统部族的意义已经日益淡化，新的行政区域不断增加，这样就在重新划分行政区域的基础上，把传统的百人团大会与根据行政区划而建立的特里布斯大会加以整合，形成了兼具二者特点的罗马公民大会。

特里布斯原本是指具有血缘关系的部族，后来演变为超越血缘关系的行政区域。但是在罗马传统的古典贵族中，特里布斯仍然是他们身份的主要标志。罗马传统贵族的名字通常由三部分构成：第一部分是本人名；第二部分是特里布斯名，代表着家族或者身世渊源，往往只有传统贵族才有这个名字；第三部分则是父名。例如罗马著名政治家恺撒的全名叫盖乌斯·尤利乌斯·恺撒（Gaius Julius Caesar），其中盖乌斯是他的本名，恺撒是他的父名（在罗马社会，人们通常以父名来称呼一个人），而尤利乌斯则是他的特里布斯名，也就是恺撒家门的名字。特里布斯名往往是以一个部族或地区的名门望族的名称来命名的，例如尤利乌斯家族就是罗马最古老的名门望族（最初是从阿尔巴迁徙而来的），所以人们一听到特里布斯名"尤利乌斯"，就如同听到"科尔内利乌斯""埃米利乌斯""法比乌斯""克劳狄乌斯"这些古老的名字一样，就知道对方是贵族出身了。如果没有中间的特里布斯名，那就是依附于贵族的门客，或者是一般的平民百姓，例如共和国后期的平民政治家盖乌斯·马略，从名字上就可以知道他不是贵族出身。由此可见，特里布斯名成了罗马公民身世和权力的一个重要标志。

到了共和国中期，特里布斯越来越与部族血统相分离（除了仍然保留在一些血统贵族的名字中之外），成了行政区域的名称，因此特里布斯大会实际上就是按照地域原则组织起来的罗马公民大会。

特里布斯的数量增长和性质变化

公元前 495 年，罗马共和国刚刚建立不久，当时罗马的领域以"七丘之城"为根基，分为 4 个城区特里布斯和 17 个乡村特里布斯，版图面积大约为 900 平方公里。4 个城区特里布斯是根据罗马城里七座山丘附近的居民居住点而划分的，如帕拉蒂尼区、埃斯奎里区等；17 个乡村特里布斯则是根据罗马周边的一些新纳入的大贵族领地来划分的，比如埃米利区（以埃米利乌斯家族为根据）、克劳狄亚区（以克劳狄乌斯家族为根据）、科尔内利区（以科尔内利乌斯家族为根据）等。在罗马早期扩张的时候，经常会将一些被征服地区的贵族和平民迁移到罗马的七丘之城。比如第三位国王图鲁斯征服了阿尔巴地区，就把尤利乌斯家族等阿尔巴族群迁到七丘之一的西里欧山，数百年后，尤利乌斯家族已经成为根基深厚的罗马望族了。这些最早聚集到罗马城内的人群就在七座山丘附近形成了最早的 4 个城区特里布斯。在后来进一步的扩张中，罗马的地域范围随之扩大，一些被征服的地区就以当地望族或者新迁入的大贵族为名相继建立了一些乡村特里布斯。这样就形成了至公元前 495 年为止的罗马 4 个城区特里布斯和 17 个乡村特里布斯。

后来由于罗马帝国不断扩张，兼并了更多地区和人民，到了共和国中期的公元前 3 世纪（公元前 241 年），特里布斯的数量已经增加至 35 个。这些新设立的特里布斯不再按照大贵族的姓氏来划分，而是根据地域名称而划分，如斯泰拉提纳区（因伊特鲁里亚的斯泰拉提纳平原而得名，公元前 387 年设立）、法勒纳区（因坎帕尼亚的法勒努斯地区而得名，公元前 318 年设立）、阿尼恩西斯区（因拉提乌姆的阿尼奥河而得名，公元前 299 年设立）等。这样一来，特里布斯就日益由部族单位演变成为行政区域组织了。

虽然此后罗马共和国的势力范围还在不断地扩大，但是特里布斯的数量却不再增加（与此相应，罗马公民权的范围也不再扩大），最后就固定为以罗马为中心的 35 个特里布斯（ 4 个传统的城区特里布斯和 31 个后来逐渐建立的乡村特里布斯），这些地区都是位于意大利中部的拉丁、萨宾、伊特鲁里亚等族群的居住地。以后再被征服的意大利其他区域的人民就只能融入已有的 35 个特里布斯当中，他们仍然生活在自己的原居住地，但是在政治区划上却从属于某个已有的特里布斯，如果他们获得了罗马公民权，就可以在所属的特里布斯中行使投票、选举等政治权利和履行服兵役、纳税等公民义务。

随着罗马版图的扩张，很多重大的社会事务都开始由行政区域来进行组织，而不再以血缘关系或者部族聚落为依据了。而且由于罗马人口不断增加，打仗的时候也不需要全民皆兵了，而是以特里布斯为单位来进行征兵动员，轮番上阵。这就意味着特里布斯已经成为罗马共和国进行政治管理和军事组织的基本单元。在这样的情况下，罗马共和国就顺应时代发展的要求，按照特里布斯的行政区域来组织征兵、税收、选举等事务，把以前按照财产资格进行划分的百人团整合到特里布斯之中。

特里布斯与百人团的整合

公元前 241 年，罗马共和国根据特里布斯的现状对百人团的构成比例进行了重要改革，并将百人团大会和特里布斯大会整合

在一起。公元前 6 世纪中叶塞尔维乌斯将罗马公民按照财产资格
划分为 193 个百人团，到了公元前 241 年，罗马共和国根据 35
个特里布斯来重新组建百人团。每个特里布斯仍然按照财产资格
把人口分成五个等级，每个等级分别组成老年百人团和青年百人
团（仍以 45 岁为划分标准）各一个。这样一来，每个特里布斯
都按照财产等级和年龄区别而组成 10 个百人团，35 个特里布斯
一共为 350 个百人团，再加上由传统贵族组成的 18 个骑兵百人
团和无产者的 5 个百人团（均不按特里布斯分配），整个罗马共
和国一共形成了 373 个百人团。这些百人团共同组成了特里布斯
大会，每个百人团都享有一票表决权，在召开特里布斯大会时通
过民主表决的方式来决定共和国的重大事务。

表 5-1　公元前 6 世纪中叶建立的百人团

等级	财产／阿司	百人团数量	票数
第一等级	100 000 以上	骑兵团 18，步兵团 80	98
第二等级	75 000~100 000	步兵团 20	20
第三等级	50 000~75 000	步兵团 20	20
第四等级	25 000~50 000	步兵团 20	20
第五等级	12 500~25 000	步兵团 30	30
无产者	0~12 500	杂役团 5	5
百人团总数为 193 个，其中第一等级有 98 个，占半数以上。			

表 5-2 公元前 241 年根据特里布斯改革后的百人团

等级	财产 / 阿司	百人团数量	票数
第一等级	100 000 以上	骑兵团 18，步兵团 70	88
第二等级	75 000~100 000	步兵团 70	70
第三等级	50 000~75 000	步兵团 70	70
第四等级	25 000~50 000	步兵团 70	70
第五等级	12 500~25 000	步兵团 70	70
无产者	除子女外一无所有	杂役团 5	5

根据特里布斯分配的百人团总数为：
[（1 个老年团 + 1 个青年团）×5 个等级 ×35 个特里布斯] + 18 个骑兵团 + 5 个无产者团 = 373 个百人团，其中第一等级有 88 个，第二、第三、第四、第五等级共有 280 个。

通过上表的对比可以看到，公元前 241 年改革的最重要之处并不在于把百人团和特里布斯整合在一起，而在于使百人团的构成比例发生了根本性的变化。由于每个特里布斯的第一等级都只能组建一个老年团和一个青年团，所以整个特里布斯大会的第一等级只能拥有 70 个百人团，再加上传统贵族的 18 个骑兵百人团，一共也不过 88 个；而参与特里布斯大会的第二、第三、第四、第五等级却各自拥有 70 个百人团，一共有 280 个百人团，在数量上具有压倒性优势。这就意味着平民尤其是中产阶级（第二、第三、第四等级）在当时的罗马共和国里已经成为公民主体和军队主力，而贵族和骑士（商人或平民豪门）组成的第一等级的政治权重和军事作用明显下降。在公元前 6 世纪中叶建立的百人团制度中，第一等级的 98 个百人团在 193 个百人团中占有绝对优势；然而在公元前 241 年按照特里布斯改革之后的百人团中，属于中产阶级的第二、第三、第四等级的 210 个百人团已经占了 373 个百人团中的多数，而第一等级的百人团反倒减少到 88 个。这恰恰说明随着罗马的不断扩张，中产阶级逐渐成为共和国的中坚力量，同时也意味着平民阶层在政治上的影响力日益增大。这既是罗马连年对外扩张不断吸纳新成员的结果（这些新加入的成员当然更多的是平民阶层），而且也是共和国建立二百多年来平民与贵族权力博弈达到平衡的表现。

特里布斯大会与平民大会

在罗马的公民大会中，投票方式可以分为两种：一种是早先百人团大会的方式，即按照等级顺序从高到低进行投票，这种投票的结果在当时第一等级百人团占优的情况下明显是有利于罗马权贵阶层的；另一种是特里布斯大会的投票方式，即不分等级、每次投票时采取抽签的方式来确定各个特里布斯的投票顺序，后者当然是有利于平民阶层的。由于公元前 241 年改革后的第一等级百人团数量已经大大减少，所以按照特里布斯大会的投票方式进行表决就更有利于平民阶层了。

特里布斯大会最初是部族平民的会议，后来随着原始部族被行政区域取代，各地的贵族也开始参与其中，特里布斯大会日益成为全体罗马人民参与的公民大会。然而在实际操作中，由于罗马版图越来越大，35 个特里布斯中只有 4 个城区特里布斯，而召开大会的地点当然只能在罗马城内。因此参加特里布斯大会的人员往往主要是城区的民众，住得远的公民既缺乏交通上的便利条件，通常也无闲暇和兴趣前来参与，虽然他们和城市公民一样享有参会的权利。这就使得罗马的特里布斯大会越来越演变为城市公民的大会，一些居住在乡间的土地贵族和他们的门客就慢慢地被排斥在外了。如果说当罗马共和国还只是一个"七丘之城"时，住在城里的第一等级可以轻易地操控百人团大会的权力，公民大会被打上了浓重的权贵烙印；那么到了罗马共和国的中期，特里布斯大会越来越被数量上占优的城市平民控制，与以贵族为主体的元老院之间的对立和竞争也变得更加激烈。这也体现了特里布斯大会和百人团大会的不同之处，总体来说，百人团大会带有较为明显的权贵色彩，而特里布斯大会从起源和性质上来说都更加偏重于平民的权力。

到了布匿战争和马其顿战争结束之后（公元前 2 世纪后半叶），随着平民与贵族的矛盾再度走向激化，特里布斯大会也日益演变为平民大会，对脑满肠肥的罗马贵族充满了怨恨的城市平民（其中很多人是在土地兼并过程中失去了祖传耕地的无业游民）在召开大会时有意地诋毁和排斥贵族，致使贵族都不再愿意参与这种带有明显敌意和暴力倾向的公民大会。这样一来，特里布斯大会就从一个兼容平民与贵族的公民大会蜕变为一个由城市无产者控制的平民大会，与权贵操控的元老院形成了水火之势。而百人团大会则与特里布斯大会相分离，但是它的许多政治功能已经分别被元老院、专设的司法机构以及特里布斯大会所分有，仅剩下选举执政官和监察官等政府官员的权力了。

随着罗马共和国的发展壮大，库里亚大会早已丧失了政治功能，仅仅保留了部分宗教职能和象征意义，罗马的公民大会主要

作为罗马平民大会场所的尤利娅会堂遗址

体现为百人团大会和特里布斯大会这两个权力机构。相对而言，百人团大会虽然还保留着选举执政官等重要职能，但是它作为立法机构的主要权力已经被特里布斯大会所取代（《霍腾西阿法》的颁布是一个重要标志）。因此到了共和国的中后期，真正代表平民政治权力的立法机构就是特里布斯大会了，它与代表权贵势力的元老院形成了尖锐的对立。

罗马公民大会的"人民主权"

从库里亚大会到百人团大会和特里布斯大会，作为享有立法权力的公民大会，都代表着某种意义上的人民主权，似乎体现了罗马共和国的"主权在民"的政治特点。但是从实质上看，罗马公民大会的权力却是非常有限的，人民的权力始终受到权贵阶层的有力限制。在罗马共和国时期的权力博弈中，元老院在大多数时候都控制着罗马政治的主动权，而人民却总是处于被动的地位。

早在共和国第二任执政官瓦列里乌斯的立法中，就明确表述了人民主权至上的原则。但是罗马共和国的"人民"既包括贵族也包括平民，而且在共和国初期"人民"首先是指贵族这样的"头等公民"。后来随着罗马平民在"人民"中所占份额越来越大，公民大会的政治权力也日益增长。但是相对于元老院而言，公民大会的权力始终具有消极的和被动的特点。例如，无论是百人团大会，还是特里布斯大会，两者都只有投票表决权，却没有提案权和辩论权，与会的民众只能对元老院、执政官或者保民官提出的法案进行同意或否定的表决。罗马公民大会（包括百人团大会和特里布斯大会）在政治权力方面的局限性体现在如下几个方面。

第一，与雅典城邦的立法机构——五百人会议——相比，罗马公民大会在民主性或人民主权方面具有明显的弱势。雅典五百人会议具有政治平等和言论自由的特点，会议成员是由抽签产生的，不分等级，大家在召开会议时除了拥有表决权之外还具有提案权，可以自由辩论。但是罗马的百人团大会是有等级性的，按照等级差别来决定投票顺序，而且百人团大会和特里布斯大会都只有表决权，没有提案权和辩论权，这就极大地限制了罗马公民的民主权利。由此可以体现出雅典民主制和罗马共和制在人民的基本权利方面的重要差别。

当然，与相对保守的罗马共和制相比，雅典民主制由于赋予人民过多的权力，最后竟导致了一种"多数人的暴政"，走向了另一个极端。而罗马共和制的政治权力虽然长期掌握在少数权贵手里，但是一直到公元前 2 世纪末为止，罗马至少有效地避免了国家走上暴民政治的道路。到了公元前 1 世纪，随着平民大会与元老院之间的权力冲突日益白热化，一些个人野心家开始利用军队来干预政治，最终把相互制衡的平民大会权力和元老院权力全都集于一身，从而实现了从共和向帝制的转化。从这个角度来说，或许正是罗马公民大会在权力博弈中一直处于相对弱势的地位，政治权力长期掌握在元老院手中，才保证了罗马共和国的顺利发展和长治久安。毕竟罗马共和国从产生伊始一直到病入膏肓，始终都带有浓郁的权贵色彩。

第二，随着罗马版图的扩大和公民人数的增加，罗马公民大会越来越不具有代表性。事实上，参加特里布斯大会的主要是 4 个城区特里布斯的公民，另外 31 个乡村特里布斯中的公民很少有条件和兴趣参加大会。而且这个大会越来越具有排斥权贵的倾向，公民大会实际上已经演变为平民大会了。而在仍然具有公民性质的百人团大会中，选民们又往往会受到恩主－门客关系的制约，致使一些权贵很容易操纵公民大会。

第三，到了公元前 3 世纪以后，百人团大会原有的宣战、媾和、批准条约等权力逐渐转移到元老院手里，其司法功能也逐渐被常设的法庭和陪审团所取代，最后百人团大会只剩下选举执政官、监察官等高官的权力了，其立法权几乎丧失殆尽。虽然特里布斯大会的立法权加强了，但是由于它的平民化倾向越来越明显，所以这些权力很容易被某些平民领袖（如格拉古兄弟、萨图宁、苏尔皮奇乌斯等）所滥用，从而激化了罗马政坛上的权力冲突。

第四，到了共和国后期，平民会议逐渐变成了一些有政治野心的保民官要挟元老院的有力工具，保民官一边与元老院针锋相对，另一边却与执政官暗中勾结，希图通过平民的支持来提高自己在罗马政坛上的地位。而那些贵族出身、手持军权的执政官为了实现自己的政治目的，反而站到平民的立场上，比如恺撒、屋大维等人。这些人尽管是贵族出身，却利用人民对权贵的不满，获得了平民的支持和军队的拥戴，削弱乃至取代了元老院的统治，以人民的名义颠覆了共和国。

总而言之，罗马的公民大会，无论是早期的库里亚大会，还是后来的百人团大会和特里布斯大会，在共和国政制的权力制衡中，其所体现的"人民主权"都是非常有限的，它们在与元老院的权力博弈中基本上处于弱势地位。

第 II 节

罗马元老院

在罗马共和国中，真正掌握政治权力的机构是由贵族垄断的元老院，它在罗马政治生活中具有旋转乾坤的重要意义。

元老院——共和国的政治压舱石

罗马元老院据说是由罗慕路斯所建，最初由 100 个有威望的氏族长老组成。在王政时期，元老院的权力并不是太大，因为元老院在当时只是国王的一个咨询机构，并不具有立法和行政的实权。一切大权均掌握在国王手中，元老院充其量只是给国王提供一些政策意见而已，并没有决定国家事务的权力。国王被推翻以后，执政官充当了国王的角色，掌握了国王的权力，因而在共和国初期元老院的实权依然不大，它的权力往往要受制于执政官和百人团大会，后来又要受制于保民官。但是随着罗马共和国的国势日增和制度建构，元老院的实力也随之强盛。到了共和国中期，元老院的权力已经明显地超过了执政官和公民大会，成为主宰共和国命运的政治压舱石。正是在元老院的卓越领导下，罗马贵族和平民才能团结起来，协同一心，共同对外，罗马国家也因此而迅猛崛起，在对外扩张方面取得了辉煌的成就。但是到了共和国后期，由于外省大量财富和奢靡生活方式的侵蚀，元老院的贵族们逐渐丧失了早年的德行担当和家国情怀，消沉于个人私欲的满足之中，共和国也因此而沦为某些拥兵自重的集权者的囊中私器。

元老院从最初仅仅作为执政者的一个咨询机构到逐渐攀登上权力的巅峰，然后再到被集权者所操控和架空，从权力的巅峰上跌落下来，这个权力的盛衰过程就如同晴雨表一样显示了罗马共和国从弱小到兴盛，再从兴盛到衰亡的演变历程。

元老院作为罗马共和国最重要的权力机关和议事机构，其职权主要包括：提案和辩论、财务管理、重案审理、行省治理和军事指挥权分派、任命执政官和独裁官、外交事务管理等。

首先，元老院具有提案的职权，元老院提出的议案并不是法律，必须得到百人团大会的通过才具有法律效力。元老院最初受百人团大会的约束，后来百人团大会逐渐失去了立法权，元老院的提案往往就会被直接确立为法律，与平民大会的立法相互区别，共同作为罗马共和国的法律发挥作用。

其次，国家的财务管理是元老院负责的重要事务，元老院的元老都是职业政治家，大多是从基层官员开始干起，所以擅长财务管理。共和国的年度财务预算、公共工程的拨款和发包、军费开支和监管等，都是由元老院来讨论决定。

再次，元老院拥有重案审理的职权，例如死刑判决等重大的案件一般都是由元老院来审理的，最后再通过百人团大会批准执行（被判处死刑者可以向百人团大会提出上诉）。

另外，元老院具有行省治理权，随着罗马版图的不断扩大，一些海外行省纷纷建立，这些行省的土地开发、公共工程、财政税收以及行省总督的指派等事务，也是由元老院来统筹管理。在战时，元老院还可以分派军事指挥权，授权执政官组建罗马军团和统帅军队出征（在战斗过程中罗马元老们往往也是身先士卒，为国效忠）。

最后，元老院有权对百人团大会选举出来的执政官、监察官等高级官员进行任命，并且在非常时期可以直接任命独裁官；元老院负责接见外国使团和派遣外交使者、向敌国宣战与媾和、与友邦结盟和缔约等事务。

虽然元老院拥有诸多权力，但是元老院的提案往往会受制于公民大会和保民官；战争时期，在战场上统帅军队的执政官往往也不受元老院命令的制约，独裁官更是可以合法地抛开元老院而先斩后奏、独断专行。不过，独裁官并不是常设的官职，执政官在一般情况下也是尽量与元老院相互契合的。而面对着公民大会和保民官的立法阻碍，元老院在处理日常事务时可以发布一种"元老院命令"，相当于一种行政法规，尽管它的权威性不能与公民大会通过的法律相比，但是仍然具有一定的法权效力，足以对公共事务起到重要的规范作用。而且随着百人团大会的立法地位日益下降，"元老院命令"越来越多地取代了法律，这也标志着元老院的政治权力在不断增强。

到了公元前 2 世纪后半叶，元老院又拥有了一种特别的权力，那就是可以发布"元老院终极令"（Senatus Consultum Ultimum）。该法令的内容是：当元老院认为共和国的安全面临着来自公民内部的暴力威胁时，它可以督促执政官或其他官员采取任何必要措施来反击威胁，保卫共和国。"元老院终极令"是具有最高法律效力的终极命令，任何权力机构（百人团大会和特里布斯大会）和个人（保民官、独裁官和执政官）都不能对其进行否决。

在共和国的历史上，元老院一共发布过四次"元老院终极令"：第一次是在公元前 121 年，元老院通过发布终极令宣布保民官盖乌斯·格拉古的改革是违法的，最后逼得他命其贴身奴隶将自己杀死；第二次是在公元前 100 年，元老院针对保民官萨图宁煽动平民发动街头暴乱而发布终极令，最后使萨图宁死于非命；第三次是在公元前 63 年，元老院在西塞罗等元老的煽动下，针对所谓的"喀提林阴谋"发布终极令，最后未经审

判即把喀提林集团赶尽杀绝；第四次是在公元前 49 年，当恺撒
与庞培公开决裂，从高卢挥师南下意大利时，元老院以叛国罪
名对恺撒发布了终极令，但是这次终极令却没有发挥作用，恺
撒凭借武力击败了元老院和庞培。

元老院的人员组成和政治权重

在罗马王政初期，开国之君罗慕路斯挑选了 100 位氏族长老
作为咨询者，组成了最早的元老院。第五任国王老塔克里乌斯当
政时，把元老院的元老增加到 200 人。到了共和国初期，第二任
执政官瓦列里乌斯再将元老院人数增加到 300 人，从此以后元老
院就长期由 300 位元老组成。从人员成分来看，早期的元老院清
一色由出身高贵的古典贵族组成；后来随着共和国的发展，元老
院不断吸纳一些富商（骑士）和知识精英（法律专业人士），与
时俱进，常变常新，始终保持着罗马社会最具优势的精英阶层的
政治中枢的定位。到了共和国末期的公元前 80 年前后，独裁官
苏拉又把元老院的元老增加到 600 位，目的是加强贵族的政治实
力，压制平民派。恺撒就任独裁官期间，为了笼络人心，进一步
把元老院的成员增加至 900 人。公元前 30 年屋大维完成了罗马
的统一，面对着频繁内战所导致的元老伤亡惨重的现状，对元老

院进行了大换血式的调整，并把元老人数缩减为 600 人。但是此时的元老院已是形同虚设，实际上成为屋大维的傀儡，罗马共和国也悄无声息地转变为帝国了。

虽然元老的人数在不断变化，但是与频繁更迭的执政官及其他高级官员相比，罗马元老院的元老却具有职权稳定的明显优势。罗马的政府高官的任期都较短，执政官是一年一届，监察官是 18 个月一届，独裁官是 6 个月一届，即使是作为平民领袖的保民官，也是一年一届，只有元老是终身任职的，只要不犯严重的道德错误，可以当一辈子的元老。因此，与一年一选的执政官、保民官等相比，终身任职的元老不仅具有人数上的优势，更

罗马元老院旧址

具有任期上的优势，他们不需要为自己明年是否能够继续担任元老而担忧，从而在政策制定和执行方面能够始终保持连续性和一致性。由此看来，在铁打的元老院与流水的执政官、保民官的权力博弈中，元老院无疑成为更具有主动性和坚韧性的因素，它决定着罗马共和政权体制动态平衡的基本态势，它的权重变化决定了共和国的兴衰存亡。

按照罗马共和国的规定，凡是担任过执政官、法务官、独裁官、骑兵长官（独裁官副将）和牙座市政官的人，在卸任后都可以自动成为元老。后来由于平民的不断抗争，一些在政治上表现突出（如保民官）或者具有显赫军功（如军队将领）和非凡专业能力（如大律师）的平民也可以成为元老。到了屋大维统治时期，甚至还规定了元老的财产资格（100 万塞斯特斯），所以穷人根本不可能成为元老。长期以来，元老们不是具有高贵出身的传统贵族，就是通过后天努力获得巨大成功的平民新贵，他们不仅有权有势，而且有德行有担当，具有高尚的精神情怀。在共和国发展的大部分时间里，元老院都是一个由社会精英分子组成的政治团体，在不断的自我更新中展现出卓越的集体领导力，带领罗马人民不断地创造辉煌。蒙森认为，元老院之所以能够掌握政治权力，不是因为门第的虚名，而是人民选择的结果。而且元老们还要经常接受监察官的道德监察和广大民众的政治监督，因此他们始终要保持较强的敬业意识和执政能力，团结一心，为国效劳。在罗马共和国时期频繁发生的对外战争中，元老们往往都是身先士卒，以身殉国，为民垂范。例如在公元前 216 年发生的坎尼之战中，罗马元老院的 300 名元老中，竟然有 80 位元老在战场上伤亡。这也充分说明了当时的元老们确实在行为作风方面堪称人民的表率，他们身先士卒、冲锋在前，杀身成仁，为平民树立了精忠报国的楷模，在崇拜英雄的罗马民众心目中成为不朽的道德典范。虽然在罗马政坛上元老院与平民大会长期处于对立和竞争的状态，但是元老们在各种公共场合所表现出来的崇高德行使他们一直受到广大民众的尊重。蒙森中肯地评论道：

> "罗马元老院实为这个国家最高的表征，因其坚定如一和明达治道，因其团结一致和爱国心切，因其权势强盛和勇敢坚强，罗马元老院实为冠绝古今的政治机构，甚至那时，它仍然堪称'群王会议'，它懂得如何使专制政体的奋发有为与共和政体的舍身为国结合起来。从来没有一个国家能像全盛时代的罗马那样，由元老院作为代表，在对外方面表现得那样坚强而庄重。"

在共和国中期的 200 多年时间里（从公元前 4 世纪初到公元前 2 世纪后半叶），元老院强有力地控制着罗马的政治权力，这固然是由于他们人数众多，不受任期届满或民意摇摆的影响，更重要的则是因为那时的元老们都自觉地维系着古典的贵族传统，拥有以国家强盛为己任的崇高情怀，严于律己，以身示范，为共和国的发展立下了卓越的功勋。也正是在这一段时间里，罗马共和国在元老院的集体领导之下，从台伯河畔和拉丁平原上的一个蕞尔小国，一跃而成为囊括整个地中海周边世界的超级帝国。

　　但是从公元前 2 世纪下半叶开始，元老院在诸多因素的影响下逐渐丧失了高尚的古典情怀和卓越的政治能力，平民与贵族的历史矛盾再度激化，最后竟触发了罗马内战，元老院的集体领导力在职业军队和激愤民众的暴力冲击下迅速崩塌，共和国也由此走向了衰亡。

第 III 节

罗马国家官员

在罗马共和政制的三大要素中，两个权力机构公民大会和元老院时常处于对立与竞争的状态中，而执政官作为国家最高的行政官员，则在双方的权力角逐中纵横捭阖，渔人得利。在罗马共和国，主要的国家官员由百人团大会选举产生，他们掌握着国家的公权力，包括执政官（consul）、法务官（praetor）、监察官（censor），以及在紧急状态下由元老院临时任命的独裁官（dictator）等。至于由特里布斯大会选举产生的平民保民官，虽然不属于政府官员，但是也拥有重要的政治权力，特别是有对元老院议案和执政官命令的一票否决权（Veto，即"我反对"）。这些拥有不同职权的政治角色对于共和国各权力机构之间的制衡关系具有重要的影响力，共同勾勒出共和国权力博弈的动态平衡轨迹。

执政官

公元前 509 年罗马人民建立了共和国，以一年一选的两位执政官取代了终身制的国王。从职能上来说，执政官就相当于国王，是国家最高的行政首脑，拥有执行权。执行权是一种积极主动的权力，主要表现为执政官平时负责主持元老院会议和百人团大会、在打仗的时候出任军队统帅等。在罗马共和国的发展过程中，主管行政事务的执政官在相互对立的元老院和公民大会之间扮演了一个重要的协调角色，在罗马共和政制的权力平衡中发挥了非常重要的作用。

一、执政官的职权

与王政时期的国王相比，罗马执政官具有年度制和同僚制这两大特点，任职时间短暂并且在权力方面相互掣肘。按照罗马共和国的惯例，两名执政官每年由百人团大会选举产生，然后经过元老院批准正式就任，任期一年。罗马共和国的第一任执政官就是开国元勋布鲁图斯和科拉提努斯，他们为同僚制和年度制开创了先例。

执政官作为国家最高的行政长官，继承了王政时期国王的一些权力标志，例如"法西斯"和象牙椅等。当执政官期满卸任，"法西斯"和象牙椅就要交还元老院，表示此人已经不再掌握公权力。除了上述标志之外，执政官往往会身穿镶有紫边的袍子，因为紫色被罗马人看作最尊贵的颜色，代表着崇高的身份和地位。

执政官平时负责召集、主持元老院会议和百人团大会，参与一些重大公共事务的决策，掌管国库，发布政令等；在战争时期，执政官就会出任军队统帅，负责召集和指挥军队以及筹集军费。执政官的政令虽然不如公民大会通过的法律那样具有权威性，但是在其执政期间同样具有约束力；至于执政官在战时发布的命令和做出的裁决，更是具有不容置疑的绝对性。在罗马共和国的早中期，罗马军队一直保持着"将无常师，师无常帅"的传统，即将领麾下没有常规的部队，军队也没有固定的统帅。这是因为在马略进行军事改革之前，罗马一直没有职业军队，兵民一体。每当战火烽起，元老院就会按照百人团的架构征召军队，然后指派执政官出任军队的统帅。战争结束之后，执政官就不再具有军职了，士兵也就解甲归田。罗马正是因为没有职业军队，所以也就没有固定的将领，执政官只是在战时才临时充任军队统帅，平时主要是文职官员。

二、执政官与元老院、保民官的关系

由于执政官的任期只有一年，而且百人团大会选举出来的执政官必须通过元老院的批准，所以执政官的权力往往受制于人多势众且终身任职的元老院。而且共和国早中期的执政官基本出身于贵族世家，卸任后还会进入元老院继续掌控国家政务，因此与元老院关系密切，荣辱与共，执政官在元老院与公民大会的权力抵牾中往往会旗帜鲜明地站在元老院一边。但是到了共和国后期，一方面是由于执政官身世背景的变化（平民可以出任执政官了），另一方面则是鉴于平民政治势力的日益强大，一些执政官开始改变传统的立场，越来越偏向于平民一边，实际上是想利用平民的支持来压制元老院，从而实现个人的政治目的。随着执政官立场的转变，罗马共和国的政治危机也就开始降临了。

执政官必须应对的另一个政治对手就是保民官，保民官是维护平民利益的官员，也是平民大会的召集人和主持人，就如同执政官是元老院和百人团大会的召集人和主持人一样。执政官拥有的是积极的执行权，保民官拥有的却是消极的否决权，二者正好是针锋相对的。从这种意义上来说，执政官和保民官恰好构成了两个不同利益集团在政治上的代言人。在罗马共和国的历史上，执政官长期站在贵族阶层和元老院的立场上与代表平民利益的保民官相对峙，二者之间的权力消长很好地表现了贵族与平民利益的相互制衡。到了共和国后期，执政官却开始与保民官结盟，将手中掌握的军队与保民官所控制的平民势力联合起来，共同对付元老院（从马略到恺撒都是如此），共和国的末日也就遥遥在望了。

三、执政官身世的变化

从公元前 509 年开始，一直到公元前 367 年，罗马共和国的执政官全部都是贵族出身。这首先是因为罗马共和国本身就是在贵族的领导下创建的，最初的罗马公民就是指贵族和骑士（富商）这两个优越的等级或阶层。而且从当时的实际情况来看，贵族不仅家境优裕，而且世代公卿，家族门第长期掌握着国家权力。贵族子弟从小耳濡目染，跟随父辈在各种政治场合学习政治技能，立下了驰骋疆场、建功立业的雄心壮志，所以成年之后很容易子承父业，跻身政坛，大展宏图。

一般而言，贵族子弟想要在政治上获得成功，需要满足几个条件：其一是高贵的身世和祖辈的荫护；其二是高尚的德行和卓越的功勋；其三是人民的拥戴和政治的机缘。在这三者之中，其一是背景根基，其二是必要条件，其三是时势命运。在共和国早中期的浓郁的权贵政治氛围中，缺乏了背景根基，其他条件很难满足，这样就注定形成了当时的执政官都是出身名门的惯例。

但是到了公元前 367 年，在广大平民要求政治权力的呼声之下，两位平民保民官在公民大会上通过了一条法律，这就是著名的《李锡尼 – 赛克斯法》。该法律中有一项条款明确规定，在每年产生的两位执政官中，有一个职位可以向平民开放，也就是说平民出身的人也可以成为执政官。果然在《李锡尼－赛克斯法》颁布的第二年，即公元前 366 年，罗马就出现了第一位平民出身的执政官，他就是制定这条法律的两位保民官之一的赛克斯。

然而，虽然有了法律上的规定，现实社会中的情形却是另一回事——自从赛克斯破天荒地打破了贵族垄断执政官的格局之后，在相当长的一段时间里，罗马执政官仍然是由贵族出身者包揽。法律只是放宽了对平民出任执政官的限制，并没有规定两名执政官里必须有平民出身者。赛克斯本人之所以能够在《李锡尼－赛克斯法》颁布的第二年成为执政官，那是因为他本身既担任过保民官，又出生于平民中的豪门，他开辟了一条从保民官到执政官的通道。但是赛克斯之后，很少有平民再担任执政官，尽管这在法理上是被允许的。事实上，由于绝大多数罗马平民根本就不具备政治背景和政治资源，也缺乏从事政治活动的专业能力——注重法制的罗马共和政治是需要高度的专业素质的，不同于雅典民主制那样人人都可以参与——所以很难得到人民的拥戴和推举，更不可能得到元老院的认可。因此《李锡尼－赛克斯法》关于平民可以出任执政官的法律规定由于缺乏可操作的具体措施，在相当长的时间里不过是一纸空文罢了。

到了公元前 342 年，罗马法律又进一步规定两个执政官都可以由平民出任，但是一直到公元前 172 年，才第一次出现了两位平民同时出任执政官的情况，这时已经接近共和国后期了。此后，越来越多的平民豪门开始跻身朝政，一些新贵家族开始染指执政官的职位，但是这些平民新贵一旦成为执政官和加入元老院，他们的政治立场很快就背离了平民，转变到贵族一边了。

四、法务官（副执政官）的设置和职权

随着《李锡尼－赛克斯法》在法律上打破了贵族阶层对执政官的垄断，贵族们也相应地向公民大会施压、令其通过了设置法务官（副执政官）的法案，并且明确规定法务官必须由贵族来担任，法务官分担了执政官的一些重要职责。因为到了公元前4世纪中叶的时候，罗马在对外扩张中已经取得了一定的成就，版图已经大范围地拓展了。所以两位执政官需要治理的地域范围也日益扩大，面对越来越多的事务已经不可能事必躬亲，而法务官就是专门为执政官设立的助手。法务官最初为两名，拥有六个"法西斯"，后来随着罗马版图的不断扩大，逐渐发展为十六人。这些法务官主管司法和行省事务，并在执政官缺席的时候代行权力，他们的命令也成为罗马私法的重要来源。由于罗马地处意大利中部，经常受到周边部落结成的同盟的围攻，所以罗马军队需要在多条战线上同时作战。当两位执政官分身乏术的时候，法务官也会替代执政官行使军事指挥权。

执政官是罗马最高的行政长官，大权在握，尤其是在共和国后期，更是执掌军权在罗马政坛上呼风唤雨。罗马历史上那些大名鼎鼎的人物，从马略、苏拉到克拉苏、庞培、恺撒，再到安东尼、屋大维等，都担任过罗马的执政官。

监察官

罗马共和国的另一个重要官职是监察官，监察官通常是从卸任的执政官里面选出来的，虽然从法理层面上来说，监察官的地位比执政官还要高，但是监察官实际上掌握的权力远远不能跟执政官相比。公元前 435 年，罗马共和国正式设立监察官，由罗马民众组成的百人团大会从卸任的执政官中选出两位监察官，任期 18 个月。监察官每隔四年左右要组织一个非常重要的活动——人口普查。古代罗马的人口普查具有重大的政治意义，因为罗马共和国早期最重要的社会组织是百人团，它根据财产资格把罗马公民分成六个等级。这些等级既构成了罗马人对外扩张时的基本军事单位，也构成了罗马人选举和税收的基本单元。而人口普查的最重要的目的就是调查公民的财产，包括钱财和土地，然后以此来划分等级。按照罗马法律的规定，公民在监察官进行人口调查时隐瞒财产是一种犯罪行为。当然在罗马共和国，也没有人会隐瞒自己的财产，每个人都希望自己的财产越多越好。因为财产越多，等级就越高，享有的政治权力也越大，当然需要承担的义务也更多。在罗马，财产调查就成为人口普查工作的最主要的任务，而监察官的重要职责就是负责推进这项工作。

监察官除了负责人口普查、财产登记和等级评估之外，还具有一种道德监督的职能。监察官往往都是卸任的执政官，德高望重，受人尊敬，他们也是国家最具威望的道德象征，所以公民才推选他们出来进行道德监督工作。监察官不仅可以对渎职的元老和卸任的执政官进行道德追责，还可以根据元老院的自然减员，推荐一些堪当重任、品德高尚的精英人士来补缺，成为新的元老。此外，监察官还负责公共财政与合同发包，主持赎罪节洁净仪式等宗教事务。

与执政官相比，监察官并没有执行权，他不能组织召开会议，也不能带领军队去打仗。作为国家的高级官员，他可以穿紫袍，也可以坐象牙椅，但是没有"法西斯"的仪仗。他不主管国家的内政外交事务，只是在人口普查、财产统计、等级划分和道德监督等方面发挥职能；他不掌握国家的公权力，只是国家道德的象征和维护者。

在罗马共和国中，监察官的道德评判与法庭的司法裁决形成了一种互补关系，尤其是对于罗马上流社会来说，道德评判的意义丝毫不逊色于法律规范。在一个追求崇高和荣誉的强权社会，监察官的道德监督的重要性来源于罗马精英阶层自我激励的内在要求，也是出于应对广大民众的道德压力的政治需要。由于贵族构成了共和国的中流砥柱，所以身为贵族不仅意味着出身高贵，财产丰厚，还应该具有崇高的德行。因此，在道德方面对元老等统治阶层进行规范和劝勉，不断提高贵族的道德水平，就成了监察官的重要职责。

独裁官

　　罗马执政官、法务官、监察官以及其他较低级别的官员都是国家常设的官吏，他们的职位和权能都是相对固定的，但是在共和国的早中期，每当国家面临外敌入侵威胁或者其他重大危机，元老院就会推举出一位大权独揽、不受任何机构和个人制约的国家最高首领，这就是独裁官。

　　由于罗马执政官采取同僚制，而两位执政官的意见总会有所分歧，所以每当国家陷入重大危机，元老院就必须推举出一位能够力挽狂澜的领袖人物，凌驾于两位执政官的相互掣肘和元老院与公民大会的政治对立之上，总揽共和国的一切权力，乾纲独断，拯救国家于危难之中。独裁官一般都是德高望重之士，政治经验丰富，担任过执政官、监察官等高官，具有相当出众的领导才能，而且愿意为国家鞠躬尽瘁，死而后已。独裁官是一个非常设的官职，紧急情况下由两位当政的执政官之一推荐，经过元老院批准授权，任期为 6 个月。无论独裁官是否能够完成元老院和罗马人民赋予他的重任，都必须在任期结束时卸任。独裁官在任职期间大权独掌，不受任何权力机构的制约，元老院、公民大会、执政官、监察官都不能否定他的决断。除了代表罗马人民的保民官以外，独裁官的权力凌驾于所有高官之上（保民官也不能否决独裁官的决议，只是独裁官不得侵犯保民官的权限）。一旦独裁官接管了国家权力，执政官就处于大权旁落状态，一切唯独裁官马首是瞻。独裁官作为罗马军队的最高统帅，即"陆军统帅"（Magister Populi），他通常会任命一名与自己共同进退的副手即"骑兵长官"（Magister Equitum），协助自己来分担战场指挥和民政管理等方面的事务。

在罗马共和国的早期，由于罗马国势弱小，周边大敌林立，所以每当国家处于危急状态时，元老院就会临时将所有权力交给独裁官执掌。这些独裁官虽然在任期内独掌大权，但是都能够洁身自好，严守规则，决不贪权恋栈。这种高风亮节的执政传统，在共和国初期就已经立有典范：

　　公元前458年罗马遭到埃奎人的围攻，国家处于危急之中，一位德高望重的人物被元老院推举为独裁官，他就是辛辛那图斯（Cincinnatus）。辛辛那图斯曾经担任过执政官的职务，已经卸任回家务农。当罗马面临外敌入侵的危机时，元老院一致认为，能担当拯救国家重任的人非辛辛那图斯莫属，于是派人扛着"法西斯"仪仗去聘请他就任独裁官。当辛辛那图斯从农田里耕地归来时，使者向他宣读了元老院的任命，他二话不说，冲洗干净身上的泥污，穿上妻子递过来的长袍，就与使者一起离开家乡奔赴战场。结果辛辛那图斯只用了16天的时间就打败了强敌，然后立即把"法西斯"归还给元老院，再次解甲归田。在今天美国的俄亥俄州，有一个城市名叫辛辛那提（Cincinnati），它就是因辛辛那图斯而得名的，是美国人民为了纪念华盛顿不恋栈总统权力的事迹而建。在辛辛那提的市区，至今还有一座辛辛那图斯的雕像，他一手扶着铁犁，一手拿着"法西斯"。

辛辛那图斯出任罗马独裁官

罗马共和国的政治制度设计中有一个基本原则，即职位越高、权力越大的官员，任职时间就应该越短。两位执政官作为罗马常设的最高行政长官，任期均为一年。监察官威望虽高，但权力不大，所以可以出任 18 个月。而非常时期产生的独裁官不仅权力比执政官更大，而且是一人专权，相当于王政时期的国王，所以任职时间必须限制在6个月之内。在罗马，只有一个职位是终身制的，那就是主管宗教事务的大祭司长，但是他却没有什么政治权力。罗马共和国的这个制度设计是非常高明的，因为一个人如果掌握的权力太大，而且任期过长，就很容易演变为专制君主。由于罗马共和国是在推翻君主专制之后建立的，所以罗马人民对于一人专权的情况特别警惕和憎恶，在制度设计上必须要限制高级官员的任职时间。

和"法西斯"一样，"独裁官"这个名称最初在罗马并没有贬义，只是指称一种执掌国家最高权力的临时官职而已。在共和国早期，尤其是公元前410年以后的50年间，由于罗马不断面临外敌的威胁，当时替代执政官掌权的6位军事指挥官又时常处于意见分歧之中，因此每到关键时刻，元老院就会推选出一位有能力、有担当的领袖人物来担任独裁官，让他合法地统揽权力，领导罗马人民来捍卫弱小的共和国。例如，著名的罗马英雄卡米卢斯就曾出任过5次独裁官，多次拯救祖国于危难之中。后来随着罗马国势日益强盛，版图逐渐扩大，罗马人从保家卫国走向了开疆拓土，也就不再需要独裁官这样的人物来应对危机了。特别是在第二次布匿战争结束以后，罗马已经占领了大片的海外领土，国内安然无恙，威名声震四海，就更是用不着靠一位魅力型领袖来挽狂澜于既倒了。至此，独裁官制度基本上废弃不用了，在长达100多年的时间里，罗马政坛上再也没有出现过独裁官。

但是到了公元前1世纪，罗马发生了内战，一个名叫苏拉的军事领袖代表贵族势力镇压了平民派。在挥师进入罗马、剿灭了与之对抗的马略党之后，大权在握的苏拉迫使元老院授予自己"无限期独裁官"的职位，以便集中权力来恢复贵族统治的古典共和体制。虽然苏拉在完成了他的共和重建计划之后急流勇退，告别了政坛，但是他所开创的"无限期独裁官"的先例却留下了无穷的隐患。

几十年后，同样通过军队干政而独揽大权的恺撒如法炮制，从积弱不振的元老院手中攫取了"无限期独裁官"的职位。恺撒不仅效法苏拉成为"无限期独裁官"，而且要做苏拉所未曾做亦未敢做之事，胁迫元老院和平民大会授予他"终身执政官"之职，实际上是要把罗马共和国变成恺撒帝国。恺撒的独裁统治激起了一批罗马贵族的极大愤慨，公元前44年，以马可·布鲁图斯为首的14名元老密谋刺杀了恺撒。

恺撒遇刺之后，在当年的执政官安东尼的倡议下，罗马元老院永久性地废除了独裁官的职位。从此以后，罗马政坛上再也没有出现过独裁官，独裁官也就成为一个不光彩的称呼，被赋予了贬义。公元前30年屋大维在打败安东尼、完成罗马统一之后，虽然巧作安排把罗马几乎所有重要权力全都集于一身，但是他决不再像苏拉、恺撒那样使用"独裁官"的头衔，而是接受了元老院授予的一个全新称号"奥古斯都"。而从"独裁官"到"奥古斯都"的名称更迭也就意味着，冠冕堂皇的罗马皇帝从此取代了居心叵测的政治野心家。

"法西斯"内涵的演变

"法西斯"是罗马最高权力的象征，只有罗马的执政官、法务官、独裁官、骑兵长官等高官才有资格拥有，并且他们根据掌握权力的大小，分别拥有不同数量的"法西斯"，数量越多说明权力越大。例如两个执政官各拥有 12 个"法西斯"，法务官作为副执政官拥有 6 个"法西斯"，而独裁官则由于把两位执政官的权力集于一身，所以也把他们的"法西斯"全部据为己有，因此独裁官一个人拥有 24 个"法西斯"；他的副手"骑手长官"则拥有 6 个"法西斯"，和法务官一样。

"法西斯"仪仗本身具有"合众为一"、团结就是力量的含义。正因为如此，1776 年在北美十三州联合的基础上建立的美利坚合众国，也把"法西斯"作为国家的标志之一，当时的"法西斯"一词并不具有贬义，而是"合众为一"的意思。因此，在美国参议院徽章的底部就印有两个相互交叉的"法西斯"，在缠绕着十三颗星星和红白相间的十三根竖条（均代表北美十三州）的一条飘带上，写着一句拉丁文"E PLURIBUS UNUM"，即"合众为一"的意思，表示美国参议院把各州的权力和力量集合在一起。

可见，"法西斯"原本是一个中性词，既代表罗马的最高权力，也具有团结一心、"合众为一"的意思。但是到了 20 世纪

美国参议院徽章中的"法西斯"标志

初，这个概念的内涵开始发生变化，流于贬义。20 世纪初意大利
出现了一个政治野心家墨索里尼，他在 1921 年建立了一个政党，
取名为"国家法西斯党"（National Fascist Party），其寓意取自
古罗马大权集中的"法西斯"概念。墨索里尼其人野心勃勃，狂
妄至极，他不仅把自己建立的政党取名为"国家法西斯党"，而
且选用了古罗马的"法西斯"仪仗作为政党的标志。通过权力运
作，墨索里尼在 1922 年攫取了政权，他的"国家法西斯党"也
就成为意大利的执政党。在长达二十多年的时间里，墨索里尼一
直控制着意大利的政权，并且利用"国家法西斯党"对内实行
独裁统治，镇压人民；对外推行军国主义的侵略政策，与希特勒
统治的法西斯德国相互勾结，成为发动第二次世界大战的元凶之
一。一直到 1943 年"国家法西斯党"的暴戾统治才被意大利人

民推翻，墨索里尼本人也在 1945 年被意大利游击队枪决并暴尸米兰广场。因此，"法西斯"就逐渐演变成一个贬义词了。

意大利"国家法西斯党"的标志

第 IV 节

罗马人民领袖和其他官职

执政官、监察官以及非常设的独裁官等都是共和国的政府高官，在罗马，还有另外一个角色与他们相对峙，这就是平民保民官。保民官严格说来并不是罗马的政府官员，他不享有罗马高官的特权和"法西斯"仪仗（法西斯标志），他只是人民的代理人，或者说是人民的领袖。他代表着人民尤其是平民的利益，在角色定位上始终与代表权贵的政府官员相抗衡。

保民官

罗马贵族的政治代言人就是执政官，因为早先的执政官全部都是贵族出身，他们立场坚定地维护贵族的利益。但是平民同样也需要拥有代表自身利益的政治代言人，于是在公元前 494 年的第一次平民脱离运动之后，罗马共和国就设立了一个专门保护平民权利的官职——保民官。保民官由平民大会（特里布斯大会）

选举产生，最初的保民官和执政官一样也是每年选出两位，后来逐渐发展为十位。保民官并不是真正意义上的国家官员，他不拥有公权力，没有积极的执行权，只拥有消极意义的干预权，即否决权。保民官的一个重要职权就是可以否决元老院和执政官制定的法规和发布的政令，只要他认为这些法规和政令侵害了平民的利益，就可以运用一票否决权，使其归于无效。

保民官的另外一个重要职权就是受理民众的上诉。在罗马共和国刚刚建立的时候，瓦列里乌斯就制定了一条保护人民权利的法令——"任何公民如果被判处死刑或者鞭挞罪，都有权向公民大会上诉"。罗马有一句代表公民权利的著名口号——"我向人民上诉！"。"人民"通常是指代表民众权利的公民大会，最初是库里亚大会和百人团大会，后来也包括特里布斯大会，即平民大会。而平民大会又选出了平民在政治上的代言人——保民官，所以保民官的一项重要职能就是受理弱势民众的上诉，为受到重刑判决（以及重大财产罚金）的平民提供司法援助。

保民官所拥有的上述权力是一种立法方面和司法方面的干预权，它是专门针对元老院和执政官所拥有的执行权而设立的。元老院和执政官可以制定法规和发布政令，而保民官却可以质疑和否决元老院和执政官的法规政令；元老院和执政官所拥有的权力是积极的，保民官所拥有的权力却是消极的，但是这种消极的权力可以保障平民的基本利益。就此而言，保民官就是维护平民权利的人民代表或者民众领袖，他们总是和平民站在一起。

此外，保民官还负责召集和主持平民大会，提出法案交由平民大会表决，以及在重案审判中充当控诉人。保民官甚至还可以对在任执政官提出指控，虽然这种指控通常都是没有结果的。

罗马法律规定保民官必须是平民出身，就像执政官最初都是贵族出身一样。尽管公元前 367 年的《李锡尼 – 赛克斯法》已经放开了平民出任执政官的限制，但是保民官的职位却从来没有向贵族开放过，保民官永远必须是平民出身，平民大会决不会选举贵族为保民官。即使是像恺撒那样深受民众爱戴的人，也因其贵族身份而不能出任保民官。正因为如此，共和国晚期一些出身贵族的野心家，鉴于平民的势力越来越大，想要利用平民的支持来实现政治目的，不惜公开放弃自己的贵族身份，找一个平民成为其养子，这样就可以名正言顺地竞选保民官了。后来屋大维一统河山，将罗马的大权集于一身，但是由于他的贵族身份，同样也不能出任保民官。不过平民大会却授予屋大维保民官的特权（不在其位却用其权），允许其享有对元老院法案的否决权和人身安全神圣不可侵犯的权利。

由于保民官总是旗帜鲜明地站在平民的立场上，所以他们很容易招来贵族的嫉恨和迫害，因此从设立之初保民官就获得了一种特权，即在任期间其人身安全神圣不可侵犯。由于公元前 5 世纪中叶曾经出现过保民官遭人暗杀的事件，所以平民们在公元前

449 年的第二次脱离运动中，重申了保民官的这项特权，并且得到了贵族们的认可和遵守。只有保民官的人身安全受到了法律的保护，他们才敢仗义执言，全心全意地为平民服务。由于共和国早中期的贵族们恪守法律、讲究信义，所以在第二次脱离运动之后的三百多年时间里，虽然保民官与执政官及元老院之间的冲突从未平息，但是再也没有发生过保民官在在任期间人身受到伤害的事情。一直到公元前 133 年，保民官提必略·格拉古在在任期间竟然被贵族唆使的打手公然杀害，这个性质恶劣的事件埋下了罗马内战的伏笔。

既然保民官的人身安全受到了法律的保护，那么他们就必须尽心尽力地为平民服务。按照罗马法律的规定，保民官在在职期间不得私自离开罗马，他的家门必须昼夜向人民敞开，以保证民众在任何时候、有任何困难都可以向他寻求帮助。保民官对于平民的诉求必须无条件地受理，他始终都应该是人民的忠诚公仆。

保民官与执政官的角色定位和关系变化

保民官作为罗马平民大会的召集人和主持人，其职责相当于今天美国众议院的议长，就如同召集和主持元老院和百人团大会的执政官相当于美国参议院的议长一样。罗马共和国本来就是由利益分殊的贵族与平民这两个阶层共同组成，执政官领导的是由罗马贵族占优势的元老院和百人团大会，而保民官领导的则是由罗马普罗大众参与的平民大会。执政官拥有积极的执行权，保民官拥有消极的干预权；执政官可以主动地行使国家的公权力，保民官却要被动地保护人民的基本权利。保民官与执政官的不同角色定位很好地体现了罗马政治制度设计的高明和巧妙。罗马人从一开始就清楚地意识到，罗马共和国以权贵政治为其特色，以贵族为主体而组成的元老院在共和国中起到了举足轻重的"压舱石"作用，国家的公权力一定要掌握在贵族阶层手里，但是人民享有的基本权利必须得到保障。权力（power）属于元老院，权利（right）则保留在平民大会中；权威属于执政官，但民意却掌握在保民官手中。执政官与保民官各司其职，各尽其责，执政官的职责就是维护国家的稳定发展和统治阶层的既得利益，而保民官却构成了罗马共和国"永久存在的革命"的领袖。

作为罗马两大阶层的利益代理人，执政官与保民官之间的相同点和不同点体现如下：

首先，执政官和保民官都是采用年度制和同僚制，两者的任期都是一年，每年都要重新选举。执政官永远是两位，而保民官最初是两位，后来发展到十位。由于保民官没有执行权，所以不存在彼此掣肘的问题，但是保民官相互之间也可以行使否决权。

其次，执政官和保民官均有两名助手：执政官有两位缉捕使作为助手，缉捕使相当于公安局局长，专门负责维护治安，缉拿罪犯；保民官有两位市政官作为助手，市政官主要负责供水、修桥、补路等一系列市政工程。执政官的主要职责是维护国家的政治秩序，保民官的主要职责则是保障平民的日常生活。

再次，执政官大多出身于贵族，保民官则必须出身于平民。在二者的出身限制方面，罗马法律曾经做过一些调整（如《李锡尼－赛克斯法》等），但是这种基本态势却很难改变。由于平民大会严格禁止贵族担任保民官，所以贵族派的苏拉掌权后，又反过来堵死了平民保民官进阶政府高官的道路。"苏拉体制"瓦解后，平民保民官权力想跻身贵族阶层，而贵族出身的执政官却开始倒向平民一边，这种角色定位的变换恰恰意味着罗马共和国的危机日益加深。

最后，执政官和保民官都有行使审判的权力，执政官是代表国家行使审判权，保民官则是代表平民会议对提出上诉的平民行使审判权，可以改判或者解除原本的判决。从二者之间的法权关系来看，执政官可以受到保民官的禁制和裁判，保民官却不受执政官的支配，可见保民官的司法权高于执政官。从法理上来说，虽然执政官掌握着共和国的行政权力，但是共和国的人民却可以监督政府高官，所以保民官作为人民的代表，可以对执政官进行禁制和裁判；而执政官既不能对保民官运用司法权，也不能对保民官造成人身伤害，甚至连独裁官的权力也不能凌驾于保民官之上。

从理论上来讲，罗马共和国的主体是全体人民，而保民官是
人民的代理人或领袖，所以他应该享有至高无上的权威。但是事
实上的情况却不同，在罗马的政治博弈中，保民官其实只是罗马
平民的代理人，而不是罗马人民的代理人。相对而言，执政官虽
然往往站在贵族的立场上，但是他却是罗马人民的长官，因为执
政官是由全体罗马公民组成的百人团大会选举出来的，而保民官
只是平民大会（特里布斯大会）选举产生的，所以二者在合法性
方面的权威是有所差别的。这也是执政官拥有积极的执行权，而
保民官只具有消极的否决权的根本原因。

由于保民官只是平民领袖而非政府官员，所以他也不能享受
政府官员的特殊待遇：保民官没有"法西斯"仪仗，不能坐象牙
椅，不能穿镶有紫边的托加袍。执政官通常都具有元老的身份，
他要召集和主持元老院会议，但是保民官早先是不允许进入元老
院的，他只能在元老院外面行使干预权。后来由于禁令的放宽，
保民官被允许进入元老院参与讨论，但是他在元老院里没有固定
的坐席，更没有主席台的位置（位置都是留给主持会议的执政官
和资深元老的），只能坐在门口的小木凳上旁听。一直到共和国
晚期，保民官才可以和贵族元老们平起平坐。

尽管如此，保民官的否决权却是令元老院和执政官非常头疼
的。保民官以人民的名义对元老院和执政官的法令进行干预，他

的身后站立着广大的罗马平民阶层，他代表了平民的意志，所以元老院和执政官不得不对其敬畏三分。但是保民官虽然可以运用人民赋予他的干预权来反对元老院的议案和执政官的政令，他却不能以此来反对百人团大会通过的法律，因为百人团大会是代表全体罗马公民的权力机构，它通过的法律具有至高无上的权威性，保民官也不能超越和践踏法律，他必须在法律的框架之内行事。从这个意义上来说，保民官的干预权也不是无限制的。

保民官虽然必须为平民出身，但绝非普通民众可以胜任，他们一般都是出身平民豪门。他们与罗马执政官一样，家境优裕，受过良好的教养，具有丰富的政治经验。只不过他们关心民间疾苦，勇于为民请命，自觉地站在平民一边，通过推进各种改革措施来协调平民与贵族的关系。在罗马共和国，以执政官为代表的贵族集团与以保民官为代表的平民阶层形成了泾渭分明的两大阵营，二者之间的权力博弈构成了共和国历史的主要内容。著名罗马史专家蒙森非常精辟地描述了二者之间的对立：

> "两方各在其领袖之下，屹然对峙，宛如列阵备战。一方力图限制执政官的职权而扩大保民官的职权，另一方必欲消灭保民官职位。平民的武器是使法律不惩抗命之罪；拒绝为保卫国家而入伍；长官如有侵犯平民权利的或仅使平民不悦的，处以罚款或绳之以刑法。贵族对付平民的方法是暴行，并与国家公敌私相勾结，有时也利用刺客的匕首。"

保民官与执政官、平民派与贵族派之间的对立并非始终都处于剑拔弩张的紧张状态，有时候双方也能握手言和，同舟共济。例如在迅猛对外扩张的罗马共和国中期（从《霍腾西阿法》颁布到布匿战争结束），贵族就与平民携手共进，利益均沾；保民官也与执政官并肩战斗，关系融洽。一些出身平民豪门的保民官跻身元老的行列，加入新贵的阵营。这一时期是罗马共和国内部矛盾缓解、两大阵营一致对外的黄金发展阶段。

但是到了公元前 2 世纪下半叶，罗马的对外扩张告一段落，在诸多因素的交互影响下，共和国内部的阶级矛盾又开始激化，并且迅速演变为不可调和之势。贵族们在外省财富的腐蚀下日益堕落，平民大会也逐渐被失去土地的城市无产者所控制。在这种情况下，保民官就利用穷人对富人、平民对贵族以及意大利非公民对罗马公民的怨恨，一方面公然与元老院相对抗，另一方面则与那些拥兵自重的执政官相勾结。与此相应，从前立场坚定地站在元老院一边的执政官也开始利用平民革命和罗马内战的混乱局面，与操纵城市平民的保民官暗通款曲，形成了执政官、保民官和军队的新三角同盟，共同对付元老院和传统贵族集团。从马略、秦纳到恺撒、屋大维，他们基本上都是沿着这样一条路线前进的，最终，获得了保民官和城市平民支持的执政官借助军队取代了元老院的统治，把共和国转变为帝国。

市政官和其他低级官职

罗马共和国还有一个比较重要的官职——市政官（Aedile），市政官是保民官的助手，与保民官同时创设，也是由平民大会选举产生。市政官主要负责罗马城市内的神庙维护、市场管理、粮食供应、街道和道路养护，以及公共卫生、供水、葬礼和宗教节庆等公共事务，以及处理一般的刑事案件和行政案件，其名称即源于拉丁语中的"神庙"（aedes）一词。市政官最初被设置为两名，和保民官一样必须是平民出身。后来贵族也要求设置两名贵族出身的市政官，因此市政官就变成了四位。贵族出身的市政官叫"牙座市政官"，即可以坐象牙椅，表示他是政府的官员；而平民出身的市政官是不能坐象牙椅的，所以与保民官一样只是人民的代表。虽然后来牙座市政官也可以由平民来担任，但是他与平民市政官之间仍然保持着一种身份地位上的差别。

此外，罗马共和国还设有一些权力地位较低的官职，例如财务官负责在执政官率领军队打仗时管理国库；主审法官负责审理司法案件；刑事三吏相当于警察局和武警部队，专门负责侦破刑事案件和缉拿罪犯；土地三吏负责分配和处理新开拓的殖民地；军团长官负责军队事务，等等。

罗马共和国的官职可以划分为高级官员和一般官员两类，市政官以上的官员都属于高级官员，而诸如主审法官、刑事三吏等则属于一般官员。罗马还为这些官职设立了一种"年功序列"（或荣誉阶梯），用来保证国家的主要官员必须具有逐级升迁的行政阅历和军事经验。元老院分别在公元前 180 年和公元前 81 年制定和完善了《任职年限法》，明确规定了罗马公民担任各级官员时必须满足的年龄条件。这一法案旨在防止政治野心家凭借投机或者贿赂青云直上，篡夺国家权力，保证只有那些循序渐进、久经考验的官员才能登上权力的顶峰。

综观罗马共和国的各种官职，其产生的根据大体上可以分为三种：公民大会（百人团大会）、元老院和平民大会（特里布斯大会）。具有执行权的政府官员大多是由百人团大会选举产生的，在紧急状态下产生的独裁官是由元老院直接任命的，而具有干预权的人民领袖则是由平民大会选举产生的。

表 5-3　罗马政府官员和人民领袖产生的机构

机构	官职
公民大会（百人团大会）	执政官及法务官
	监察官
	牙座市政官
	财务官
元老院	独裁官及骑兵长官
平民大会（特里布斯大会）	保民官
	市政官

从上表中可以看到，执政官、法务官、监察官、牙座市政官、财务官等政府官员都是由百人团大会选举出来的，其中执政官须经元老院批准后才能正式任职。百人团大会是由罗马贵族和平民共同组成的最重要的权力机构，即代表全体罗马人民的公民大会。独裁官是由执政官推荐、元老院直接任命的，骑兵长官（独裁官副将）由独裁官本人指定；而保民官和市政官则由平民大会推选。由此可以看出公民大会产生的政府官员与平民大会产生的人民领袖之间的背景差异和权力区别。

罗马共和国的兵役制度

罗马共和国实行公民兵役制度，兵民一体，罗马百人团就是兵役、税收和选举权三位一体的社会基本单位，它既是一个政治机构，也是一个军事团体，罗马共和国早期的军队就是在百人团的基础上组建起来的。罗马人在兵役来源上与同时期的希腊人和迦太基人大不相同，希腊人（包括马其顿人）和迦太基人在战场上大量使用雇佣兵，罗马的军队则是由罗马公民按照百人团编制而组成的子弟兵（后来又加上罗马同盟国所提供的兵源），罗马共和国从来不聘用雇佣兵。雇佣兵是为了钱财而打仗，子弟兵则是为了保家卫国而战斗。

由于罗马是根据个人财产来划分百人团的等级，所以富裕的罗马贵族和第一等级的百人团往往提供骑兵和全副武装的重甲兵，在战斗中他们骑着战马或者组成精锐部队冲锋在前，身先士卒。第二、第三、第四等级的百人团提供轻甲兵，装备和战斗力稍逊于骑兵和重甲兵，但是仍然士气饱满，勇往直前。第五等级和无产者装备简陋，往往充当辅助部队和工兵、鼓手等，其战斗力自然不能与前几个等级相比。

按照罗马的军队建制，一个军团通常是由 4 000 名步兵和 300 名骑兵构成，军团下辖若干个百人团，每个百人团由经验丰富的百夫长统帅，军团则设有军团长官，早先都是由罗马贵族担任。罗马军团在作战时使用的战术也不同于希腊人的方阵战术，而是采用以百人团为单位的步队形式排阵，具有更大的灵活性。

罗马军团最重要的标志就是军旗。罗马共和国并不像今天的国家一样有国旗和国徽，只有 "S.P.Q.R." 的统一标志；但是罗马的军队却有军旗，军旗就是军团的荣誉和象征，也是军

罗马军团的鹰旗

团的生命和灵魂，一旦在战斗中失去了军旗，这个军团的编制就要取消。在共和国的早中期，每个军团的军旗上面都绘有不同的图腾，如狼头、狐狸头、野猪等。后来马略在进行军事改革时，将罗马军团的军旗统一改为鹰旗。罗马军旗的雄鹰下面，写有"S""P""Q""R"四个字母，自此鹰旗就成为罗马军队和罗马共和国的共同标志——凡有鹰旗飘扬的地方，就是罗马共和国的疆域！

　　自此之后，雄鹰就成为西方传统大国和强国的经典标志，如中世纪拜占庭帝国和哈布斯堡王朝的神圣罗马帝国的双头鹰徽，近代德意志帝国的鹰旗和纳粹德国党卫军的鹰徽，以及今天俄罗斯的双头鹰国徽、美国的鹰徽等。

俄罗斯的双头鹰国徽

美国总统的鹰徽

在马略进行军事改革之前，罗马共和国一直没有职业军队，平时大家务农或各从其业，战时就由元老院委派执政官按照百人团编制（后来又与行政区域相结合）征集军队，由执政官出任军事统帅负责战场上的军事指挥、人员调度、军费筹集等一切事务。一个执政官有权征召两个罗马军团，再配备拉丁同盟或意大利同盟国提供的两个军团，一共四个军团近两万人。如果敌军太强大，就由两个执政官共同召集和统帅四个罗马军团和四个同盟军团出征。在古代，国家规模一般较小，人口有限，这样一支数万人的军队已经足以威慑对手了。再加上罗马子弟兵勇猛顽强、忠诚守纪，从小深受英雄主义精神的熏陶濡染，而且经过严格的战争训练，所以罗马军队所向披靡、战无不胜，很快就征服了周边所有民族。

在共和国时期，罗马军人强盛的战斗力主要源于两种动力，一是追功逐利，二是报效国家。早期罗马军队的军饷非常微薄，但是赏罚分明，士兵们可以通过战场上的英勇表现而获得大量的战利品。至于对国家的忠诚意识，一向就是罗马共和国的立国之本，由罗马贵族们身体力行地做出表率，鼓舞着罗马军人不断地建功立业、创造辉煌。正是在这两种动力的驱使下，罗马人在对外扩张的过程中充分表现出勇猛、顽强、凶残、视死如归的性格特征。这种崇尚武力、渴望光荣的民族性格，追功逐利的贪婪本性，以及不达目的决不罢休的顽强意志，使得罗马军团用血与剑征服了广袤的疆土，将整个地中海世界都尽收囊中。

第 VI 章

罗马人的早期扩张

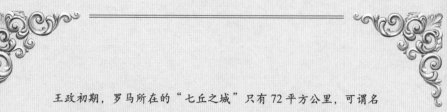

王政初期，罗马所在的"七丘之城"只有72平方公里，可谓名副其实的弹丸之地。到了公元前509年罗马共和国建立的时候，其拥有的疆土面积也不过约900平方公里。罗马就是从这么一个弹丸之地起步，经过几百年的持续扩张，到了共和国末期（公元前1世纪下半叶），其疆域已经扩展到欧亚非三大洲。再往后到了公元2世纪初图拉真当皇帝的时候，罗马版图达到了最大化，成为一个版图范围达590万平方公里的超级大国，与亚欧大陆东端的东汉帝国可谓伯仲之间。自从公元前2世纪中叶布匿战争和马其顿战争结束之后，偌大的地中海已经成为罗马共和国的内湖，罗马人狂妄地将其称为"我们的海"。地中海周边今天分属欧亚非三大洲的40多个国家，都是从当年的罗马版图中分裂出来的，可见其时的罗马帝国是何等强盛！

在数百年的时间里，罗马共和国从一个蕞尔小国最终发展成为幅员辽阔、人口众多的超级大国，其扩张的历程大致可以分为两个阶段：

第一阶段，从罗马共和国创建之初到公元前3世纪上半叶，在二百多年的时间里，罗马从台伯河畔的一个弹丸之地，逐步实现了对整个意大利半岛的统一。

第二阶段，在完成了统一意大利之后，罗马人开始走向广阔的东、西地中海，最终成功地将整个地中海周边地区都纳入罗马国家的版图之内，建立了一个地跨欧亚非三大洲的超级帝国。

这一切扩张，最初都是从台伯河畔的"七丘之城"滥觞而来，罗马的扩张起初就表现为意大利中部的崛起。

第 I 节

罗马共和国早期的族群冲突

常言道，"罗马不是一天建成的"。刚刚创立的罗马共和国只是一个小国寡民的城邦，周边强敌环伺，危机四伏。在最初发展的两百年间，罗马人相继打败了北方的劲敌伊特鲁里亚人和野蛮的高卢人，征服了南方的坎帕尼亚地区并慑服了剽悍的萨莫奈人，成为拉丁同盟和罗马同盟的盟主。

罗马共和国的地理位置

从文化上来划分，罗马人属于拉丁族裔，而拉丁人又属于意大利族群。在意大利半岛，除了意大利人之外，还有一些其他的族群，例如伊特鲁里亚人、高卢人、希腊人等。意大利人主要指生活在意大利半岛中部地区的一些部族，包括拉丁人、萨宾人、翁布里亚人以及偏南的萨莫奈人等。而罗马人只是意大利的拉丁族裔中的一个很小的分支，他们的周边生活着许多不同的族群。

按照传说，在罗马王政初期，罗马人就开始与周边的萨宾人、伊特鲁里亚人相融合，形成了具有三合一特点的早期罗马拉丁部族。实际上，这个传说本身很可能意味着最初的罗马人不断地被周边的萨宾人、伊特鲁里亚人等族群征服，最后整合成了所谓的"罗马人"。即使到了公元前 509 年共和国建立的时候，蕞尔小国的罗马仍然处于各个不同族群的包围之中，在持续不断的族群冲突中保生存、求发展。

罗马位于台伯河畔，与河对岸的维爱等伊特鲁里亚人的城市相对峙。与罗马人同处意大利中部地区的还有拉丁其他部族，以及构成罗马人劲敌的伏尔西人（Volscinans）、萨莫奈人等。意大利北方有两条河，偏南的是卢比孔河，偏北的是波河。在卢比孔河与波河之间，以及波河流域以北的广大蛮荒地区，生活着一些完全不同于意大利人的族群，他们是利古里亚人和高卢人，后者是一个非常凶悍野蛮的民族，曾经对罗马产生过致命的威胁。而在意大利半岛的南部地区和西西里岛上，生活着阿普利亚人（Apulians）、梅萨皮亚人（Messapians）、卢卡尼亚人（Lucanians）、意大利奥特人（Italiotes，意大利土著），以及后来居上的希腊人。当时希腊人在意大利南部建立了大量的殖民城邦，例如库迈、那不勒斯（新城）、塔兰托、叙拉古等，这些城邦被统称为"大希腊"。再往南，在意大利和西西里岛对面的北非海岸上，屹立着西地中海的霸主迦太基。

蕞尔小国罗马的地理位置

罗马人与伊特鲁里亚人的冲突

罗马共和国刚刚创建的时候，其最主要的劲敌就是伊特鲁里亚人。当时的伊特鲁里亚人就生活在今天的托斯卡纳地区，是一个文明开化且实力强大的民族，他们最初可能是从小亚细亚迁徙而来，是希腊文明与罗马文明之间的重要中介。而且罗马王政时期的后三位国王都是伊特鲁里亚人，所以罗马人的文化血脉中有着不可忽略的伊特鲁里亚基因。在罗马王政后期，伊特鲁里亚人不仅攫取了罗马的王位，还在罗马城的北边形成了强大的伊特鲁里亚同盟，包括维爱等十二座城市。

罗马城位于意大利西部，面对着西地中海，在其崛起之前，西地中海有两支强大的势力形成了对峙格局。一支是迦太基人，另一支就是希腊人，他们在西西里岛和第勒尼安海展开了激烈的角逐。希腊人不仅掌握着东地中海的霸权，而且他们所建立的诸多殖民城邦也散布在西地中海的海岸线上，而迦太基人则极力维护西地中海的霸权，与不断渗透的希腊势力进行着持续的较量。当时的希腊人渗透到意大利南部海岸和西西里岛的东部地区，以及高卢沿海的马西利亚（今法国马赛）、西班牙的安普里亚斯（今巴塞罗那附近）等地；迦太基人则控制着北非海岸线、西班牙南部地区、巴利阿里群岛、撒丁岛和科西嘉岛，以及西西里岛的西北角。在两强针锋相对的情形下，伊特鲁里亚人作为一个同样面对西地中海的民族，在实力上虽比不过迦太基人和希腊人，但是仍不失为一支强劲的力量。他们在两强之间审时度势，借力打力，趁机扩展自己的势力范围。

自古以来，希腊人和迦太基人分别作为东、西地中海的霸主，都拥有强大的海上力量，双方一直处于明争暗斗的对立关系中。而实力稍逊的伊特鲁里亚人选择了与迦太基人联合，共同对抗西西里岛和意大利南部的希腊人。伊特鲁里亚人借助迦太基人的海上优势，沿着意大利西海岸向南渗透，曾一度征服了坎帕尼亚地区。希腊人早先在坎帕尼亚地区建立了一些殖民城邦，例如今天意大利第三大城市那不勒斯（一译拿波里），最初就是由希腊人所建，其名字"Napoli"的原义即是"新城邦"。凡是地名中带有"poli"的，早先大都是希腊人建立的城邦，如北非的的黎波里，土耳其的希拉波里等。除了那不勒斯之外，坎帕尼亚地区还有一个重要的希腊城邦库迈，同样也受到了伊特鲁里亚人南侵的威胁。

伊特鲁里亚人向坎帕尼亚地区的渗透，引起了西地中海一个强大希腊城邦的强烈不满，这就是西西里岛上的希腊重镇叙拉古。叙拉古原本是希腊本土第三大城邦科林斯在公元前8世纪建立的海外殖民地，公元前5世纪时，希腊城邦的发展达到了鼎盛状态，受母邦影响，叙拉古也走向了繁荣昌盛，商业发达，文化开放。在希腊人与迦太基人的霸权角逐中，叙拉古由于地处双方交锋的焦点区域，再加上自身的实力强盛，所以成为希腊人在西地中海的领军角色和排头兵，直接与迦太基人在西西里岛和西地中海地区展开了较量。公元前474年，叙拉古统治者希伦一世联合意大利南部的希腊城邦，打败了南下入侵库迈的伊特鲁里亚人及其盟友迦太基人。此后不久，伊特鲁里亚人在坎帕尼亚地区的统治也被意大利南边的萨莫奈人取代。

与此同时，来自北方的蛮族高卢人越过了卢比孔河，开始频繁骚扰伊特鲁里亚北部的同盟城市，致使伊特鲁里亚人的处境雪上加霜。当时的伊特鲁里亚人三面受敌，在西南方海上受到叙拉古等希腊城邦的制约，南方的殖民地又被剽悍的萨莫奈人征服，北方的同盟城市则受到高卢人的威胁。正是由于面对多方面的压力，伊特鲁里亚文明从此元气大伤，由盛转衰。

关于罗马人推翻伊特鲁里亚国王塔克里乌斯的统治、建立共和国的故事，有一种说法认为，罗马人正是在希腊城邦库迈的帮助下完成这项事业的。无论这种说法是否属实，在罗马人推翻王政、建立共和的最初阶段，伊特鲁里亚人的势力确实开始由盛转衰，这就给区区小邦罗马的独立和崛起提供了一个良好的机会。

虽然伊特鲁里亚人在罗马的统治被推翻了，但是分布在台伯河以北的伊特鲁里亚城市仍然形成了一个强大的同盟，其中的维爱成为罗马共和国初期的最主要的对手，双方曾发生过多次战争。由于伊特鲁里亚文明的总体趋势是日益衰落，而罗马却如同朝阳喷薄而出，勇猛顽强的罗马人通过不懈的努力，终于在公元前396年彻底征服了维爱。这是罗马人在历史上第一次征服了拉丁族裔之外的一个国家，具有重要的里程碑意义，它不仅意味着罗马人终于战胜了强大的伊特鲁里亚人，而且标志着罗马人真正迈出了对外扩张的步伐。当时率领罗马军队征服维爱的军事统帅就是被誉为第二位"祖国之父"的卡米卢斯。

在早期罗马历史上，只有两位人物获得过"祖国之父"这个光荣称号。第一位"祖国之父"就是建立罗马城的罗慕路斯，他可谓是名副其实的祖国之父。第二位就是卡米卢斯，他不仅征服了维爱，首创罗马人开疆拓土之功，还在后来抗击高卢人的过程中立下了汗马功劳，把罗马从高卢人的威胁中拯救出来。卡米卢斯曾经五次出任罗马独裁官，四次被元老院允准举行凯旋式，是一位德高望重的军事家和政治家，因此继罗马奠基者罗慕路斯之后被赋予了"祖国之父"的称号。

到了共和国后期，"祖国之父"的称号开始较为频繁地被赋予一些拥兵自重的将军或者元老院领袖，如多次连任执政官的马略、挫败喀提林阴谋的西塞罗、开创元首统治的屋大维等人，其荣誉内涵已经发生了微妙的变化。

罗马人在公元前 396 年征服了维爱以后，相继征服了另外一些伊特鲁里亚人的城市，如凯雷、塔昆尼、法勒里等。到了公元前 4 世纪末叶，罗马人已经把整个伊特鲁里亚地区全部纳入罗马共和国的统治之下。

罗马人与高卢人的冲突

　　罗马人在征服了伊特鲁里亚诸城之后，开始面对北方更加彪悍的高卢人。高卢人属于操凯尔特语的广大族群中的一支，凯尔特人是最早来到欧洲西部定居的民族，他们是今天法国、西班牙、英国等欧洲西部国家可以稽考的最早定居者。在凯尔特人迁徙过来之前，当地的原始族群已经无法考据。从这种意义上可以说，凯尔特人就是欧洲西部地区最早的土著。

　　在凯尔特人掀起迁徙浪潮的数百年之后，又有一些新来的游牧民族迁徙到欧洲西部地区定居，比如意大利人来到了意大利半岛定居。后来罗马人进行海外扩张，逐渐把凯尔特人居住的西班牙、高卢和不列颠南部（英格兰）征服，将其纳入罗马帝国的版图之内。再往后，到了公元 5 世纪，原来居住在中北欧的日耳曼蛮族开始大举入侵西罗马帝国，日耳曼人中的不同分支西哥特人、东哥特人（以及稍后的伦巴第人）、法兰克人分别占领了罗马帝国的西班牙、意大利和高卢地区，另外两支日耳曼部落——盎格鲁人和撒克逊人——越过英吉利海峡，征服了不列颠（至今人们仍然把英国人称为"盎格鲁－撒克逊民族"）。这些入侵的蛮族把西罗马帝国大卸八块，占地为王，建立了一个个蛮族王国。正是在这些蛮族王国的基础上，经过中世纪一千年的历史演化，才衍生出今天西欧的那些民族国家，如法国、意大利、英国、德国等。

　　在后来的迁徙者和入侵者的挤压下，原来已经在欧洲西部定居数百年甚至上千年的凯尔特人只能被迫移居到更西边的地方。直到今天，西欧国家的偏西地区仍然保留着一些凯尔特文化的痕迹，生活着古老凯尔特人的后裔。比如法国最西边的突出地带布列塔尼，西班牙北部的巴斯克地区，英国西部的威尔士和北部的苏格兰，以及爱尔兰等地区，至今仍然生活着凯尔特人的后裔，具有明显的凯尔特文化特色。在英国威尔士地区，公路上的路牌仍然用两种文字来标示，一种是英文，另一种则是凯尔特文。

高卢人也是凯尔特人的一个分支，早在公元前 5 世纪时，高卢人已经分布在今天法国的广大地区了，其最南端的一支来到了意大利北部。按照地理位置，古代高卢人可以分为阿尔卑斯山以南（山南高卢）和阿尔卑斯山以北（山北高卢）两部分，罗马共和国在崛起之时主要面对的是阿尔卑斯山以南的高卢人。当时高卢人的势力已经从阿尔卑斯山麓扩展到意大利的波河流域，甚至到达了卢比孔河。

　　在公元前 400 年以后，由于处在高卢人和罗马人中间地带的伊特鲁里亚人日益衰落，高卢人就开始与罗马人发生正面接触。高卢人和伊特鲁里亚人完全不同，伊特鲁里亚人虽然是罗马人早期的劲敌，但是他们的文明水平比较高，曾经把一些重要的文化成果如文字系统、宗教信仰、建筑技术、风俗礼仪等传给了蒙昧初开的罗马人；然而高卢人却迥然相异，他们是一支野性未泯的蛮族，仍然保持着半游牧的生活习性，迁徙无定，趋利而动，喜好不断地攻掠别人的国家，自己却从来不立国。虽然高卢人已经开始接受农耕生活方式的影响，但是仍然不擅长艰苦的农业劳作，更喜欢烧杀掳掠。而且高卢人是北方民族，身材高大，剽悍骁勇，打起仗来往往都是披头散发，赤膊身子，手执刀斧冲锋陷阵，从来不讲究任何战法和阵形。仅凭着他们的高声呼啸和铺天盖地地冲杀，就足以让敌人闻风丧胆了。

早在与罗马人发生接触之前，高卢人就成为伊特鲁里亚人的心头大患。后来罗马人蚕食了伊特鲁里亚地区，高卢人的威胁就降临到罗马人的头上。公元前 390 年，高卢人在劫掠了伊特鲁里亚人的一些城市以后，开始入侵罗马。由于当时的罗马人还没有练成娴熟的排兵布阵战术，面对身材高大、凶悍无比的高卢蛮族，罗马人丢盔弃甲、溃不成军。高卢人攻占了罗马城，罗马人不得不收缩到"七丘之城"的最后一个山头卡庇托尔山上。卡庇托尔山是罗马七丘之中的主山头，山上建有朱庇特神庙，这里素来就是罗马的象征。野蛮的高卢人把卡庇托尔山团团围住，然后肆意在罗马城内烧杀掳掠，将罗马城中除了高卢人的首领布伦努斯居住的帕拉蒂尼山以外的地方全部焚毁，公元前 449 年颁布的《十二铜表法》（镌刻在十二张铜板上）也是毁于高卢人放的这场大火。

尽管如此，高卢人却始终攻不下卡庇托尔山。据说有一次他们趁着月黑风高想去偷袭山上的罗马人，守卫的罗马士兵都睡着了，关键时刻山上的一群白鹅突然鸣声大作，惊醒了守卫的战士。于是罗马战士们在执政官曼利乌斯（这位大英雄曼利乌斯后来却因主张解放债务奴隶而得罪了罗马贵族，招致杀身之祸）的领导下英勇抵抗，终于击退了高卢人的偷袭。

但是此时的罗马人已经是弹尽粮绝，退敌无望，不得不向高卢人提出了和谈的请求。高卢人开出了退兵的条件，他们并不想占领罗马人的土地，也不想统治罗马的人民，只要求罗马人提供足够的赎金，随即退兵。罗马人接受了高卢人的条件，想方设法凑足了赎金。然而在交付赎金时，却发生了一段著名的故事。

在黄金交割的现场，当罗马人将凑足的赎金放到高卢人的磅秤上时，却显示分量不足。罗马人愤怒地提出了抗议，自己分明备足的赎金，怎么一到高卢人的磅秤上，就缺斤少两了呢？这时，高卢人的首领布伦努斯拔出宝剑"砰"地一下扔到秤盘上，说了一句极其霸道的名言："战败者活该倒霉！"这句话的意思很简单：磅秤准不准，不是由战败者说了算，而是由战胜者来判定。这就是所谓的"强权胜公理"，或者"弱国无外交"。

当时罗马人在高卢人的威逼之下不得不咽下了这杯苦酒，

布伦努斯恃强凌弱

但是他们却深深地记下了这段仇恨，睚眦必报的罗马人日后必定会让高卢人为这句体现弱肉强食的名言付出惨重的代价。

后来罗马人又从这段交付赎金的故事中演绎出另一个挽回颜面的说法，那就是"卡米卢斯拯救罗马"的故事。

就在罗马人与高卢人因赎金的分量争执不休时，罗马独裁官卡米卢斯率领一支援军从罗马城外赶来，及时阻止了这场正在进行的屈辱交易。卡米卢斯同样拔出了自己的宝剑，说了一句掷地有声的名言："我们罗马人从来只会用铁，而不是用黄金来缔结和约！"这就意味着，罗马人只会用铁剑来解决争端，绝不会用支付赎金的方式来换取和平。在这种情况下，高

卡米卢斯挽救罗马

卢人与罗马人的战端重起，最后卡米卢斯率军打败了高卢人。高卢人的首领布伦努斯战败被俘，在罗马人面前枭首示众，行刑之时，卡米卢斯重申了布伦努斯的那句名言："战败者活该倒霉！"

这个故事无疑是后人为了挽回罗马人的脸面而编造出来的，卡米卢斯阻止赎金交易之说也是无稽之谈，但是不久之后卡米卢斯果然率领罗马军队打败了高卢人，并且将高卢人赶过了卢比孔河，这却是千真万确的历史事实。卡米卢斯也因此而获得了"祖国之父"的荣誉称号。

除此之外，还有一个千真万确的事实，那就是在布伦努斯说了这句名言的三百多年以后，公元前 58 年至公元前 49 年恺撒出任高卢总督，他率领罗马军团越过阿尔卑斯山，把偌大的山北高卢即今天的法国、瑞士、比利时、卢森堡、荷兰等地全部征服，将其纳入罗马共和国的版图之内。布伦努斯这句话的报应是一百万高卢人被杀，另外一百万高卢人沦为奴隶。由此可见，罗马人的报复心之强，即使数百年后也不会减损丝毫！

高卢人被卡米卢斯击退之后，仍然不断地侵袭罗马的北部边区，来去迅猛，行踪无定，罗马人只能采取被动防御的方式来应对高卢人的骚扰，这种对峙状态大约持续了一百年的时间。随着罗马国力的不断强盛，尤其是罗马军团战阵技术的日益成熟，训练有素的罗马兵士对付散兵游勇的高卢蛮族逐渐得心应手，在双方的交锋中也越来越占据上风。到了公元前 3 世纪初，罗马人终于将高卢人赶到了波河流域以北，一些山南高卢部落在罗马军队的强大压力下，甚至开始翻越阿尔卑斯山向北迁徙。至此，罗马共和国的北方威胁终于被彻底消除，罗马人从此可以专心致志地向南部发展了。

罗马人与萨莫奈人的战争

罗马人吞并了伊特鲁里亚同盟的诸城市之后，开始继续向意大利中部扩张，经过持续的战争相继征服了埃奎人、伏尔西人等不同族群，逐步拓展在意大利中部的霸权，并且开始向意大利南部的坎帕尼亚和阿普利亚地区渗透，与位于意大利中南部山区的萨莫奈人处于直接对峙的状态。虽然山民萨莫奈人不像北方高卢人那么野蛮，但是他们生活在穷山恶水之地，民风剽悍，作战勇猛。萨莫奈人早在罗马人的扩张之前，就已经打败了向南渗透的伊特鲁里亚人，征服了坎帕尼亚地区。坎帕尼亚位于意大利西海岸的中南部，当地人民受到希腊文化柔软风气的影响，文明开化，过着比较富裕和奢靡的生活。在相继经历了希腊人和伊特鲁里亚人的统治之后，坎帕尼亚在公元前 5 世纪被萨莫奈人征服。

罗马人和萨莫奈人的统治方式不同。罗马人在扩张过程中每征服一个邦国，一定要把这个邦国纳入以自己为首的拉丁联盟当中，以便进行控制。而萨莫奈人对于所征服的地区，则采取希腊城邦的殖民方式，任凭这些被征服地区独立发展，只需承认萨莫奈人的宗主权，并没有采取一种统一的组织体系将这些殖民地整合在一起。因此，罗马开始向意大利南部地区步步推进时，很快就将萨莫奈人在坎帕尼亚的殖民地征服了，并且把它们纳入了拉丁同盟之中。

征服了坎帕尼亚后，罗马人就开始面对意大利中南部山区的萨莫奈人。在长达半个多世纪的时间里，从公元前343年到公元前290年，罗马人通过三次战争彻底打败了萨莫奈人。在这段长达五十多年的战争过程中，发生了一个著名的事件，这就是公元前321年的"考狄乌姆峡谷之辱"。

　　位于意大利南部山区的阿普利亚人是罗马人的盟友，而罗马人是一个非常讲信义的民族，只要自己的同盟者受到威胁，罗马人必定会挺身而出。公元前321年，萨莫奈人假传消息，谎称罗马人的盟友阿普利亚人正在遭到萨莫奈人的围攻。罗马人在得知消息之后迅速派出军队去援救阿普利亚人，当罗马军队经过一个名叫考狄乌姆的峡谷时，萨莫奈人设下了埋伏。罗马军队进入考狄乌姆峡谷时非常顺利，走到峡谷尽头时却发现隘口已被障碍物堵住，罗马人赶紧掉头撤退，结果发现进来的峡谷口也被堵死了，罗马军队就这样被困在这个陡峭的峡谷之中。萨莫奈人居高临下把守在峡谷两边的山上，采用围而不打的战术，打算把罗马人困在山谷里面活活饿死。在这种情况下，罗马军队的统帅为了拯救所有人的性命，被迫选择了投降。

萨莫奈人知道罗马人是一个报复心极强的民族，所以他们并没有伤害罗马降卒的性命，而是采取了一种羞辱性的做法。他们向率部投降的罗马统帅开出了媾和条件，要求罗马人放弃在坎帕尼亚地区的利益。然后萨莫奈人把所有罗马士兵的外衣都脱掉，驱赶他们仅穿一条裤衩从一个木桩子下面钻过去，围在四周的萨莫奈人则对之进行嘲笑羞辱。这是当时意大利许多民族普遍采取的一种羞辱敌人的方式，这就是著名的"考狄乌姆峡谷之辱"。

萨莫奈人把受到羞辱的罗马士兵羁押在营，释放了他们的统帅和部分士兵回罗马去传达媾和条件。罗马人民不仅没有惩罚这些被释放的战俘，反而像对待凯旋之师一样热烈欢迎他们。罗马人从来不会责罚那些由于寡不敌众、身中埋伏等客观原因而战败或投降的官兵，反而会积极地鼓励他们重振旗鼓、洗雪前耻。但是罗马元老院却断然拒绝了萨莫奈人提出的媾和条件，罗马人决不会在屈辱的情况下签订和约，就如同此前卡米卢斯面对高卢人的威逼时所说的那样，"罗马人从来只会用铁，而不是用黄金来缔结和约"。虽然没有受到元老院和民众的丝毫责难，但是被释放的罗马统帅和士兵们却深感羞愧，他们主动要求重新回到萨莫奈人那里，成为后者的阶下囚。面对这些重新返回的俘虏，萨莫奈人一筹莫展，最后只能再度把他们遣送回家。

在经历了"考狄乌姆峡谷之辱"之后，罗马人继续推进对萨莫奈人的战争，最后终于在公元前 290 年的一次战斗中，重创萨莫奈人，取得了战争的最后胜利，迫使萨莫奈人对罗马人俯首称臣。根据一段可能也是后世杜撰的传说，罗马人在彻底打败萨莫奈人之后，如法炮制地让一些萨莫奈战俘赤身裸体从木桩下面钻过去，以此来洗雪罗马人的"考狄乌姆峡谷之辱"。

至此，罗马人经过两百年左右的时间，相继征服了伊特鲁里亚人、埃奎人、伏尔西人等族群，将高卢人赶回了北方，同时也慑服了意大利中南部的萨莫奈人，控制了物产丰富、经济发达的坎帕尼亚地区，完成了意大利中部的统一。

第 II 节

罗马人的同盟者

"拉丁同盟"与"罗马同盟"

罗马在不间断的对外扩张过程中发现了一个问题，那就是以自己为首的拉丁同盟在组织形式上比较松散，一旦面临大敌入侵，很容易分崩瓦解。在王政初期，罗马原本只是拉丁同盟中的一个成员，后来在图鲁斯国王的扩张中打败了阿尔巴人，从此以后罗马就成为拉丁同盟的盟主。随着罗马的不断扩张，很多拉丁族裔纷纷加入拉丁同盟的阵营当中。当时的拉丁同盟就是所有成员共同结成一种盟友关系，罗马在其中充当盟主角色，即拉丁同盟名义上的领导者，地位稍高于其他的同盟成员，但是并不能制约盟国的行为。每当罗马人对外发动战争，罗马军队和拉丁同盟的军队就各占一半，但是军队统帅始终由罗马人来担任，而战利品的分配是完全平等的。这种同盟关系在组织形式上比较松散，一旦面临大敌威胁，就很容易瓦解。比如当年高卢人入侵罗马的时候，一些拉丁同盟的成员就背叛了罗马；在罗马人与萨莫奈人对峙时，一些拉丁同盟的成员甚至与萨莫奈人结盟，共同对付罗马人，借机摆脱罗马人的控制。

面对纷纷背叛的盟友，罗马人在公元前 338 年，在和萨莫奈人进行战斗的时候解散了拉丁同盟，然后建了一个全新的联盟，即"罗马同盟"。这个同盟极大地加强了罗马人对盟国的控制力，联盟条约明确规定，加盟国只许与罗马缔约，不许彼此缔约；如果加盟国之间发生了纠纷，必须由罗马来进行仲裁解决。这样一来，罗马同盟和拉丁同盟的性质就完全不一样了，拉丁同盟是一个相对比较平等的同盟，而罗马同盟却使同盟成员沦为罗马的附属国，一切同盟国都必须按照罗马的统一规范和协调来行事，彼此之间不得擅自进行宣战、媾和以及其他外交活动。这些强制性的规范是罗马人通过武力征服而强加于联盟各成员的。

自从罗马同盟建立以后，罗马在对外战争中很少再出现被同盟成员背叛的情况，事实上，罗马同盟构成了公元前 4 世纪以后迅猛崛起的罗马帝国的重要根基。罗马人在完成意大利的统一之前，对意大利半岛上的不同族群都采取了比较宽容的态度，无论是拉丁民族，还是伊特鲁里亚、伏尔西人、萨莫奈人等，一旦被罗马人征服，往往就会被纳入罗马同盟的范围内。比如萨莫奈人曾经是罗马人的劲敌，还让罗马人遭受了"考狄乌姆峡谷之辱"，但是罗马人征服了萨莫奈人之后，非常慷慨地把萨莫奈人纳入罗马同盟中，把同盟者的权利赋予该民族。罗马人承认联盟成员的自治权利，平时也不向其人民征税，对于联盟成员的唯一要求就是，一旦罗马人再与其他民族打仗，联盟成员必须为罗马人提供一定的军队支持（当然也可以享受战利品的公平分配）。罗马人这样对待联盟成员的目的，就是让这些族群与罗马人并肩战斗，同仇敌忾，在战火的考验中逐渐融合，从而推动罗马共和国的实力不断壮大。而且罗马人非常注重信义，恪守承诺，赏罚分明，对守誓者肝胆相照，对背叛者虽远必诛，因此赢得了联盟成员的尊重和诚服。正是在罗马同盟的框架支撑下，罗马人开始不断地开疆拓土、攻城略地，很快就完成了意大利半岛的统一。

在罗马同盟的壮大过程中，罗马人在各方面都表现出领导者的风范，罗马同盟也不再像拉丁同盟那么松散，而是要求所有的联盟成员都必须唯罗马马首是瞻，一切对外行动都必须处于罗马人的统一领导之下。从加盟者的关系来看，罗马同盟正在潜移默化地向着罗马帝国的方向发展。随着罗马版图的不断扩大，罗马同盟的加盟者大体上可以分为以下五种类型，这五类成员所享受的权利和所承担的义务也各不相同。

第一类就是罗马共和国本身。虽然罗马是盟主，但是它也是罗马同盟中的一个国家。罗马共和国的自由民可以享受完全的罗马公民权，这些权利包括财产所有权等经济权利、投票选举等政治权利，以及移居权、通婚权等基本权利。

第二类是原拉丁同盟中的加盟国。拉丁同盟中的那些成员都属于罗马周边的拉丁族裔，他们与罗马人有着非常密切的关系，大家有着共同的语言、宗教和习俗。虽然后来拉丁同盟解散了，但是许多拉丁族裔已经相互融合，血浓于水。因此，原拉丁同盟的加盟国在罗马同盟中可以享受和罗马本国人民基本一样的待遇，在财产所有、移居、通婚等方面享有同等的罗马公民权，也和罗马人一样承担着服兵役和纳税的义务。唯一的差别就是他们不能参与罗马的公民大会，不享有罗马公民的政治权利。

第三类是罗马的殖民地。殖民地是罗马人在对外扩张的过程中，在人烟稀少的地方开辟建立的政治要塞。虽然这些政治要塞并没有太多的原住民，但是自然环境却很适合人类的生存，于是罗马便动员一些土地贫瘠或者失去土地的罗马穷人到这些地方去开垦殖业。由于这些移民本来就是罗马公民，只不过现在他们来到了罗马以外的地方生活，所以殖民地的人们可以享有完全的罗马公民权，并且须承担相应的义务。罗马的殖民地与近代意义上的殖民地不一样，它并不是在一个外来民族征服了当地人民之后形成的，而是罗马人有计划地迁移到一块新开拓的处女地去另建的家园。因此，与其称它为"殖民地"，不如叫它"移民点"，它与近代宗主国治下的殖民地有着本质上的差别。

第四类是自治城市。自治城市就是被罗马人征服了的一些城市（如坎帕尼亚地区的一些独立城市），罗马人慷慨地承认当地人民的自治权利，并且给予他们与罗马公民通婚以及在罗马获得动产的权利，但是他们却没有罗马公民的政治权利，不能参与罗马的公民大会，也不能担任罗马的官职。

第五类是同盟国。这些同盟国就是罗马人在稍晚的扩张过程中征服的那些族群，例如萨莫奈人，他们并不属于拉丁族裔，有着与罗马人不同的语言、宗教、风俗习惯等，但是他们同样也生活在意大利半岛，属于广义的意大利人。罗马人在把他们纳入联盟之后，给予他们自治的权利，但是他们却不享有任何形式的罗马公民权。罗马对这些同盟国的唯一要求就是，在必要的时候为罗马人提供一定的兵力。

对于意大利境内相继被征服的各个族群，罗马人并非使其人民沦为奴隶，而是慷慨地与这些族群结成盟国。这样做是非常明智的，也是罗马共和国可以不断壮大的重要原因。古代战争通常都是很残酷的，胜者为王，败者为奴，早先的希腊城邦（如斯巴达）一旦征服了一个地方，就会使原住民沦为奴隶。但是罗马人却友好地与被征服者结盟，将其纳入以罗马为首的军事联盟中，逐渐在携手并进的过程中将其同化，这正是罗马共和国能够蓬勃发展，从弹丸之地扩展为超级大国的重要诀窍。

当然，虽然罗马同盟的实力在不断增长，但罗马军队的核心或主力始终还是罗马公民，同盟国参战者充其量只是协同军，在战争中发挥辅助作用而已。罗马军团的士兵都是子弟兵，他们是在为自己的国家和利益打仗；而同盟国派出的军队仅仅是出于某种同盟义务，虽然在战场上的表现也不失忠诚勇敢，但是毕竟不会像罗马军团那样全心全意地投入战斗。所以从这个意义上来说，罗马共和国的对外扩张主要还是依靠罗马子弟兵的浴血奋战而实现的。

后来，当罗马人扩张到意大利以外的地区之后，他们就开始在海外殖民地设立一些行省。此时，罗马制下的不同地区的背景情况彼此相异，其人民享受的权利和承担的义务也互不相同。随着版图的扩大，罗马社会的人际关系变得极其复杂：既有罗马公民和奴隶，又有非公民的自由人，还有一些臣服于罗马的附属国的二等公民。在这样的情况下，罗马人就针对不同的地区和族群，因地制宜地制定和完善了各种法律和制度。在此过程中，罗马法得到了极大的发展和丰富，逐渐形成了两套彼此补充、相得益彰的法律。第一套法律是针对拥有完全公民权的罗马公民而制定的"公民法"，这套法律的适用范围也随着罗马版图的不断延展、公民人数的持续增加而扩大。到了公元前 1 世纪初，随着罗马人跨出意大利、走向地中海，所有的意大利自由人基本上都获得了完全的罗马公民权。"公民法"明确规定了"法无例外"（即"法律面前人人平等"）的原则，但是这里的"法律平等"只是对那些拥有完全公民权的罗马公民而言的。第二套法律则是专门针对被罗马人征服的各海外行省和附属国的人民而制定的万民法，比如意大利以外的希腊、西班牙、北非、叙利亚等，这些地区的人民不享有罗马公民权或者完全的罗马公民权，但是他们也享有一定的人身权利和经济权利，并需要承担相应的义务。万民法就是根据不同族群之间的利益关系和权利义务而制定的各种法律条文，具有包罗万象的丰富内容和因地制宜的适用特点，罗马人以此来治理意大利之外的非公民自由人之间，以及非公民和罗马公民之间的法权关系。相比仅仅适用于意大利境内人民的"公民法"，更具有国际意义的"万民法"的内容更加广泛丰富，它逐渐发展成为罗马法的主体。

罗马的中部崛起

从公元前 6 世纪末到公元前 3 世纪初的二百多年间，罗马人首先征服了萨宾、伊特鲁里亚、翁布里亚、伏尔西亚等意大利中北部地区，然后将高卢人赶到波河以北，紧接着又在南边打败了萨莫奈人，吞并了坎帕尼亚、阿普利亚、卢卡尼亚等中南部地区。此时的罗马人已经控制了从北方的波河到南方坎帕尼亚之间的所有地方，下一步就要向意大利半岛最南端的大希腊地区扩张了。

此时，罗马人已经取代伊特鲁里亚人开始面对地中海世界的两个劲敌：一个是掌握着东地中海霸权，并且极力向西地中海渗透的希腊人，他们在意大利南部和西西里岛建立了诸多城邦，即大希腊的诸城邦；另一个就是位于地中海南岸的迦太基人。

从地理环境上来看，罗马人想要与地中海南岸的迦太基人一较高下，首先就得征服希腊人在意大利南部和西西里岛东南沿岸建立的城邦，例如意大利本土的塔兰托和那不勒斯，西西里岛东部的墨西拿和南部的叙拉古等。这些城邦不但商业发达、文化繁盛，而且背后还有东地中海的希腊本土城邦的大力支持。罗马人要想走向广阔的地中海，首先必须吞并大希腊的这些城邦，将其作为通往西地中海的桥头堡和战略跳板。所以罗马人在完成了意大利中部的统一以后，便将矛头指向了意大利南部的大希腊地区。

当时希腊人在意大利半岛的"靴底"建立了一个重要的商业城邦塔兰托，它也是一个天然良港；后来又在塔兰托东边的"靴跟"上建了另一个海港城市布林迪西。从布林迪西乘船出发，渡过亚得里亚海就到达了希腊北部的伊庇鲁斯地区（今阿尔巴尼亚）。在公元前 3 世纪上半叶之前，罗马人不仅从来没有与希腊人发生过冲突，而且非常仰慕希腊人，灿烂辉煌的希腊文化令罗马人自惭形秽。但是当罗马人开始觊觎繁荣昌盛的意大利南部地区和西西里岛时，追功逐利的民族秉性就促使他们不得不与文化偶像希腊人决一雌雄。当大希腊地区的塔兰托等城邦受到罗马人的威胁时，它们只能向希腊本土的伊庇鲁斯寻求援助，而伊庇鲁斯此时恰好出现了一位雄心勃勃的统治者皮洛士，他自称是继亚历山大以来最伟大的战略家。应塔兰托人的请求，公元前 280 年皮洛士亲自率军进入意大利保护大希腊的城邦。于是，罗马人就与希腊人发生了第一次正面冲突，美轮美奂的希腊世界很快就要面对如狼似虎的罗马人了。

第 VII 章

罗马人与希腊人的首次交锋

罗马人征服了意大利中部地区以后，就开始与意大利南部和西西里岛的大希腊诸邦（塔兰托、叙拉古等）以及地中海南岸的迦太基形成三足鼎立的态势。罗马人是一个农业民族，他们的霸权最初是在陆地上建立的（罗马同盟）；而希腊人和迦太基人都是以商业为主的海洋民族，二者分别成为东、西地中海的霸主。由于希腊人在早期殖民过程中在意大利南部和西西里岛上建立了很多城邦，所以中部崛起的罗马共和国要想统一意大利全境，就必须征服意大利南部的希腊城邦。由此就揭开了"亚历山大丰功"与"恺撒伟绩"争妍斗艳的历史序幕。

第 I 节

"野蛮"与"文明"的正面相遇

在公元前 3 世纪初打败萨莫奈人之前，罗马人从来没有与希腊人发生过正面的接触，他们早期是通过伊特鲁里亚人的中介而接受希腊文化影响的，后来又从萨莫奈人手中夺得了曾经被希腊文明渗透的坎帕尼亚地区。直到公元前 290 年打败了意大利中南部山区的萨莫奈人之后，罗马人才开始真正面对南部沿海地区的希腊诸城邦。如果说在此之前罗马人都是在与同样野蛮的意大利各族群乃至更加蒙昧的高卢族群发生冲突，那么此后"野蛮的"罗马人就与"文明的"希腊人在意大利南部地区正面相遇，由此揭开罗马人与希腊人争强斗狠的历史序幕。

"亚历山大综合征"

在西方历史中，亚历山大大帝（Alexander the Great，公元前 356 年—公元前 323 年）是一位旷世无匹的军事统帅，其金戈铁马横扫亚非大陆的丰功伟绩，可谓前无古人，后无来者。黑格尔曾在《历史哲学》中不无浪漫地宣称，整个希腊文化的元素开始于"诗歌之理想青年"阿喀琉斯，终结于"现实之理想青年"亚历山大。亚历山大在 11 年东征西讨的征战中所创建的大帝国，成为鼓舞后世一代又一代具有雄才大略的政治家和军事家的永恒梦幻。

今天人们所使用的扑克牌是由中世纪的法国人（一说为意大利的威尼斯人）发明的，扑克牌里面最大的牌面就是四张 K，它们分别指西方历史上的四位伟大君王。由于中世纪的西欧人民已经普遍信奉了基督宗教（天主教），所以牌面最大的黑桃 K 和红桃 K 都与基督教有关系。据说黑桃 K 是耶稣的祖先、犹太人的大卫王，按照《圣经》中福音书的说法，耶稣是大卫王的嫡传后裔。红桃 K 则是在公元 800 年称帝的查理大帝，他是法国人引以为豪的两位皇帝之一（另一位是 1 000 多年后称帝的拿破仑），今天巴黎圣母院广场上就矗立着一尊查理大帝骑马的雕像。

但是梅花 K 和方块 K 却是两位与基督教没有关系的伟大人物，他们生活的年代比耶稣更早，一个是希腊的亚历山大，另一个就是罗马的恺撒。虽然法国人在扑克牌中将他们和大卫王、查理大帝相提并论，但是论功绩而言，大卫王和查理大帝根本无法与亚历山大和恺撒相比，只不过由于宗教信仰方面的原因，法国人才让与基督教无关的亚历山大和恺撒屈居梅花 K 和方块 K。在耶稣出生之前的亚历山大和恺撒，他们一个是希腊的"万王之王"，另一个是罗马的"千古一帝"（虽然恺撒并未公开称帝），这两人创立的丰功伟绩都是后人难以望其项背的，为西方英雄开疆拓土、建功立业树立了不朽的丰碑。

亚历山大 20 岁登基，22 岁领兵出征，33 岁英年早逝，可谓昙花一现。但是亚历山大创造的辉煌业绩却氤氲化生了一种"亚历山大综合征"，激励着后世无数的胸怀大志者，鼓舞他们像亚历山大那样去征服世界、再创辉煌。西方后世的那些建功立业者，无论是古代的恺撒、图拉真，中世纪的查理大帝、奥托一世，还是近代的拿破仑，他们心中都萦绕着亚历山大一统世界的宏伟梦想。在西方历史上，亚历山大是开创这种旷世奇功的第一人，他所建立的大帝国幅员之辽阔、藩属之众多，后世无人可及，成为不可超越的典范。由此而衍生的"亚历山大综合征"穿越时空，激扬人心，万世不衰。

后来罗马历史上出现的那些具有雄才大略的军事统帅，如大西庇阿、恺撒、屋大维、图拉真、君士坦丁，以及迦太基名将汉尼拔等，都创立了不朽的功勋。但是与亚历山大的伟绩相比，还是稍逊一筹。尽管亚历山大帝国只是如同夜空中的流星一般，转瞬即逝，但是其辉煌灿烂的景象，却永远在西方历史的星空中熠熠生辉。

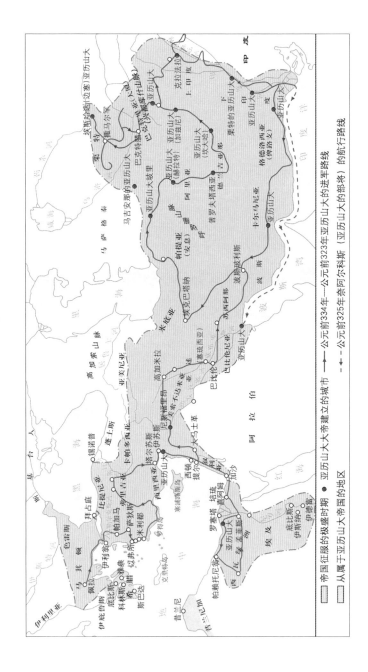

亚历山大帝国版图

"战术大师"皮洛士

"亚历山大综合征"的第一个范例就是希腊的皮洛士（Pyrrhus，公元前 319 年—公元前 272 年）。皮洛士是伊庇鲁斯国王，他的父亲曾经是亚历山大大帝的麾下，追随亚历山大创造过光荣，后来成为北方小国伊庇鲁斯的国王。皮洛士从小受父亲的影响，胸怀大志，心中始终充满了再度实现亚历山大丰功伟绩的梦想。在皮洛士出生的伊庇鲁斯偏南一点的地方，就是忒萨利亚，这是古希腊传说中大英雄阿喀琉斯的故乡。阿喀琉斯是荷马史诗《伊利亚特》中的主角，特洛伊战争期间希腊联军中最伟大的战士，也是古希腊历史上大名鼎鼎的英雄人物。

当年亚历山大的崛起就与这位传说中的大英雄阿喀琉斯有着密切的关系，亚历山大的母亲奥林匹娅是一位充满了巫气的北方酋长之女，她坚信亚历山大是她和众神之王宙斯所生的儿子，就像阿喀琉斯也是神人结合的结果一样（阿喀琉斯是海洋女神忒提斯与忒萨利亚国王帕琉斯的儿子）。由于阿喀琉斯是希腊北部小国忒萨利亚的大英雄，所以后来希腊北方的一些重要人物都喜欢把自己的血缘与阿喀琉斯联系在一起。亚历山大本来就是希腊北方的马其顿人，从小受到母亲编织的神话故事的熏陶，因此心中一直怀有一个阿喀琉斯的宏伟理想，即征服东方。在荷马史诗中，阿喀琉斯开启了西方人（希腊人）征服东方（特洛伊）的最初源流，而现实世界中的亚历山大则把这个源流激荡为洪涛巨浸，将小亚细亚、西亚、埃及、中亚的广大领域全部席卷到亚历山大帝国的统治之下。正是在这种意义下，黑格尔才把整个希腊元素的开端与终结分别归于"诗歌之理想青年"阿喀琉斯和"现实之理想青年"亚历山大。由此可见阿喀琉斯与亚历山大之间的文化联系以及他们共同表现出来的建功立业的理想（"亚历山大综合征"）。

如果说亚历山大和阿喀琉斯之间存在着一种理想上的联系，那么皮洛士就认为自己和阿喀琉斯之间存在着一种血缘上的联系，他坚信自己的家族与"诗歌之理想青年"阿喀琉斯血脉相连。此外，皮洛士的父亲曾经在亚历山大麾下战斗，皮洛士从小就深受这位"现实之理想青年"的旷世奇功的濡染。所以皮洛士当上伊庇鲁斯国王之后，一直想重拾阿喀琉斯和亚历山大征服世界的宏伟理想。正是这种理想驱使他率兵渡过亚得里亚海去解救大希腊诸城邦，公然与吃狼奶的民族罗马人为敌。

史诗中的阿喀琉斯和现实中的亚历山大都只是向东方用兵，并没有染指西方世界。据说当年亚历山大在完成了征服东方的伟业以后，曾经对他的部下说下一步将会去征服意大利、高卢、日耳曼等西方地区，然而遗憾的是亚历山大从东方回师巴比伦后就得病而死，英年早逝，没能够实现这个理想。而皮洛士想要完成亚历山大的未竟事业，大展宏图，他始终认为自己是继亚历山大之后最伟大的战略家，想在西方战场上一展亚历山大征服世界的英雄风采。

伊苏斯战役中的亚历山大

　　于是，皮洛士就将目光对准了罗马，他的理想是以意大利南部和西西里岛东南部的大希腊城邦为立足点，然后向西北征服罗马，向西南征服迦太基，吞并西地中海上的撒丁、科西嘉等岛屿，一直扩展到西班牙和高卢，像当年的亚历山大那样建立一个一统天下的伟大帝国。

　　虽然皮洛士深受"亚历山大综合征"的鼓舞，但是他在各个方面都不能与亚历山大相提并论，就如同摹本永远比不上原作一样。所以，亚历山大征服东方和皮洛士征服西方这两个伟大理想，一个成了光荣的现实，另一个却演变成一段伤心的插曲。亚历山大开创了一个新的国家体系，此前的希腊都是小国寡民的城邦，而亚历山大则创建了西方世界的第一个大帝国。此外，亚历山大还开启了一个新时代，在亚历山大征服东方世界的基础上，他的后继者们——马其顿王国、塞琉古王国、托勒密王国的统治者——成功地把希腊文化推广到小亚细亚、西亚、埃及等东方土地上，使之在东方文化的土壤中生根发芽、开花结果，从而开启了希腊化时代的文化历程。而伊庇鲁斯的皮洛士虽然也胸怀大志，颇具军事天才，被后人誉为"战术大师"，但是其军事努力的最终结果却像堂吉诃德一样在现实面前碰得头破血流，最终铩羽而归，这主要是因为他遇上了勇猛顽强、朝气蓬勃的罗马人。

"战术大师"皮洛士

希腊人和罗马人的军事差异

皮洛士和罗马人之间的战争，也是罗马人第一次和希腊人发生的正面冲突。这两个国家虽然隔海相望，却分属两个不同的族群，具有迥异的文化风格，二者在军事方面也表现出不同的特点。

首先，从作战方式来看，希腊军队采用方阵为作战单位，这种方阵战术最早起源于斯巴达，后来又发展为马其顿方阵。斯巴达方阵是由 10 人 ×10 人组成的百人方阵，中间的人持长矛，四边的人拿盾牌，对敌作战时，强调整个方阵步调一致，攻防结合，百人方阵整体向前推进。后来马其顿人把斯巴达的百人方阵发展为 16 人 ×16 人的 256 人方阵，同样采取矛盾配合、整体推进的攻防战术。而罗马军队则是以百人团为基本单位，虽然也是由 100 个人组成，却排成相对灵活的纵列和横列，并不强调整体的步调一致和攻防一体，而是根据战场上的情况变化而随时调整队列和阵形，灵活多变，更容易发挥每个士兵的自由作战能力，同时也注重相互配合，进退有据。二者相比而言，罗马队列虽然不像希腊方阵那样便于防守，却更有利于进攻。而且希腊方阵过于强调整体一致，缺乏灵活性，一旦士兵的步调和阵形被打乱，就会被敌人打得四分五裂、落花流水。

其次，双方军队的性质不同。希腊的军队中大多是雇佣兵，当年皮洛士率领的几万希腊士兵，其中绝大多数都是从不同的希腊城邦花钱雇佣来的。这些军人不是为自己的国家打仗，而是为了挣钱的雇佣兵。但是罗马的军队中大多是国家征召的公民兵，即兵民一体的子弟兵，罗马的百人团本身就是兵役、税收、选举权三合一的社会基层单位，同时也是基本的战斗组织。为祖国效命和为金钱打仗、子弟兵和雇佣兵，这种军队性质的差别在很大程度上决定了罗马军队和希腊军队在战斗力上的高下。

最后，双方军队的指挥方式不同。皮洛士是一个国王，他也是希腊军队的统帅，在战争决策和军队指挥方面一言九鼎。而罗马是一个共和国，其整个军事战略和后勤政策的制定，都是由元老院来集体商定，相对来说更能够集思广益，具有更多的民主特点。尽管皮洛士确实是一位天才统帅，被后世誉为"战术大师"，富有智慧，头脑冷静，军事指挥才能极强，而且善于判断战场上的形势，能够因时制宜地制定各种军事战略和政治谋略，但是所有的事情都由他一个人定夺，容易使他一意孤行，造成战略上的失误。而罗马人却是全民动员，从元老院、执政官一直到平民大会，大家共同参与，集体决策；在战场上指挥官们（往往是执政官和卸任的执政官）也能相互协调，彼此策应，随时吸取经验教训，及时调整战略战术。

上述对比可以明显体现希腊和罗马的军事差异。虽然皮洛士只是希腊北部伊庇鲁斯王国的国王，但是他率领的军人大多是从希腊各地招募来的，代表着希腊军人的普遍水准。希腊本土的很多国家都在为这支军队摇旗呐喊，大希腊的各城邦也是旗帜鲜明地站在皮洛士一边，但是这种支持仅仅限于道义上和情感上。此时的希腊人都不愿意直接参与战斗，而是明哲保身，隔岸观火，他们已经深深地陷入了醉生梦死的温柔乡，丧失了早年的英武之气，与城邦时代的希腊人已经不可同日而语了。

公元前 280 年开始的这场战争是"文明的"希腊人与"野蛮的"罗马人之间的第一次正面交锋，以"亚历山大二世"自居的皮洛士踌躇满志地带着数万希腊大军越过亚得里亚海扑向意大利南部，但他很快就领略到了罗马人的厉害。在双方的第一次碰撞中，虽然希腊军队在气势上居高临下，甚至用上了吓唬人的象阵，但是罗马人却充分显示出一股朝气蓬勃的新生力量的强劲实力，最终致使"战术大师"皮洛士的希腊军队乘兴而来，狼狈而归。不久以后，当罗马人开始主动踏上希腊本土时，花哨疲软的希腊军队更是被雄健刚劲的罗马人打得落花流水，整个希腊连同马其顿地区很快就沦为罗马人的海外殖民地。

在罗马人与希腊人交锋的第一回合中，罗马人就显示出一个"吃狼奶的民族"的强大战斗力；而希腊人作为一个逐渐衰颓的古老文明的子遗，在不断领略了罗马人的不可战胜的强盛实力之后，只能转而采取以柔克刚的方式来腐化罗马。蒙森曾经非常风趣地说道："只到戈矛折断，丢盔弃盾的时候，阿佛洛狄忒的魅力才发生作用。"这就是说，只有当希腊人在军事上被罗马人打得落花流水的时候，希腊美轮美奂的文化才开始潜移默化地侵蚀和渗透罗马文明的肌躯。因此，随着此后希腊化世界——希腊本土、小亚细亚、西亚、埃及等地——逐渐被罗马人征服，罗马在文化上也被打上了越来越深的希腊烙印。一方面，希腊沦为罗马的政治殖民地；另一方面，罗马却蜕化为希腊的文化殖民地。

第 II 节

罗马人统一意大利半岛

从王政时期开始，罗马人就走上了对外扩张的道路，到公元前 3 世纪初期，罗马人已经征服了从卢比孔河到韦诺萨的广大地区，并且加速向意大利最南端的大希腊地区扩展。一旦完成了对"靴底"区域的吞并，罗马就成为整个意大利半岛的霸主，从此可以心无旁骛地走向广阔的地中海世界了。因此，击败皮洛士不仅意味着将外国军队驱逐出意大利，而且也成为罗马人从内陆扩张转向海洋扩张的重要里程碑。

"皮洛士的胜利"与罗马人的气概

罗马人与希腊人的第一次冲突是如何发生的呢？罗马人在完成了意大利中部的统一，尤其是打败了萨莫奈人之后，开始对意大利南部的大希腊地区进行蚕食，直接威胁到了意大利半岛"靴底"的斯巴达殖民城邦塔兰托。塔兰托是一个有着优质海港的商业城市，经济繁荣，文化兴旺，人民过着幸福安乐的生活，却没有什么战斗力。面对着罗马人咄咄逼人的威胁，塔兰托不得不向希腊本土的盟邦提出请求，希望它们能够施以援手。

在这样的情况下，深受"亚历山大综合征"感染的皮洛士挺身而出，想借此机会大展宏图，于是他就带着希腊军队，以"大希腊解放者"的身份渡海来到意大利。公元前280年岁首，皮洛士率领的希腊大军在塔兰托港口登陆，当时他带来了20 000名步兵，3 000名骑兵，2 000名弓箭手，500名投掷手，以及20头大象，其中士兵大部分都是雇佣兵；而当时对阵皮洛士的罗马军队由罗马子弟兵和同盟军共同组成，共计4个军团和一些辅助部队，步兵加骑兵约24 000人。双方军队的实力大体上旗鼓相当，皮洛士军队略占上风，而且还有罗马人从未见过的由大象组成的象阵。

不久之后，双方在塔兰托西南方的赫拉克里亚发生了第一场战争，皮洛士在这场战役中使用了象阵，把罗马人打得溃不成军。罗马人以前从来没有见过大象这种庞然大物，当皮洛士的象阵向罗马军队发起攻击时，在大象的横冲直撞之下，罗马人的战马被吓得四处逃窜，罗马战士们也被吓得魂飞魄散，落荒而逃。皮洛士在与罗马人第一次交手时就打败了对方，给罗马军队造成了7 000人伤亡、2 000人被俘的重创；但是皮洛士自己的军队也遭受了不小的损失，其精锐将士死伤4 000余人。虽然皮洛士的损失要比罗马人小，但是二者的意义却大不相同。罗马人是在意大利本土作战，损失的兵力很快就可以得到补充；而皮洛士的士兵大多是从希腊招募来的雇佣兵，一旦受到损失就很难得到兵源补充。所以后世人们将这种胜利称为"皮洛士的胜利"，即指那些虽然在战场上取得了胜利，但是己方却损失惨重的战例。

皮洛士是一位天才"战术大师"，他很快就意识到这个问题的严重性，深知这样的胜利是不可持续的。于是他在取得了战场上的胜利之后，马上主动向罗马人提出了媾和的请求。皮洛士明确地向罗马人表示，自己率兵来意大利的目的只是保护与伊庇鲁斯血浓于水的大希腊城邦，并不会威胁到罗马人在意大利中部的统治，更不会侵犯罗马城，他的要求仅仅是让罗马人承诺以后不再染指意大利南部的大希腊城邦。就此而言，皮洛士提出的要求丝毫不会让罗马人感到屈辱，他只是想见好就收，避免与罗马人进一步结怨。当皮洛士的使者向罗马元老院提出上述要求时，元老们的意见并不统一。因为罗马军队毕竟被皮洛士打败了，而且罗马人也不了解皮洛士军队存在着兵源无法补充的致命弱点，所以当时有一些元老主张接受皮洛士的要求，休兵罢战，缔约媾和；但是另一批元老则主张继续战斗，在战场上与皮洛士决一雌雄。在针锋相对的两派元老中，主张接受皮洛士和谈要求的人数还略占优势。

就在双方争执不休的时候，一位曾经出任过罗马执政官和监察官，而今赋闲在家的年迈贵族阿皮利乌斯，让人搀扶着来到了元老院。这位已经双目失明的德高望重的耄耋老叟，面对着那些因皮洛士的媾和倡议而犹豫不决的元老，发表了一通慷慨激昂的讲演。他说道："尽管我现在已经年迈体衰，但心中依然充满了杀敌制胜的战斗激情，而你们这些年轻后辈在面对敌人时，却表现得如此怯懦。"然后他说了一句激情澎湃、掷地有声的名言："只要外国军队还在意大利一天，罗马人决不会和谈！"阿皮利乌斯的这番讲演极大地鼓舞了罗马人的斗志，那些主张和谈的元老纷纷改变立场，大家一致表示决不接受皮洛士的媾和要求。

阿皮利乌斯是罗马的一位深孚众望的资深政治家，他在出任罗马监察官时，曾经主持修建了罗马的第一条大道，即著名的阿皮亚大道。罗马人征服和治理世界通常借助于三样东西：其一是剑，罗马人用刀剑来征服世界；其二就是道路，罗马人一旦征服了某个地区，马上就开始修建从罗马通往这个地区的道路，从而极大地加强了对所征服地区的统治和治理；其三则是法律，罗马人通过不断立法来统辖万邦，根据罗马本土和海外殖民地的具体情况，因地制宜和因时制宜地对不同地区的人民进行法治管理。剑、路、法这三样东西是紧密相连的，这也是罗马帝国能够持续发展、长治久安的重要诀窍。

公元前 312 年，出任罗马监察官的阿皮利乌斯在罗马军队与萨莫奈人打仗的时候，主持修建了罗马第一条通向南方的大道——阿皮亚大道，起点是罗马，终点最初为意大利中南部的加普亚，后来延伸至贝内文托。罗马人战胜了萨莫奈人之后，又将这条大道进一步修到了韦诺萨。再往后，罗马人打败了皮洛士的希腊军队之后，又把阿皮亚大道延伸到塔兰托，最后进一步延伸到意大利半岛"靴跟"上的港口城市布林迪西。布林迪西是罗马阿皮亚大道的尽头，同时也是从意大利横渡亚得里亚海到达希腊东海岸的最便捷的港口。在古代，乘坐一叶扁舟从布林迪西出发向东行驶，只需要一两天的时间就可以到达海对岸的伊庇鲁斯，而那里就是皮洛士的故乡。

正是在这位开启了"条条大道通罗马"的滥觞的资深政要阿皮利乌斯的正言相告下，罗马元老院最终拒绝了皮洛士的和谈要求。

罗马元老院达成了一致意见之后，就派了一位执政官前往皮洛士营中，向他转达了元老院的决定。皮洛士为了表示自己的和谈诚意，就把在战场上俘虏的罗马将士交还给这位执政官，让他带回罗马。结果，当执政官带着这些战俘回到罗马之后，元老们纷纷指责这位执政官理解错了元老院的遣使目的，他的使命不是去交换战俘，而应该是去表达罗马人决不和谈、誓与皮洛士战斗到底的决心和意志。于是，这位执政官又带着这批被释放的战俘重新回到皮洛士的军营，把他们交还给皮洛士，并且明确表达了罗马人的战斗决心。

当这些战俘被送回去以后，一个皮洛士帐下的人私下来到罗马元老院告密，他说自己是皮洛士的御医派来的信使，这位御医准备下药将皮洛士毒死，派他前来把这个秘密通报给罗马元老院，希望事成之后能够得到元老院的奖赏。那时的罗马人充满了坦荡荡的信义精神和英雄气概，对于这种下三滥的手段嗤之以鼻，元老院不仅断然拒绝了这位告密者的要求，还把他抓起来送给皮洛士发落，披露了御医要谋害皮洛士的阴谋。皮洛士由此解除了性命之虞，对罗马人深怀钦佩感激之情，因此他再度坚持把这批战俘送回罗马，以此来表达自己对罗马人的崇高精神的敬仰之心。这件事情表明交战双方都是正人君子，罗马人具有高尚情怀，光明磊落，不屑于通过阴谋诡计来消灭对手；皮洛士也颇有"绅士风度"，以诚信待敌，双方都坚持像古典英雄一样在战场上光明正大地一决胜负。

皮洛士铩羽而归和意大利的统一

和谈不成，战端再起。公元前 279 年，皮洛士又聚集了40 000 名步兵、8 000 名骑兵和 19 头大象（有一头大象在第一次战役中被打死了），而罗马人则集结了 70 000 人的军队，双方在今天意大利南部重镇巴里以北的阿斯库伦附近进行了第二次战役。这一次罗马人已经掌握了对付大象的方法。罗马这个民族有一个非常优秀的特点，那就是善于从失败中总结经验，寻求应对之策。面对皮洛士的象阵，罗马人发明了一些可以移动的战车，在战车上放满了燃烧着火焰的火盆和长矛，想以此来吓唬皮洛士的大象。但是这个发明并没有起到太大的作用，因为这些体型庞大的战车需要罗马士兵来推动前进，一旦士兵战死，无法移动的战车就不能对大象构成威胁了。因此在阿斯库伦的战役中，皮洛士再次取得了战场上的胜利。但是如同第一次战役一样，这次皮洛士杀敌 6 000 人，自损 3 500 人，又折损了一些精兵良将。

据说在这次战役结束以后，皮洛士非常沮丧地感叹道："如果再取得一次这样的胜利，我就彻底完蛋了！"皮洛士深知自己在战斗中损失的人马难以得到有效补充，而罗马人却会越战越勇，不断卷土重来。正当皮洛士在为是否继续和罗马人作战举棋不定的时候，位于西西里岛上的叙拉古城邦的国王阿加托克利斯去世了。阿加托克利斯生前统治着叙拉古、陶尔米那、墨西拿等西西里岛东部的希腊城邦，拥有非常强大的势力，而皮洛士正好是阿加托克利斯的女婿。阿加托克利斯之死让皮洛士抓住了一个掌握叙拉古政权的大好机会，于是他便率军从意大利半岛"靴尖"的沿海城市雷焦乘船渡过墨西拿海峡来到西西里岛。

皮洛士进军西西里岛的战略意图是继承阿加托克利斯的岛上霸业，依托叙拉古等城邦的实力和西西里岛的地理优势，向西北可以威胁罗马，向西南可以钳制迦太基，以此为基地来实现自己建立地中海帝国的雄心壮志。从公元前 278 年起，皮洛士在西西里岛苦心经营了三年，不仅成功地把以前各自为政的希腊城邦团结在自己的麾下，还征服了迦太基人在西西里岛西部建立的阿格里真托等城邦。但是皮洛士渐渐发现待在西西里岛也难以成就大业，因为岛上各希腊城邦人心涣散，彼此钩心斗角，始终无法真正地凝聚在一起。而且罗马人似乎正在与迦太基人接触，准备联合对抗西西里岛的皮洛士军队，经过三年疲于奔命的南征北战，皮洛士终于发现自己的西西里岛之行是无功之劳。

公元前 275 年，皮洛士应塔兰托人的请求，离开西西里岛再度回到南意大利。不久以后，皮洛士的军队在意大利中南部的贝内文托和罗马军队发生了第三次战役。这一次罗马人已经彻底掌握了对付大象的方法，罗马士兵以散兵游勇式的自由阵形游移在皮洛士的大象中间，当大象冲锋的时候，罗马的军队就让出通道。大象体格笨重，在进攻的时候只会一个劲地往前奔跑，要想转弯非常困难。而罗马的散兵阵形却非常灵活，可以绕到大象背后和侧面用长矛攻击大象的眼睛、耳朵等柔弱部位。大象一旦受到伤害就会狂怒，分不清方向，四散奔跑，转过身去践踏皮洛士的军队，导致皮洛士的希腊方阵土崩瓦解，损失惨重。经过此役，皮洛士不得不带着残兵剩勇从意大利撤兵，灰溜溜地返回希腊，从此以后再也不敢染指罗马人的势力范围。

贝内文托之战是罗马人对阵希腊人的首次胜利，这次胜利充分显示出罗马人顽强的战斗意志和高超的战争技能，同时再次昭示了罗马人的帝国宏愿。罗马人与希腊人第一次正面相遇，就给

罗马人对付象阵

了文明雅致的希腊人一个下马威。当皮洛士退兵以后，意大利本
土的希腊城邦已经群龙无首，因此罗马人抓紧时机对塔兰托等希
腊城邦发起了攻击。公元前 272 年，罗马人征服了希腊名城塔兰
托；公元前 270 年，罗马人又攻陷了意大利半岛的"靴尖"城市
雷焦。至此，罗马人终于统一了从卢比孔河一直到墨西拿海峡的
整个意大利本土。接下来，罗马人就要走出意大利，迈向广阔的
西地中海，开始面对海上霸主迦太基了。

迦太基名将汉尼拔曾经赞誉皮洛士是自亚历山大之后最伟大
的"战术大师"，皮洛士高超的作战技能及其独创的象阵起初确

实给罗马人造成了重大的损伤。但是当罗马人战胜了皮洛士，在布匿战争中与汉尼拔统帅的迦太基军队作战时，面对汉尼拔再次使用的象阵，罗马人已经司空见惯、应对自如了。同样，面对着迦太基强大的海军和战船，以前从来没有下过海的罗马人很快也学会了以其人之道还治其人之身的应对之策。

罗马人对外扩张的第一阶段以赶走皮洛士、攻陷塔兰托和雷焦、完成意大利的统一而结束，此后罗马人就开始走向广阔的地中海，开启了第二阶段的扩张，逐渐从意大利的盟主发展成地中海世界的霸主。

贝内文托之战标志着罗马人彻底打败了希腊入侵者，同时也宣告了大希腊地区的灭亡命运，此后罗马人很快就完成了意大利全境的统一。在罗马共和国的扩张史上，这是一个重要的里程碑，它意味着罗马人从意大利盟主向地中海霸主的华丽转身。当年，马其顿国王腓力二世曾经对具有雄才大略的王子亚历山大说道："孩子，马其顿显然太小了，不适合你！"现在对于雄心勃勃的罗马人来说，意大利显然也太小了，罗马人在"亚历山大综合征"的驱策之下，必须走向更加广阔的世界。

第 VIII 章

布匹战争——
"一场巨人之间的较量"

从共和国建立以后，罗马人就开始从一个弹丸之地向四周扩张，首先征服了伊特鲁里亚人的诸城市，接着又合并了一些拉丁部族，然后进一步征服了拉丁族以外的其他意大利族群，如萨莫奈人、坎帕尼亚人以及翁布里亚人等。罗马人统一了意大利中部以后，又将来自北方波河和卢比孔河领域的高卢人赶往阿尔卑斯山脉，随后开始向意大利南部的大希腊城邦渗透。公元前275年，罗马人把希腊"战术大师"皮洛士的军队赶出了意大利，并顺势吞并了意大利南部的一些希腊城邦。在完成了意大利半岛的统一之后，罗马人开始走向广阔的地中海。

第 I 节

罗马人向地中海世界的扩张

一百多年间的十场战争

在罗马人走出意大利之前，罗马一直是一个内陆国家，传统的罗马人对海洋既不感兴趣，也缺乏控制能力。地中海的霸权长期掌握在两个势均力敌的民族手里：一个是东边的希腊人，他们控制着东地中海；另一个是西南方的迦太基人，他们控制着西地中海。意大利所在的亚平宁半岛就像一只伸入地中海的高跟靴，刚好构成了东、西地中海的分界线，罗马人隔着亚得里亚海与希腊半岛东西守望；隔着第勒尼安海与迦太基南北相峙。

在罗马人打败了皮洛士之后，希腊人已无力西顾，转而潜心经营东地中海。于是从公元前 3 世纪中叶开始，雄心勃勃的罗马就和位于非洲北部（今突尼斯）的海上强国迦太基发生了正面冲突。

　　罗马人之所以能够迅猛地走向地中海并取得辉煌的胜利，除了在此前的扩张中完成了意大利的统一以外，还有一个非常重要的原因，那就是罗马内部的阶级矛盾得到了缓解。罗马平民在公元前287年发动了最后一次平民脱离运动，继而通过了一部重要法律——《霍腾西阿法》。该法律明确规定平民会议的决议不需要经过元老院的批准，本身就具有法律效力，从而极大地保障了平民的权利和利益。从此以后，在相当长的一段时间里，平民和贵族之间的政治冲突得到了缓解，大家可以携手共进，一致对外。正因为如此，罗马人在公元前3世纪中叶到公元前2世纪中叶的一百多年时间里，向地中海周边地区发起了一系列扩张战争，这些战争包括：

　　1. 第一次布匿战争（公元前264年—公元前241年）

　　2. 第二次布匿战争（公元前218年—公元前201年）

　　3. 第一次马其顿战争（公元前214年—公元前205年）

　　4. 第二次马其顿战争（公元前200年—公元前196年）

　　5. 叙利亚战争（公元前191年—公元前188年）

　　6. 第三次马其顿战争（公元前171年—公元前168年）

　　7. 第四次马其顿战争（公元前151年—公元前146年）

　　8. 第三次布匿战争（公元前149年—公元前146年）

　　9. 卢西塔尼亚战争（公元前147年—公元前139年）

　　10. 努曼提亚战争（公元前144年—公元前133年）

这些战争使罗马人相继征服了西西里岛、撒丁岛和科西嘉岛、迦太基和北非海岸、希腊和马其顿、小亚细亚和西亚部分地区，以及西班牙的南部和东部，从而把地中海周边的欧亚非地区都纳入自己的统治之下。到了公元前 2 世纪中后叶这些战争结束时，罗马已经成为地中海世界的霸主，此时罗马人豪迈地宣称地中海为"我们的海"！

罗马人遭遇迦太基人

在这一系列战争里面，最重要的就是布匿战争。由于罗马人把迦太基人称为"布匿人"（Punic），所以二者之间的战争叫作"布匿战争"。布匿战争从公元前 264 年开始到公元前 146 年结束，一共打了三次，其中第二次布匿战争是决定双方胜负的关键之战，也是打得最酷烈、最惊心动魄的一场战争。

在罗马人走向海洋之前，西地中海的霸权长期掌握在北非商业强国迦太基手里。迦太基的首都是迦太基城，也就是今天突尼斯的首都突尼斯城，迦太基人不仅控制着北非的海岸线，而且西地中海上的科西嘉岛、撒丁岛、西西里岛西北部，以及西班牙南部地区也属于迦太基的势力范围。迦太基不仅商业发达、经济富庶，而且拥有强大的海军力量，其造船工艺和海战技能比东地中海地区的希腊更胜一筹。

罗马人在与迦太基人对峙之前，连一艘像样的战舰也没有，而且从来没有进行过海战。尽管罗马军人在陆地上作战凶猛无比，但是面对着波涛汹涌的海洋他们却一筹莫展。所以当罗马人刚刚开始走出意大利时，迦太基人根本不把罗马人放在眼里。在很早的时候，迦太基人和罗马人就缔结过一些条约，这些条约的基本内容就是限制罗马人在海上的发展。迦太基人在海上对罗马人的藐视之意，从一句当时很流行的话语中可以看出："如果没有迦太基人的同意，罗马人连在海里洗手都是不可能的。"由此足见双方海上力量之悬殊。罗马人要想与迦太基人在西地中海争霸，仅仅依靠强悍的罗马军团是远远不够的，他们必须组建强大的海军舰队，才能与迦太基人在浩瀚的大海上一决胜负。

罗马人与迦太基人在公元前 3 世纪中叶之前虽然也曾有过一些外交接触，但是并未发生过正面交锋。当罗马人专心致志地完成意大利的统一大业时，迦太基人只是袖手旁观；当罗马人与皮洛士的希腊军队激烈鏖战并且最终击败希腊人时，迦太基人甚至还带有几分幸灾乐祸之感，因为希腊人在西西里岛一直与迦太基人处于明争暗斗的对立之中，削弱了希腊人的力量显然有利于巩固迦太基人在西地中海地区的霸权地位。但是当罗马人出现在意大利半岛"靴尖"的雷焦，隔着狭窄的墨西拿海峡冷峻地觊觎着西西里岛的肥沃之地时，迦太基人开始感觉到一股凛冽的寒气。

迦太基人此前虽然没有与罗马人发生过直接的冲突，但是这两个伟大的民族却似乎注定了有某种不共戴天的宿命，宽阔的地中海将成为二者血肉相搏的炼狱。在后世广为流传的一段传奇故事中，罗马人早在开创基业之前，就已经遭受到迦太基人的无情诅咒。

狄多女王的诅咒

迦太基是一个文明古国，其历史比罗马更加悠久。早在公元前 9 世纪，从西亚腓尼基地区（今叙利亚、黎巴嫩等地）过来的一批移民就在北非海岸向北的突出部（今突尼斯）建立了迦太基城。腓尼基曾经是一个非常发达的古老文明国度，正是古代腓尼基人把最早的字母文字、造船技术和商贸模式传给了希腊人，才促使希腊城邦文明从蛮荒的"黑暗时代"中脱颖而出。

古代的腓尼基是西亚的一个富足的文明地区，它包括许多相互独立的城邦。事实上，最早的城邦就是由腓尼基人创建的，后来出现的希腊城邦从某种意义上说是模仿了腓尼基城邦。诸多腓尼基城邦中，有一个依傍地中海东岸的城邦，名叫推罗（Tyro，又译泰尔、提尔等），迦太基的建立就与这个城邦有关。

希腊有一个很著名的神话故事：传说众神之王宙斯化身为一头公牛，诱拐了推罗国王的美丽女儿欧罗巴，把她带到与世隔绝的克里特岛，二者相结合生儿育女，开启了希腊文明最初的国家形态——米诺斯王国的历史。而与克里特岛遥相呼应的那片大陆，就是因这位美丽女子而得名为欧罗巴（Europe）。

公元前 9 世纪，就是在这个与欧罗巴的故事有关的推罗城邦，发生了一场内乱。当时的推罗国王因为贪婪，谋财害命，杀死了富有的妹夫。国王的妹妹名叫狄多，是一个富有智慧的女人，她带领丈夫的族人逃离了推罗。他们从推罗出发，漂洋过海，经过克里特岛和西西里岛，最后来到北非海岸的突出部，在此地建立了一个国家，这个国家就是迦太基。

据说狄多和族人刚刚来到迦太基的时候，当地的酋长向他们提出，任何外来者最多只能占有一张牛皮大小的土地。聪明的狄多答应了酋长提出的条件，她叫人把一张牛皮剪成许多细条，将这些细条连接起来，然后用它围住了一大片土地，狄多及其族人从此便成了这片土地的主人。

狄多在迦太基建立了基业，她也成为迦太基城的第一代女王。不久以后，在特洛伊战争中幸免于难的大英雄埃涅阿斯带着父亲和族人逃离被焚毁的特洛伊城，漂洋过海，要到意大利去重建家园。埃涅阿斯等人乘坐的船只在海上遭遇了大风暴，被海浪冲到迦太基的海滩上，狄多女王和迦太基人救助了他们。自从丈夫被杀害之后，狄多女王就发誓永不再嫁，但是当她见到大英雄埃涅阿斯之后，不由得芳心大动，于是她和埃涅阿斯之间就发生了一段浪漫的爱情故事。狄多女王本想让埃涅阿斯留下来和她共同管理这个国家，但是埃涅阿斯心中却始终回响着朱庇特的呼唤，昭示他的神圣使命是到意大利去建立一个新国家。埃涅阿斯在神意的呼召之下，只能忍痛割爱，不辞而别，离弃了狄多女王，来到意大利中部的拉丁平原开创了罗马的根基。这段故事虽然记载于公元之交罗马大诗人维吉尔的史诗《埃涅阿斯纪》中，但是关于狄多女王与埃涅阿斯的浪漫故事早在维吉尔之前就已经在罗马人中广为流传了。

　　按照维吉尔在《埃涅阿斯纪》中的说法，狄多女王面对埃涅阿斯的不辞而别，伤心欲绝，她把满腔的真挚爱情都献给了埃涅阿斯，结果后者却毅然离她而去。身心交瘁、万念俱灰的狄多女王面对着茫茫大海，自杀而亡，并在临死之前发出了对埃涅阿斯的子孙罗马人的绝情诅咒。维吉尔在《埃涅阿斯纪》中记载了这段诅咒：

　　　　"这就是我在生命终结之时发出的最后呼声。

　　　　今后，我的推罗人民，

　　　　你们一定要怀着仇恨去折磨他的一切未来的后代，

　　　　这就是我死后你们送给我的祭礼。

　　　　我们这两族之间不存在友爱，也决不联盟。

　　　　让我的骨肉后代中出现一个复仇者吧，

　　　　让他用火与剑去追赶那些特洛伊移民，

　　　　今天也行，明天也行，任何时候，只要鼓足勇气。

我祈求国与国、海与海、武力和武力相互对峙，
让他们和他们的子孙永远不得安宁。"

狄多女王之死

狄多女王在临终前发出的诅咒始终笼罩在迦太基人和罗马人
的头顶上，使这两个民族长期处于不共戴天的对立中。而狄多女
王所呼唤的那位"复仇者"，就是即将在第二次布匿战争中上场
的迦太基名将汉尼拔，他将"用火和剑去追赶那些特洛伊移民"，
差一点就让罗马人遭受了灭顶之灾。汉尼拔虽然没能毁灭罗马，
但是继他之后，又有一些来自迦太基废墟的"复仇者"——公元

3 世纪的塞维鲁和公元 5 世纪的汪达尔人——终于耗损乃至彻底摧毁了罗马帝国。

罗马人与迦太基人之间"国与国、海与海、武力和武力相互对峙"的深仇大恨，最初就源于这段具有传说色彩的历史恩怨。

第 II 节

第一次布匿战争

擅长"师敌长技以制敌"的罗马人

引发罗马人和迦太基人之间第一次布匿战争的导火索是"墨西拿事件"。墨西拿是位于西西里岛东北角的一个小城市,意大利半岛的"靴尖"和西西里岛之间有一个很狭窄的墨西拿海峡,这个海峡就是因墨西拿城而得名。当时西西里岛东南部有一个重要的希腊城邦叙拉古,那位发现浮力定理和杠杆原理的古代伟大科学家阿基米德就出生在这个城邦。叙拉古早先是希腊城邦科林斯所建立的海外殖民邦,后来逐渐发展成为西西里岛上的强国。

公元前 288 年,一群叙拉古的雇佣兵在其首领玛尔美提的率领下占领了墨西拿城,他们对当地人民实行暴戾统治,并骚扰周边的乡村和城市,成为一群横行在西西里岛东部地区的盗匪。公元前 264 年,叙拉古王国的希洛二世即位后,决心剿灭这批盗匪,他出军围攻墨西拿。面对着叙拉古大军压境的威胁，玛尔美提同时向罗马和迦太基提出了救援的请求。

自从罗马人在公元前 270 年占领了意大利本土最南端的雷焦以后，与雷焦隔海相望的墨西拿就选择了依附罗马，玛尔美提还与罗马人签订了同盟条约。所以当墨西拿面临叙拉古人的威胁时，讲信义的罗马人自然不会袖手旁观。于是罗马人就应玛尔美提的请求，挺身而出，向叙拉古宣战。

叙拉古人此前虽然没有与罗马人发生过战争，但是他们深知罗马人的厉害，连具有雄才大略的皮洛士都不是罗马人的对手，叙拉古人自然不敢与罗马人为敌。所以面对罗马人的宣战，叙拉古的希洛二世很快就表示了妥协，他与罗马人签订了和平协议，表示愿意成为罗马的盟国，罗马人也针对叙拉古制订了非常宽厚的同盟条约。在这样的情况下，长期以来一直与叙拉古人处于敌对状态的迦太基人眼见叙拉古倒向了罗马，深感罗马的崛起对自己是一个严重的威胁。于是在公元前 264 年，迦太基人就与罗马人发生了直接冲突，引发了第一次布匿战争。

罗马共和国过去是没有海军的，而迦太基却拥有非常强大的海军，从某种意义上来说，迦太基的海军甚至比希腊的海军还要强大。当时战船的级别和战斗力是根据船桨的数量来区分的，一艘战船上的船桨越多，它的行进速度和容载量也就越大。希腊人拥有三层桨战船，甲板下面的水手们坐在高低不同的三层椅子上来划桨，每人一支桨，越上层的桨越长，越下层的桨越短，三层桨战船上的水手往往可以达到 100 人。而迦太基人则发展出了五层桨战船，叫作"蓬特船"，甲板下面有五层的水手在划桨，一艘战船上的水手可以达到 200 至 300 人。相比之下，罗马人最初既没有五层桨战船，也没有三层桨战船，他们从来没有进行过海战，在战船的设计和建造方面基本上处于一穷二白的状态。但是罗马人有一个优秀传统，那就是善于学习别人的先进技术和工艺。为了与迦太基人在西地中海一较高下，罗马人在很短的时间里就仿照迦太基人和希腊人的战船模型，制造出大批三层桨战船和五层桨战船。

罗马人素来心灵手巧，他们不仅模仿迦太基人和希腊人制造出了各种战船，还发挥自己擅长陆战的优势，发明了一种名叫"乌鸦吊桥"的机械设备。罗马人在战船船头安装了一种巨大的机械滑轮吊桥，这种设备就像起重机的塔吊一样，通过底部的滑轮与铁索来控制吊桥的起落。"乌鸦吊桥"平时在船头保持竖立状态，发生海战的时候则通过机关来松动滑轮，致使吊桥倾倒下来砸向敌船。吊桥的顶端装有非常尖锐锋利的铁镰头，砸下来后就会紧紧地嵌入敌船的甲板，从而将双方的战船连锁在一起。当海战发生时，罗马人就径直将战船驶向敌船，然后操作机关将吊桥砸到对方的甲板上，将两艘战船紧钩在一起，这样罗马军人就可以踏着倾倒下来的吊桥冲到对方的战船上，将海战转变为自己擅长的陆战，用刀剑对迦太基人大肆砍杀。罗马人正是通过这种技术革新，成功地在海上打败了擅长海战的迦太基人，赢得了布

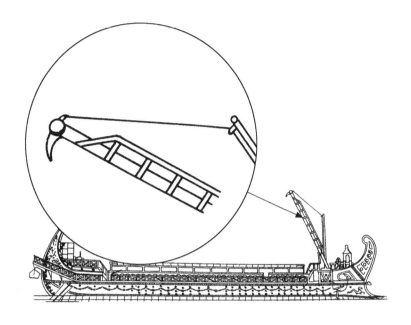

"乌鸦吊桥"模型

匿战争的首战胜利。

　　公元前 260 年初，罗马人和迦太基人在西西里岛东北部
米拉佐海角之外的海域展开了第一场海战。当时迦太基出动了
130 艘战船，罗马则临时建造了 103 艘战船迎战。迦太基人远
远看到始终排不出阵形的罗马战船时，不禁开怀大笑。海上作
战不同于陆地作战，战船需要排出阵形，根据风向、洋流等自
然条件来控制战船行进的方向和速度，而罗马人却缺乏这方面
的经验。然而，正当迦太基人对凌乱无序的罗马战船极尽嘲笑
时，罗马人却驾驶着战船直接冲向迦太基船队，双方靠近之后，

罗马战船纷纷放下"乌鸦吊桥"钩住了迦太基战船，然后罗马人顺势冲到迦太基战船上挥刀砍杀，致使迦太基人死伤惨重。这场海战结束后，迦太基人损失了40多艘战船，将士伤亡和被俘近万人，全军士气遭到了极大的挫伤。而罗马人却损失轻微，并且克服了对海战的畏惧，树立了必胜的信心。

作为海上霸主的迦太基人与初出茅庐的罗马人的第一次海战，就以罗马人的完胜而告终。在后来发生的一系列海战中，双方互有胜负，缺乏航海经验的罗马战船还曾经数度遭受风暴海浪的摧残。但是善于总结经验的罗马人却在挫折中迅猛地成长起来，不仅在西西里岛的陆战中频频告捷，攻占了迦太基人的不少据点；而且在海战中也越战越勇，让迦太基人深深地领略到了"吃狼奶的民族"的勇悍和顽强。

雷古鲁斯一诺千金

虽然罗马人在与迦太基人的海上交锋中日益得心应手，但是渐占上风的罗马人并不开心，因为他们总觉得自己与迦太基人所进行的海战在某种意义上只是一种防御，而罗马人素来喜爱进攻，所以他们亟待与迦太基人在北非大陆上进行一场决战。

公元前 255 年，罗马执政官雷古鲁斯（Regulus）率领军队在迦太基东面的阿斯匹斯附近海岸登陆，随后一路攻城略地，兵锋直指迦太基城。迦太基人在连遭败北之后，聘用了希腊斯巴达职业军官赞提帕斯（Xanthippus）为军队统帅，动员深陷危机中的本国民众与招募的雇佣兵一同参战。背水一战的迦太基人利用地理环境，集中优势兵力，再加上数量众多的战象，终于在巴格拉达斯战役中打败了气势汹汹的罗马军队，大量罗马士兵被杀或者被俘，罗马统帅雷古鲁斯本人也沦为迦太基人的阶下囚。眼看即将结束的布匿战争由于罗马人在北非战场上的失利而再现转机，罗马人不得不与迦太基人在海陆两线继续作战。

虽然迦太基人在北非本土获得了一次军事胜利，但在素有传统优势的海战中却连遭败绩。随着战事的延续，迦太基人越来越深切地感受到罗马人的确是一个惹不起的民族，因此他们希望能够尽快结束战争。公元前 249 年，迦太基元老院派了一个使团带着被俘虏的执政官雷古鲁斯前往罗马，试图与罗马元老院商议媾和条约。迦太基人希望雷古鲁斯到达罗马之后能够说服元老院接受和约，让双方化干戈为玉帛。雷古鲁斯在临行前也做出了庄严承诺：作为迦太基人的战俘，无论此行前去罗马的和谈结果如何，他都会如约重返迦太基。

当迦太基使团带着雷古鲁斯来到罗马以后，面对着当时罗马主战派与主和派僵持不下的局面，雷古鲁斯在元老院里发表了慷慨激昂的演讲，他告诫罗马人一定要继续战斗，绝不能与迦太基人缔结和约。雷古鲁斯的演讲极大地激励了罗马人的战斗意志，致使主战派占据了上风，最后罗马元老院一致决定不接受迦太基人的和谈要求，双方之间的战争将继续进行。在罗马元老院明确地向迦太基使团表达了决定之后，雷古鲁斯毅然告别了家人，跟随迦太基使团重返迦太基。雷古鲁斯回到迦太基以后，被愤怒的迦太基人放在一个铁制的圆笼子里面，然后让大象来回踢踏这个笼子，雷古鲁斯被活活折磨致死。从雷古鲁斯一诺千金的

雷古鲁斯一诺千金

故事中，可以看出罗马人的信义精神——可谓"君子一言，驷马难追"！

第一次布匿战争后的地中海格局

和谈不成，战端再起，虽然战争处于胶着状态，但是迦太基人在海陆战场上的总体态势却日趋衰颓。公元前 241 年，罗马舰队在埃加迪斯群岛海战中大败迦太基海军，迦太基内部也发生了雇佣兵骚乱，内外交困的迦太基人不得不向罗马人表示臣服。迦太基元老院委派著名的军事统帅哈米尔卡在西西里岛与罗马主帅卡图卢斯签订了停战协议，而哈米尔卡就是后来大名鼎鼎的迦太基军事天才汉尼拔的父亲。在双方签署的停战协议中，甘拜下风的迦太基人不得不接受了罗马人提出的屈辱性条约，其主要内容大致如下：

第一，迦太基人退出西西里岛，并承诺不向罗马盟国发动战争；

第二，双方释放战俘，互不收取赎金；

第三，迦太基在 10 年之内向罗马赎偿 3 200 银塔兰特（Talentum）（塔兰特是古代希腊和罗马使用的一种较大的货币单位，1 银塔兰特大约相当于 26 千克的白银）的战争赔款；

第四，罗马获得了原本由迦太基统治的科西嘉岛、撒丁岛和西西里岛等地区，同时承认迦太基的独立自治权利。

根据这个停战协议，迦太基虽然丧失了西西里岛、撒丁岛等重要的海外殖民地，但是至少保证了本土的独立自治，北非的广大海岸线和西班牙南部地区仍然属于迦太基的势力范围。公元前 241 年双方签订的停战协议，标志着第一次布匿战争的结束。

自此之后，罗马和迦太基之间维持了 23 年的和平。在此期间，迦太基内部发生了一些重要变化。迦太基原本是一个商业共和国，它跟罗马一样，也是由元老院掌握着国家的权力。但是由于迦太基的商业比较繁荣，所以商人集团在国家内部拥有强大的势力。此外，迦太基所在的北非地区土地非常肥沃，发达的农业也被强大的土地阶层控制。因此迦太基内部就形成了两派：一派代表着商业集团的利益，极力主张保护海外殖民地，进行海外扩张；另一派则代表着农业集团的利益，他们更加强调保障迦太基本土的安全，对海外利益不感兴趣。

当时代表农业集团利益的派系首领是汉诺家族，而代表商业集团利益的领军人物就是巴卡家族的哈米尔卡·巴卡（Hamilcar Barca，公元前 275 年—公元前 228 年）。在第一次布匿战争结束到第二次布匿战争开始之前的这段和平时期里，迦太基内部的两个派系之间相互争权夺利，较量激烈。不久之后，哈米尔卡所代表的商业派势力在政治上受到了排挤，于是失势的哈米尔卡就举家迁移到西班牙东南部的沿海城市卡塔赫纳，在那里建立了一座新迦太基城。从此以后，哈米尔卡家族就以新迦太基为基地蓬勃发展起来，并且积蓄实力准备与罗马人再决雌雄，第二次布匿战争的种子正在西班牙的土地上悄然孕育。

此时地中海格局已经发生了巨大的变化。首先，罗马人通过第一次布匿战争占领了西西里岛、撒丁岛、科西嘉岛等西地中海上的重要岛屿，这些地方原本都属于迦太基或者希腊的势力范围。其次，迦太基当时仍然拥有北非的海岸线，哈米尔卡离开迦太基来到西班牙，在卡塔赫纳建立了新迦太基，与迦太基形成了相互呼应的掎角之势，双方可以相互支持，共同应对罗马人日益壮大的海上霸权。最后，东地中海世界除了希腊城邦以外，还有三股比较大的势力。亚历山大大帝死后，他的部将们把亚历山大帝国的西半部版图一分为三，形成了希腊北部安提柯的马其顿王国，小亚细亚和西亚的塞琉古王国，以及埃及的托勒密王国，这三个希腊人的王国在东地中海区域相互争锋。从下面的地图中我们可以看到第二次布匿战争爆发前的地中海格局，此时罗马人主要面对的仍然是西地中海的迦太基和新迦太基（西班牙）。

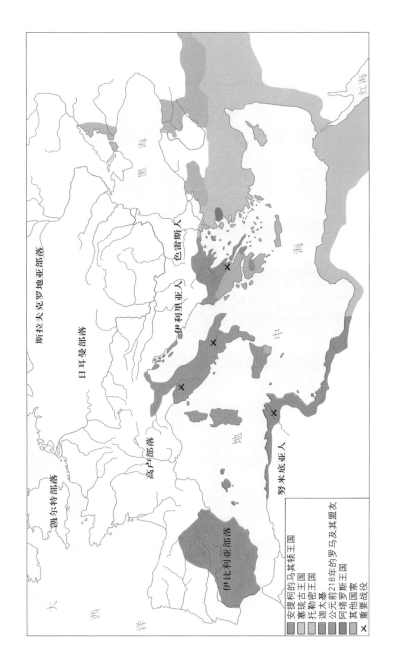

第二次布匿战争爆发前的地中海格局

第 III 节
第二次布匿战争

旧恨新仇

公元前 237 年，在迦太基政坛上受到排挤的哈米尔卡带领整个家族和追随者离开了迦太基，来到西班牙建立了新迦太基城。就在这个时候，罗马人也开始染指西班牙。哈米尔卡家族控制了西班牙南部沿海地区，而罗马人则从意大利北部向西经过普罗旺斯地区，再向南翻越比利牛斯山脉进入西班牙，并从西班牙北部不断向南渗透。

由于迦太基人在第一次布匿战争中打了败仗，哈米尔卡作为和罗马人签约的迦太基军队主帅，心中充满了复仇的欲望。哈米尔卡远赴西班牙之前，曾经带着年幼的儿子汉尼拔·巴卡（Hannibal Barca，公元前 247 年—公元前 182 年）来到迦太基的贝尔神庙。贝尔是迦太基人最崇拜的主神，就相当于罗马人所信奉的朱庇特。哈米尔卡在贝尔神庙里让汉尼拔当着他的面向贝尔大神发誓，要世代与罗马人为敌，永远不向罗马人妥协。年幼的汉尼拔就在父亲的监督之下，发下了与罗马人誓不两立的重誓。

哈米尔卡举家迁至西班牙，在当地苦心经营十年后去世了，女婿哈斯德鲁巴（Hasdrubal）继承了哈米尔卡的基业。公元前221 年哈斯德鲁巴被西班牙的凯尔特土著刺杀身亡，年轻的汉尼拔在军队的拥戴下接管了军权，随后又获得了迦太基元老院的正式任命，成为新迦太基的统帅。从公元前 219 年开始，汉尼拔就与西班牙北部的罗马势力处于一种对峙和摩擦的状态中。此前罗马人已经和迦太基人签订了关于西班牙势力范围划分的协议，协议称以西班牙中部的埃布罗河为界，该河以南地区归迦太基人管辖，而河以北则是罗马人的势力范围，埃布罗河南北的西班牙土著分别处于迦太基人和罗马人的保护之下。

公元前 219 年，汉尼拔开始入侵位于埃布罗河南岸的城市萨贡托，萨贡托当地人民一边抵抗迦太基军队，一边向罗马人求援。虽然萨贡托在埃布罗河的南岸，但是由于该城与罗马缔结了同盟协定，所以罗马人就站在同盟盟主的立场上向汉尼拔发出了抗议，警告汉尼拔不得侵犯萨贡托。为了协调双方的冲突，罗马派出了一个由 5 位元老组成的使团来到北非，与迦太基元老院进行谈判。当时罗马人提出了两个要求：第一，汉尼拔必须从萨贡托撤兵；第二，迦太基元老院必须把挑起事端的汉尼拔作为战争罪犯交给罗马人处置。

迦太基人对罗马人提出的两个要求不予置理，迦太基元老院的托词是汉尼拔和迦太基没有关系，罗马人应该去西班牙找汉尼拔理论，而不应向迦太基元老院提出要求。面对罗马人的投诉，迦太基人心中暗自高兴，他们知道汉尼拔是一位具有高超的军事才能的政治家，所以希望汉尼拔来替迦太基人报第一次布匿战争的一箭之仇。

面对迦太基人的推诿，当时罗马使团中的一位德高望重的元老法比乌斯，向迦太基人发出了最后通牒。法比乌斯按照罗马人的习俗，抓起了自己身穿的托加袍一角，将这个衣角折了一个纹路，然后对迦太基的元老们说道："你们只有两个选择，要么接受我们的要求而签约，要么就开战。"面对法比乌斯的最后通牒，迦太基元老院也不甘示弱，元老们明确表示，应该如何进行抉择，这是罗马人自己的事情，与迦太基无关。于是法比乌斯把折叠的衣袍一角松开，用手把折纹抚平，然后干脆地说了一句："那么我们选择开战！"于是，第二次布匿战争就在公元前 218 年正式爆发。

军事天才汉尼拔

罗马人向迦太基元老院宣布开战以后，双方都处于紧张的备战状态中。就在此时，汉尼拔从西班牙主动出兵，实施了对意大利的战略袭击。公元前 218 年，汉尼拔率领大军成功地翻越了比利牛斯山和阿尔卑斯山，从北方山区"自天而降"，突袭罗马，打了罗马人一个措手不及。

西班牙地处意大利的西边，从西班牙东海岸可以乘船渡海到达意大利，如果走陆路则要翻越两座大山。一座是位于西班牙与法国（古代高卢）交界处的比利牛斯山，从西班牙北部翻过比利牛斯山就来到了法国南部，即今日法国最美丽的普罗旺斯地区，这是盛产薰衣草的地方，尼斯、戛纳、阿维农、马赛等著名城市都在普罗旺斯地区。另一座就是顺着普罗旺斯地区继续往东行进，就会到达的高卢与意大利之间的分界岭、欧洲第一大山脉——阿尔卑斯山脉。

公元前 218 年，汉尼拔带着军队翻越了比利牛斯山和阿尔卑斯山脉这两座大山，从北面进入意大利。汉尼拔最初从卡塔赫纳出发时，率领了 90 000 名步兵、12 000 名骑兵和 37 头大象，一路向北进军，从罗马人手里夺取了西班牙北部的一些城镇，不断分兵驻守。当汉尼拔准备翻越比利牛斯山的时候，他麾下的军队有 50 000 名步兵、9 000 名骑兵和 37 头大象，翻过了比利牛斯山之后其军力就有所损耗，接着翻越阿尔卑斯山时更是损失惨重。因为当时正值冬季，阿尔卑斯山山高路险，冰雪封路，很多大象都掉到山涧里边摔死了。最后越过阿尔卑斯山来到意大利北部平原的时候，汉尼拔的军队只剩下 20 000 名步兵、6 000 名骑兵和

军事天才汉尼拔

1头大象。尽管历尽艰辛，但是汉尼拔终于带领这支队伍翻越了两座大山，从北边对罗马人发起了出其不意的突然袭击。

迦太基在地中海南岸，而西班牙则远在地中海西边，罗马人根本没有想到汉尼拔的军队会从北方阿尔卑斯山区突袭而至。他们最初得到情报知晓汉尼拔率军北上，原以为他翻越比利牛斯山是为了降服北方的高卢人，并没有意料到汉尼拔军竟然会在冬季翻越阿尔卑斯山。因为当时既没有盘山公路，也没有山间通道，很少有人可以在冬季跨越艰险的阿尔卑斯山。然而汉尼拔却带着这么庞大的一支军队成功地翻越了高山险阻，突然出现在意大利北部平原，令罗马人猝不及防。汉尼拔越过阿尔卑斯山之后，在当地补充了一些高卢新兵，使军队又达到了三四万人的阵容。于是汉尼拔就带着这支军队长驱直入，直逼罗马，接二连三地取得了一系列战争胜利。

坎尼之战

汉尼拔带兵从西班牙南部的卡塔赫纳出发，首先占领了萨贡托，然后征服了塔拉戈纳，分派其弟对西班牙进行治理，自己则率部相继翻越了比利牛斯山和阿尔卑斯山，进入意大利北部，站稳脚跟并重新扩军之后，挥师南下，相继在提挈诺战役、特雷比亚战役和特拉西梅诺湖战役中取得了三场胜利，直接对罗马城构成了威胁。公元前 216 年，汉尼拔在罗马东南部的坎尼平原以少胜多重创罗马军团，罗马共和国陷入岌岌可危的状态中。

　　汉尼拔开创了一种不用排兵布阵进行正面碰撞，而是通过迂回包抄和两翼攻击的战术来克敌制胜的范例。后来罗马人之所以能够在战场上不断地获取胜利，很大程度上就是因为他们巧妙地学会了汉尼拔作战的战术要领。可以毫不夸张地说，罗马人就是汉尼拔的"学生"，而汉尼拔的这种战术最早却是来

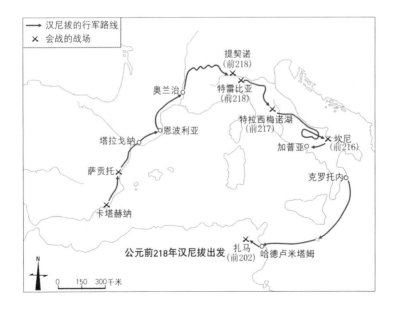

汉尼拔的行军路线和第二次布匿战争的重要战役

自希腊的伟大统帅亚历山大。汉尼拔进入意大利后接连取得了几次以少胜多的辉煌战绩，尤其是在公元前216年，汉尼拔的军队在坎尼平原和罗马军队进行了一次生死攸关的大会战，这场战役将天才军事家汉尼拔高超的指挥技能和战斗技巧淋漓尽致地展现出来。

在坎尼之战中，汉尼拔拥有 40 000 名步兵和 10 000 名骑兵，罗马的军队则有 80 000 名步兵和 7 200 名骑兵。从士兵数量上来说，汉尼拔的总兵力和步兵兵力明显处于弱势，但是汉尼拔率领的骑兵却是从非洲带来的骁勇善战的努米底亚骑兵。努米底亚位于今天北非突尼斯、阿尔及利亚的沙漠地带，这个地方的骑兵素来以战术高超、作战勇猛而著称，具有非常强的战斗力。

当坎尼之战的双方军队开始排兵布阵时，汉尼拔将新收编的高卢步兵排在战阵的最前面，高卢人是野蛮民族，打起仗来不讲究阵法，战斗力较弱；高卢步兵的后面，是汉尼拔从西班牙和非洲带来的重装步兵，这是训练有素、久经沙场的精锐部队。他又在步兵阵形的左翼配置了西班牙和高卢的骑兵，在右翼则配置了经验丰富的努米底亚骑兵。

战斗打响之后，汉尼拔面对步兵人数比自己多一倍而骑兵力量弱于自己的罗马军队，采取了两翼包抄的战术。他首先让努米底亚骑兵和西班牙、高卢骑兵分别攻击位于罗马步兵两翼的骑兵，汉尼拔的骑兵很快就击溃了罗马骑兵，取得了侧翼的胜利。同时在面对罗马重装步兵的正面进攻时，汉尼拔命令向前凸出的高卢步兵队列向两边散开，然后让后面的精锐重装步兵有序地向后撤退，整个步兵阵形由正弓形转变为反弓形，像口袋一样包裹住了向前推进的罗马重装步兵。此时已经取得了两翼战场胜利的迦太基骑兵从罗马步兵的背后包抄过来，向后撤退的迦太基重装步兵和向两边散开的高卢步兵同时开始从前方和两侧向中间夹击，罗马军团陷入四面包围之中，特别是从背后飞驰杀来的骑兵，令罗马人阵形大乱，丢盔弃甲，死伤惨重。

这场战役的结果是汉尼拔大获全胜，罗马军队伤亡近 70 000 人，另有 8 000 人被俘，只有少数将士逃出战场，而汉尼拔军仅损失 5 500 人，这场战役成为世界战争史上以少胜多的著名典范。在若干年以后，罗马将领大西庇阿以其人之道还治其人之身，同样采用汉尼拔的战略打败了汉尼拔的军队。再往后，罗马人在东方的许多战役中也是以少胜多，其作战方式都是避免正面硬碰硬地对抗，而是通过两翼迂回包抄，从背后袭击敌人，最后陷敌军于包围圈中，致使其不战自溃，以此来获取战场上的胜利。

在坎尼之战中，罗马的两位现任执政官瓦罗和保卢斯，以及两位卸任执政官瓦列里乌斯与雷古鲁斯全部出动，共同执掌罗马军团。战斗的结果是执政官保卢斯战死，瓦罗带领少数人突围而生还，两位卸任执政官瓦列里乌斯与雷古鲁斯也全部战死，80 位罗马元老或战死或被俘，罗马军队遭到了重创。

至此，汉尼拔已经接连取得了四场战役的胜利，尤其是坎尼之战，致使罗马军队元气大伤，罗马人已经对汉尼拔闻风丧胆。坎尼距离罗马大约有三百公里的距离，汉尼拔原本可以在坎尼之战后乘胜前进，直取罗马，但是他却错失了良机。

汉尼拔的分离主义政治理想

汉尼拔是一位伟大的军事战略家，但是在政治上他却缺乏远大的策略眼光。汉尼拔为什么没有在坎尼之战之后乘势直取罗马呢？主要原因是汉尼拔在政治思想上深受希腊城邦模式的影响，缺乏罗马人建立大帝国的宏大理想。迦太基原本就是一个城邦式的国家，它所建立的"势力范围"都是在城邦同盟的意义上实现的，即西地中海的诸多国家承认迦太基的霸权地位，但是并不直接归属其统辖。迦太基对于西地中海诸国的霸权就如同希波战争之后雅典城邦对于提洛同盟诸国的霸权一样，是一种松散的结盟形式。相比之下，罗马人却是通过不断地殖民扩张来建立一统天下的大帝国。由此可见，布匿战争中交战双方的政治理想是完全不同的。汉尼拔进军意大利的主要政治意图是推翻罗马人对意大利各同盟国的统治，帮助各国重新回到以前小国寡民的分离状态，而不是取代罗马人对意大利进行统治。由于受到这种政治理想的影响，汉尼拔给予坎尼战争俘虏的待遇也不一样。罗马军队由两部分人构成，一部分是由罗马公民组成的罗马军团，另一部分则是由意大利各国将士组成的同盟军团。汉尼拔对待罗马同盟军团的俘虏非常宽容，对罗马军团的战俘却采取虐待的方式。他的目的就是让意大利的同盟者认识到，他来此地不是要和意大利人打仗，而是来和罗马人决战的；他的目的也不是取代罗马人对意大利进行统治，而是要肢解罗马同盟，将意大利各同盟国从罗马人的统治之下解放出来。

因此，汉尼拔本人并不想消灭罗马，他只是想把以罗马为首的帝国解散，让意大利的那些同盟国重新回到各自独立的小国寡民状态中，这种想法是典型的希腊城邦式的政治理想。虽然汉尼拔是迦太基人，但是他非常仰慕希腊文化，他的很多幕僚也都是来自希腊，甚至连他的保姆和家庭教师也都是希腊人。当时的地中海世界，虽然存在着各种利益冲突，但是无论是罗马人还是迦太基人，都以学习希腊文化为荣。汉尼拔也不例外，他心中蕴藏着深厚的希腊思想和情感，他的目的不是像罗马人那样通过不断扩张来建立大帝国，而是帮助意大利各盟国重新回到分离主义的城邦状态，将罗马打回原形，使其重新收缩为台伯河畔的一个蕞尔小国。正是受到这种分离主义的政治理想的影响，汉尼拔没有在坎尼之战之后乘胜前进直取罗马，而是掉转头来，到意大利南方去离间罗马的那些同盟国，使其摆脱罗马人的统治。

汉尼拔未能乘胜直取罗马的另一个原因，是他深知罗马人永不言败的顽强精神。尽管汉尼拔在坎尼之战中重创了罗马的生力军，但是他知道罗马人在自己的本土仍然有大量的新鲜血液可以不断补充，而自己的军队与皮洛士军一样，主要由雇佣兵构成，这样的军队在敌国的土地上是很难补充有效兵源的。所以汉尼拔在取得了决定性的胜利之后，试图不战而屈人之兵，主动向罗马人提出了和谈的要求，向罗马元老院提出了一些不平等的条约，就像当年罗马人在第一次布匿战争中向迦太基人提出的不平等条约一样。

汉尼拔释放了 10 位被俘的罗马元老，让他们作为使者到罗马元老院去转达自己提出的和谈条件。当时汉尼拔手中还掌握着8 000 名罗马战俘，这些人的命运将取决于谈判的结果。但是罗马人素来不愿意在屈辱的态势下与敌人和谈，罗马元老院拒绝接见这 10 位元老，并且明确表示决不接受汉尼拔提出的和谈要求。他们宣称，只要迦太基的军队还在意大利的土地上一天，罗马人就决不进行和谈，除非迦太基军队全部撤出意大利。而此时汉尼拔军队距离罗马城仅有数百公里，不仅控制着意大利南部的大片地区，而且处心积虑地试图拆散罗马同盟，但是这仍然不能改变罗马人永不言败的顽强斗志和血战到底的英勇精神。

罗马元老院不但把作为和谈使者的 10 位元老拒之门外，而且不允许任何个人和集体来赎买那 8 000 个被迦太基人俘虏的罗马将士。汉尼拔的和谈意愿彻底落空了，在这样的情况下，汉尼拔只得掉头向南，去离间意大利南部的那些罗马同盟国了。

法比乌斯的拖延战略

在第二次布匿战争爆发时，罗马有一位杰出的军事将领法比乌斯，他就是战争爆发之前罗马派往迦太基去谈判的 5 位元老院使者之一。当时正是法比乌斯折起了自己身穿的托加袍，让迦太基人在缔约与开战之间进行选择，并最终抚平折纹选择了开战。

法比乌斯虽然年事已高，但是功勋卓著，在罗马元老院和民众中享有盛誉。当汉尼拔挥师进入意大利，在特雷比亚战役和特拉西梅诺湖战役中取得了两次胜利之后，罗马城面临着被围攻的危险，在紧急形势下，元老院在公元前 217 年任命法比乌斯为独裁官。面对汉尼拔咄咄逼人的强劲兵锋，法比乌斯采取了拖延战略，避免与汉尼拔正面交战，而是采取尾随骚扰、敌进我退的战略，这种战略被后世称为"法比乌斯战略"（或"费边战略"）。由于汉尼拔是从远方来到意大利的，他的大本营远在迦太基和西班牙，因此在粮草辎重和兵源的补充方面都存在着一定的困难。法比乌斯据此制定了一种拖延战略，让罗马军队始终与汉尼拔的军队保持一定的距离，每当汉尼拔想要决战的时候，法比乌斯就避而不战；而当汉尼拔军队开拔之后，法比乌斯的军队就紧随其后，不断围追骚扰，断其粮草，乱其军心，弄得常胜将军汉尼拔颇为头疼。

面对法比乌斯的拖延战略，汉尼拔也开始采取相应的对策来对付罗马人,他对所经过的地区进行暴虐的烧杀掳掠,试图以此来激怒罗马人。这个方法果然奏效,罗马人纷纷怨声载道,元老院也对法比乌斯的拖延战略颇有微词,觉得法比乌斯的做法违背了罗马人一贯的强硬风格,罗马人可以光荣地战死沙场,但是不应该采取这种屈辱的方式来回避战斗。

在巨大的舆论压力下,法比乌斯仍然坚持他的拖延战略,于是汉尼拔又采取了一种更加阴险的做法。汉尼拔率领军队经过意大利的许多地区,其中就包括法比乌斯的家乡,汉尼拔命令士兵把周围的村庄全部烧毁,唯独对法比乌斯的庄园不加侵犯。这样罗马城内就出现了越来越多的谣言,传言称法比乌斯与汉尼拔之间有暗中交易。此时又恰逢法比乌斯的独裁官任期届满,所以他只得把军权交给新当选的执政官保卢斯与瓦罗。保卢斯与瓦罗一上台,就放弃了法比乌斯的拖延战略,开始采用正面作战的策略来应对汉尼拔,这样就导致了坎尼之战的爆发,以及罗马人在这次战役中的惨败。尤其是执政官瓦罗,更是一位强烈主张与汉尼拔正面作战的鹰派人物,虽然他在坎尼之战中侥幸活了下来,但是坎尼之战的结果却充分说明了他的策略是错误的。

在坎尼惨败之后,罗马元老院在公元前 215 年重新起用法比乌斯为执政官。法比乌斯继续采取拖延战略,一直和汉尼拔的军队保持距离,避免正面交战,但是一直尾随在汉尼拔军后面,不时进行骚扰和突袭。这种消耗敌军精力的"法比乌斯战略"一直持续到公元前 209 年,老谋深算的法比乌斯终于抓住了一次时机,在意大利南部的塔兰托附近打败了汉尼拔，夺回了罗马人对意大利南部地区的控制权。

后起之秀大西庇阿

　　与老迈的法比乌斯相映成趣，第二次布匿战争期间罗马政坛上也出现了一位青年才俊，这就是具有雄才大略的大西庇阿。汉尼拔是一位举世罕见的天才军事家，而作为后起之秀的大西庇阿之于汉尼拔而言，不仅是"棋逢对手，将遇良才"，甚至可以说是"青出于蓝而胜于蓝"。在军事战略方面，大西庇阿堪称汉尼拔的"学生"，他从坎尼之战中领略了汉尼拔的高超战法，却在后来的北非扎马之战中以其人之道还治其人之身，最终打败了汉尼拔。他本人也因此而获得了"西庇阿·阿非利加努斯"（Scipio Africanus，即"非洲征服者西庇阿"）的光荣称号。

罗马名将大西庇阿

大西庇阿的本名叫普布利乌斯·科尔内利乌斯·西庇阿
（Publius Cornelius Scipio，公元前 236 年—公元前 183 年，相对
于第三次布匿战争的罗马主帅小西庇阿，故而称为大西庇阿），
他出生于一个渊源深厚的罗马贵族家庭。当汉尼拔带着军队入侵
意大利的时候，大西庇阿的父亲和叔叔正带着罗马军队攻击汉尼
拔在西班牙新迦太基的大本营，和汉尼拔留守西班牙的两个弟弟
之间展开了持久的战争。结果在一次战斗中，大西庇阿的父亲和
叔叔双双以身殉职，而此时年轻的大西庇阿也开始在罗马政坛上
崭露头角。公元前 211 年，就在大西庇阿的父亲和叔叔阵亡后不
久，年仅 25 岁的大西庇阿向元老院主动请缨，希望能够子承父
业，出任远征西班牙的军队统帅。

当时，一部分罗马元老为大西庇阿的初生牛犊的无畏精神所
感动，决定支持大西庇阿出任军队的统帅；另外一部分元老则指
责大西庇阿徒有匹夫之勇，年纪太轻，缺乏战斗经验，因此表示
反对。大西庇阿针对那些表示反对的元老正气凛然地说道："如
果有哪一位元老愿意主动请缨挂帅，我可以放弃对这个职位的要
求。"此言一出，那些持反对意见的年长元老全都鸦雀无声，谁
也不愿赴西班牙这个蛮荒之地去与迦太基人作战。在这样的情况
下，元老院最终还是任命了年轻的大西庇阿作为远征西班牙的罗
马军队统帅。

大西庇阿虽然年纪不大，但是他曾经参加过坎尼之战，并且
侥幸地在战斗中免遭劫难。通过亲身参与这场酷烈的战争，作为

败军之将的大西庇阿切身领略到了汉尼拔高超的战略技能。当大西庇阿接受元老院的任命,接替父亲和叔叔继任军队统帅之后,他就带着罗马军队如法炮制,采用汉尼拔的离间策略对西班牙的一些土著族群进行分化,使其脱离新迦太基的控制。之后他集中兵力打败了汉尼拔的弟弟,最终征服了新迦太基和西班牙,端掉了汉尼拔的老巢。

公元前 206 年,大西庇阿从西班牙凯旋,并于次年当选为罗马执政官(年仅 31 岁)。踌躇满志的大西庇阿再次向元老院请命,要求率军深入非洲,进攻迦太基本部。当时许多元老包括德高望重的法比乌斯都拒绝了大西庇阿的请求,他们认为汉尼拔的军队仍然驻扎在意大利南部,此时贸然出兵进攻北非过于冒险。面对元老院的反对,大西庇阿提出可以先进驻西西里岛,伺机而动。元老院同意了他的请求,于是大西庇阿率部进入西西里岛,在那里进行扩军备战。公元前 204 年,在获得了元老院的授权之后,大西庇阿带领罗马军队从西西里岛渡海进入非洲。

扎马之战和第二次布匿战争的结局

当大西庇阿的军队直逼北非时,迦太基元老院深感恐慌,急令驻扎在意大利南部的汉尼拔军撤回非洲。而汉尼拔自坎尼之战以后的十多年间，一直都在意大利南部盘桓，其目的是离间罗马的那些意大利盟邦，瓦解罗马同盟。汉尼拔收到迦太基本土吃紧的消息之后，不得不率领军队撤回非洲。公元前202年，汉尼拔和大西庇阿在迦太基城西南面的扎马展开了一场生死决战，在这场战役中，大西庇阿运用汉尼拔在坎尼之战中所使用的战略，打败了汉尼拔，堪称"学生"战胜"老师"的经典范例。

在扎马之战中，汉尼拔麾下有46 000名步兵、4 000名骑兵和80头大象，大西庇阿则拥有29 000名步兵和6 000名骑兵。虽然从兵力上来看，汉尼拔一方明显占有优势，但是罗马人却在骑兵上占优。这种力量对比情形就和坎尼之战时一样，当时汉尼拔也是拥有骑兵优势，并依靠这种优势打败了步兵数量明显占优的罗马军团。

汉尼拔在扎马之战的排兵布阵中，将80头大象布置在战阵的最前面，然后在第二排和第三排布置了战斗力较弱的雇佣兵，最后一排则是汉尼拔从北非和西班牙征集的精锐部队；在步兵阵形的左右两翼，分别配置了努米底亚骑兵和迦太基骑兵。

大西庇阿的战阵则是将百人团重装步兵和轻装步兵相互混杂，组成具有纵深的队列一字排开，目的是对付汉尼拔的象阵。当大象冲过来的时候，轻装步兵可以分散穿插到重装步兵的间隙中，给大象留出通道，等大象从通道中穿过之后，罗马的轻装步兵再从后面袭击大象，而重装步兵则继续向前推进去攻击敌人。这样就使得汉尼拔的象阵完全不能发挥战斗作用，在遭到背后袭击时四散逃亡，甚至还会转过身来践踏自己的军队。同时，大西庇阿也像坎尼之战中的汉尼拔一样，运用两翼的骑兵优势采取迂回包抄战术，先打败对方的骑兵，再转过头来从背后攻击迦太基的精锐步阵。由于此时罗马军队也吸收了许多努米底亚骑兵，骑兵战术得到了极大的优化，所以在这场战役中罗马人最终彻底打败了汉尼拔的骑兵和步兵。决战的最后结果是：迦太基军队中战死和被俘的各有 20 000 人，汉尼拔本人侥幸逃脱；而罗马军队仅仅损失了 1 500 人，罗马人大获全胜。

扎马之战与坎尼之战的战略战术如出一辙，大西庇阿采取了与汉尼拔当年几乎完全相同的作战方法。扎马之战彻底消灭了迦太基的生力军，第二次布匿战争也以罗马人完胜，迦太基人全败而告终。

公元前 201 年，在扎马战败之后的迦太基人不得不与罗马人签订了非常屈辱的城下之约，其主要内容如下：

首先，罗马人要求迦太基放弃一切海外属地，包括西西里岛、撒丁岛、西班牙等，全部转交罗马人来统治。

其次，罗马人解除了迦太基的军事武装，只允许迦太基人保留 10 艘战船维护城市安全，其余战船和大象都交给罗马人处理。

再次，未经罗马人同意，迦太基不得与任何国家开战。

最后，罗马人要求迦太基人分 50 年偿清 1 万银塔兰特（相当于 26 万千克白银）的巨额战争赔款，并且把 100 位迦太基贵族子弟作为人质送往罗马羁押。

上述和约条款意味着迦太基已经沦为罗马的附属国。条约签订之后，大西庇阿率领大军，带着大量战利品返回罗马，在那里，罗马元老院为他举行了一次气势恢宏的凯旋式，他因此而获得了"非洲征服者"的称号。相比之下，汉尼拔虽然不愧为亚历山大之后最杰出的军事天才，但是迦太基仍然逃脱不了战败的下场。综合而论，罗马人最终战胜迦太基人的原因可以归结为两点。

其一，罗马人与迦太基人的政治策略完全不同，汉尼拔虽然军事才能出众，但是他深受希腊分离主义理想的影响，想重新回到小国寡民的城邦状态；罗马人却要通过不断地征战而建立大帝国，一统天下。这两种政治策略是背道而驰的，前者是要回到已逝的往昔，后者则是要开创全新的未来。二者之间就像同时代中国的楚汉一样，项羽想要分封诸侯，重新回到春秋战国时期；刘邦则要一统天下，发扬光大秦始皇开创的千秋基业。罗马与秦汉的历史背景虽然不尽相同，但是亚欧大陆两端的历史发展趋势却是完全一致的。

其二，迦太基的军队中基本上都是雇佣兵，而罗马的军队中则大多是子弟兵。迦太基人生活富足、作风慵惰，不愿意亲自去打仗，于是就花钱到西班牙、高卢以及希腊等地去招聘雇佣兵。

这些雇佣兵都是为了钱而打仗，依靠他们是很难建立强大的国家的。而罗马军队则是子弟兵，他们是为了国家的强大和自身的利益而战，在战争中往往会勇往直前、视死如归。罗马军队与迦太基军队的成分和素质的差异，从根本上决定了战争的胜负结果。

棋逢对手，英雄相惜

扎马之战结束之后，还发生过一些有趣的故事。战败后的汉尼拔逃回迦太基，在紧急召开的元老院会议上，汉尼拔宣称迦太基已经彻底战败，现在只有一条路可走，那就是与罗马议和。汉尼拔亲历战场多年，和罗马人打过许多场硬仗，他深知罗马人的韧性和实力，也了解奢靡的迦太基人绝不是罗马人的对手。但是当时一位不知天高地厚的元老站起来声称，"我们迦太基人一定要与罗马人决一死战"。汉尼拔闻言后愤怒地冲上讲台，一把将这位元老拽了下来，对他说道："你一场仗未打，有什么资格说这种话？而我久经沙场，和罗马人打了十几年的仗，我非常清楚罗马人的战斗力以及顽强精神！"在汉尼拔的极力劝说之下，迦太基元老院最后做出了向罗马人求和的决定。

迦太基人与罗马人签订和约之后，汉尼拔从迦太基政坛上隐退，带着他的部分残兵剩勇在乡间种植橄榄树。数年之后，他又重返政坛，站在平民主义立场上试图对迦太基的权贵统治进行改革。汉尼拔的廉政改革措施及其潜藏的政治野心极大地得罪了腐败而保守的迦太基元老们，后者向罗马人举报汉尼拔试图与塞琉古王国的君主缔结反罗马联盟。一个奉命调查此事的罗马使团于公元前 195 年来到迦太基，汉尼拔仓皇出逃，经过地中海东岸的推罗等地，最终还是不得不投靠了塞琉古国王安条克三世（Antiochus III，公元前 241 年—公元前 187 年）。不久以后，罗马又和塞琉古王国发生了冲突，在双方罢兵和谈的时候，罗马元老院指派大西庇阿作为使团代表去和塞琉古国王缔结和约。双方在小亚细亚的以弗所进行谈判的过程中，大西庇阿邂逅了依附在塞琉古国王帐下的汉尼拔。此时，他们已经不再是敌人，而成了故友。汉尼拔现在大势已去，寄人篱下；大西庇阿虽然是罗马使者，但是此时也遭到了罗马保守派人士的猜忌攻讦，权势渐失。故人相遇，感慨良多。大西庇阿虽然最终战胜了汉尼拔，却仍然对这位前辈英雄崇敬有加，二人之间曾经有过这样一段精彩对话。

> 大西庇阿询问汉尼拔："你认为古往今来最伟大的统帅是谁？"
>
> 汉尼拔回答："当然是马其顿王国的亚历山大！他征服了辽阔的疆域。"
>
> 大西庇阿又问道："第二位呢？"

汉尼拔说道:"那就应该是伊庇鲁斯的'战术大师'皮洛士了。"

然后大西庇阿接着问:"那么第三位呢?"

汉尼拔脱口而出:"毫无疑问,那就是我!"

于是,大西庇阿又问了一句:"如果当年的扎马之战中是你打败了我,那么又当何论?"

汉尼拔斩钉截铁地回答道:"如果是那样,我肯定要排在皮洛士之前,甚至还要超过亚历山大而名列第一了!"

公元前 189 年,塞琉古军队在小亚细亚的马格尼西亚被罗马人打败,汉尼拔再度开始了逃亡生活,辗转于东方的各个希腊化王国聊度余生,同时发挥他的设计才能搞了一些城市规划和技术发明。公元前 183 年,罗马将军弗拉米尼乌斯(Flaminius)造访了位于小亚细亚的比提尼亚王国,发现汉尼拔正在该国避难,于是就向比提尼亚国王提出了强烈抗议。后者慑于罗马人的威势,不得不答应交出汉尼拔。眼看逃生无望,又不愿遭受罗马人的图圄之辱,64 岁的汉尼拔选择了服毒自杀,临终前像当年的狄多女王一样对恶毒无信的罗马人进行了诅咒。传说中的罗马人始祖埃涅阿斯曾对迦太基女王始乱终弃,数百年后罗马人又打败并逼死了汉尼拔,从狄多女王一直到汉尼拔对罗马人的谴责如同魔咒一般萦回在地中海的上空,历史的报应终将降落到罗马人的头上。

或许是某种神秘的命运使然,就在同年,汉尼拔的昔日劲敌，年仅 53 岁的大西庇阿也溘然长逝。这位扎马之战中的大英雄在晚年受到以老伽图为首的罗马保守派元老的排挤指控，在罗马政坛上日益消沉，退隐江湖，最终在坎帕尼亚的庄园中郁郁而终。从坎尼之战到扎马之战，再到以弗所的邂逅，这两位战场上兵戎相见，人生旅途中却命运相连的伟大英雄终至同年而殁，他们的去世象征着一个辉煌时代的终结。

第 IV 节

第三次布匿战争

"迦太基必须毁灭！"

扎马之战是一场决定整个西地中海格局的关键战役，这场战役彻底打垮了迦太基，迦太基人不得不向罗马人求和并签订了极其屈辱的停战条约。虽然罗马人仍然承认迦太基的存在，但是迦太基实际上已经沦为罗马的附庸了。

公元前 149 年，第三次布匿战争爆发，此时距离公元前 201 年第二次布匿战争结束，已经过去了半个多世纪的时间。在这段时间里，迦太基虽然失去了广大的海外殖民地，并且解散了海军，老老实实地匍匐在罗马的权威之下，但是迦太基的经济实力仍然非常强大。尽管海外势力的丧失导致了商业受挫，但是北非的土地非常肥沃，迦太基的农业素来也很发达，所以在与罗马签订了和约之后，迦太基从此韬光养晦，不再考虑对外扩张，转而发展内陆的农业生产。经过五十多年的潜心经营，迦太基的农业经济获得了长足的发展，迦太基不仅没有因为战败而走向贫穷，反而变得比战前更加富足。在这种情况下，迦太基又开始悄然崛起，其政治野心也蠢蠢欲动，它虽然不敢公然与罗马对抗来谋求地中海的霸权，却意图制服周边的国家，成为北非地区的霸主。

此时在迦太基的西边，也崛起了一个新的国家——努米底亚。努米底亚原本只是北非地区的一个酋长部落，附属于迦太基，它的骑兵素来具有很强的战斗力，曾经在坎尼之战和扎马之战中先后帮助汉尼拔和大西庇阿取得了战场上的胜利。由于努米底亚骑兵在扎马之战中为罗马人建立了功勋，所以在第二次布匿战争的停战和约中，罗马人迫使迦太基人承认了努米底亚的独立，从此努米底亚就成为一个正式的国家。随着迦太基的重新崛起，面对着在扎马之战中帮助罗马人打败自己的邻国努米底亚，迦太基人欲图还报当年对方背信弃义的一箭之仇。

公元前 149 年，迦太基擅自出兵威胁努米底亚，努米底亚国王向罗马人请求援助。由于第二次布匿战争的停战和约中明确规定，迦太基和任何国家开战必须首先征得罗马的同意，而现在迦太基未经罗马的允许就向努米底亚开战，因此罗马人就以迦太基人违约为由，再度向迦太基人宣战，由此开启了第三次布匿战争。

事实上，在第三次布匿战争爆发前的几十年间，罗马内部就已经出现了两种截然不同的外交政策。第一种可以被称为"稳健的扩张政策"，代表人物就是第二次布匿战争中的凯旋英雄大西庇阿。虽然大西庇阿在西班牙战争和北非扎马之战中都取得了决定性的胜利，但他却是一个非常冷静和富有理性的政治家，恪守信义和尊重对手，行事谨慎，不尚偏颇。所以他主持签订的第二次布匿战争和约，仍然承认和尊重迦太基的独立，而不是将其赶尽杀绝。大西庇阿奉行的这种政策就是"稳健的扩张政策"，即对于那些被罗马人征服的海外国家，只要它们承认罗马的霸主地位，向罗马俯首称臣，罗马就认可其国家的独立存在，并不需要将对方彻底毁灭。

但是稍后罗马又出现了另一种外交策略，这就是所谓"强硬的扩张政策"，其代表就是著名的保守派元老、监察官马可·波西乌斯·伽图（Marcus Porcius Cato，公元前 234 年—公元前 149 年）。在罗马史上为了与其曾孙、恺撒时代的著名元老小伽图相区别，监察官伽图通常被称为老伽图（Cato Maior）。

老伽图原本出身于平民阶层，由于功勋卓著而跻身罗马的权贵行列。老伽图的特点是作风硬朗、道德质朴，主张坚守罗马人传统的价值观念，反对大西庇阿等自由派人士所代表的开放倾向，他因此而成为罗马保守派元老的代表人物（另一位代表人物是老一辈的法比乌斯）。据说老伽图在老年时，身体仍然非常强健，打起仗来一向都是高叫着冲向敌人，仅凭他的呼啸声就能让敌人闻风丧胆。老伽图在言行上素来古朴刻板，一身正气，两袖清风，从来没有沾染过任何萎靡不振和腐化堕落之事。他待人极其严厉，对敌人绝不宽容。在罗马，监察官往往都是由德高望重之人来担任，刚正不阿是其品行的首要之义，在这一点上老伽图堪称典范。普鲁塔克在《希腊罗马名人传》中论及老伽图的一些趣闻逸事，监察官老伽图曾经指责一位元老居然在大白天和妻子接吻，他把这位元老赶出了元老院，并且宣称，自己从来不会在白天亲吻妻子，除非是在打雷的时候。从这件事中可以看出老伽图的思想之保守，他极力抵制希腊的柔靡之风对罗马人的侵蚀，呼吁罗马青年抵制希腊文化的毒害，保持古朴的道德风尚。

与老伽图的泥古不化恰成鲜明对照，大西庇阿是一个心胸开阔的革新者，他非常仰慕希腊文化，因此也对同样具有深厚希腊情结的汉尼拔和迦太基人比较宽容。他认为罗马人应该学习希腊人的文明风范，不断提升自己的文化品位，变革传统陋习。因此，大西庇阿和老伽图分别代表着开放与保守的文化倾向，同时也在推行两种完全不同的外交政策。这两种政策在本质上都是为罗马的对外扩张服务的，但是"稳健的扩张政策"是要把所征服的国度变成罗马的同盟国，仍然承认其独立和自治；而"强硬的扩张政策"则是要彻底消灭敌国，将其变成罗马的海外行省或殖民地，完全纳入罗马人的统治和管理之下。

保守的老伽图与开放的大西庇阿在各自所坚持的外交政策方面发生了明显的分歧和冲突，双方较量的结果是保守派势力占据了上风。大西庇阿在塞琉古战争之后开始受到罗马元老院的多方指控，权势日衰，逐渐淡出政坛。在大西庇阿去世之后，老伽图所代表的"强硬的外交政策"更是在罗马元老院里成为主流，据说老伽图每次在元老院里边发表演讲，无论涉及什么议题，最后都一定要加上一句话："依我之见，迦太基必须毁灭！"尽管迦太基人在第二次布匿战争中已经投降认输，并与罗马人签订了屈辱性的停战和约，但是老伽图仍然坚持认为：迦太基只要存在一天，对于罗马来说就是一种威胁，罗马要想防止迦太基卷土重来，必须把它彻底毁灭。

大西庇阿去世以后，他的女婿西庇阿·纳西卡（Scipio Nasica）仍然在元老院坚持大西庇阿的稳健路线，并且得到了一批元老的支持。因此，每当老伽图在罗马元老院里强调"迦太基必须毁灭"的时候，西庇阿·纳西卡则会高声回应："依我之见，迦太基必须继续存在！"由此可见，罗马的这两种针锋相对的外交政策，始终维持着一种强劲的张力。

迦太基的灭亡

公元前 149 年，迦太基出兵威胁努米底亚，让罗马元老院抓到了迦太基违背条约的把柄，于是罗马再度向迦太基宣战。迦太基元老院得知罗马人又向自己宣战的消息，深感恐慌，马上派出了一个代表团来到罗马元老院进行解释，并且表示愿意无条件撤兵。但是罗马人却不依不饶，尤其是在罗马政坛上风头日盛的"强硬的扩张政策"的鼓动者们，正好抓住了可乘之机，一定要借此把迦太基彻底毁灭方肯罢休。

在这样的情况下，尽管迦太基愿意无条件投降，罗马元老院却仍不断地提出极其苛刻的条件。罗马人首先要求迦太基将 300 名贵族子弟作为人质送到罗马，就在迦太基人顺从地执行罗马人的命令，把这些人质送往罗马的途中，一支由 80 000 名步兵和 4 000 名骑兵所组成的罗马大军已经在两位执政官的统率下向北非挺进了。当罗马军队在北非重镇乌提卡安营扎寨后，一个惊慌失措的迦太基使团来到罗马军营，卑躬屈膝地乞求罗马人开出免战的条件。罗马执政官塞索里努斯（Censorinus）要求迦太基人完全解除武装，把所有的兵器、铠甲，以及投石器、守城的器械等装备全部上交罗马人，迦太基人再一次不折不扣地遵行了罗马人的命令，解除了国内的所有武装。紧接着，罗马人又下了一份极其霸道的最后通牒：迦太基人必须把迦太基城池毁掉，向非洲内地迁徙 15 公里，重新建立城市。罗马人的理由是，只有这样做才能从根本上杜绝迦太基人向罗马人复仇的想法，迦太基人也可以从此在新建的家园中安享稼穑之乐，过上与世无争的幸福生活。罗马执政官塞索里努斯傲慢地对迦太基使者宣称：

"消除一切邪念的良方就是遗忘，除非你们掉过头去，不再关注你们的城市和昔日的荣耀，否则你们永远不可能做到遗忘。……你们可以带上祖先的神庙和坟茔前往内地任何自行选择的地方定居，在那里按照你们自己的习惯来生活。只要你们服从我们的统治，迦太基就可以享有自治权。我们认为你们这些人——而不是你们所生活的这片土地——才是迦太基。"

罗马人的这个要求无异于让迦太基人自毁社稷，让这个存在了七八百年的古老国家彻底灭亡。对于这个蛮横要求，手无寸铁的迦太基人宁死也不愿接受，他们只能选择与城池共存亡，拼死一战。

威廉·透纳:《迦太基帝国的衰落》

于是迦太基人开始积极备战，凭借三边靠海的地理位置以及坚固的城墙来进行防御。全体迦太基人同心协力，妇孺老幼一起上阵，所有的公共场所包括神庙都被改造成制造兵器的作坊，贵族与平民并肩携手，奴隶们被释放以充实兵源，大家决心誓死捍卫这座孤城。从公元前 149 年末开始，罗马人对这座坚固的古城进行了一年多的围攻，始终无法攻破固若金汤的迦太基城池。直到公元前 147 年，新上任的罗马执政官小西庇阿接管了军队的指挥权，僵持的战局才得以改观。

迦太基城全景图

小西庇阿的全名为普布利乌斯·科尔内利乌斯·西庇阿·埃米利安乌斯（Publius Cornelius Scipio Aemilianus，公元前 185 年—

公元前 129 年），他原本是征服马其顿的罗马大英雄埃米利乌斯·保卢斯之子，因家中子嗣过多、父母无力抚养而被父亲过继给大西庇阿之子，成为西庇阿家族的成员。这位"非洲征服者"大西庇阿的养孙不仅继承了科尔内利乌斯·西庇阿家族的光荣称号，也承袭了大西庇阿的军事天赋，曾经在马其顿战争和西班牙战争中表现出色。公元前 147 年小西庇阿作为罗马执政官接任围攻迦太基城的军事主帅，他对内整饬军纪，提高军队的战斗力；对外则肃清迦太基的城外据点，截断其粮草来源，围而不攻，陷迦太基城于内乱。小西庇阿还在迦太基海港外的海面上修筑了一座高大的防波堤，不仅阻止了迦太基城的一切海上供应，而且将这座大堤作为进攻迦太基海港的跳板，占据了居高临下的优势地位。

公元前 146 年春季，小西庇阿对弹尽粮绝的迦太基城进行了最后的总攻，养精蓄锐的罗马士兵很快就攻破了这座困守数年的城池，迦太基的负隅顽抗者遭到了无情的杀戮。血腥的屠城持续了六天时间，迦太基血流成河，生灵涂炭。到了第七天，一个由迦太基元老组成的代表团手持象征和平的神圣橄榄枝来到小西庇阿面前，乞求罗马将军赐给残存的迦太基百姓一条生路。小西庇阿接受了他们的请求，迦太基最后的 50 000 人——主要是妇女和儿童——在罗马士兵的押解下走出了卫城，从此开始了悲惨的奴隶生涯。迦太基的最后一位独裁僭主哈斯德鲁巴跪在小西庇阿脚下摇尾乞怜，他的妻子将两个孩子逐一杀死，然后拥着孩子们的尸体投身于熊熊烈焰之中……

小西庇阿的感慨与历史的报应

　　小西庇阿攻下了迦太基城之后，遵照元老院的命令一把火将迦太基城焚烧殆尽。胜利了的罗马人仍然觉得不解气，又按照罗马的习俗在迦太基城的废墟上撒了盐，并且诅咒道："任何人若敢在此地重建城市，必遭天谴！"

　　当美丽繁华的迦太基古城在升腾的烈焰中焚烧之时，伫立在城外山头观看的罗马统帅小西庇阿身边站着他的家庭老师和幕僚波利比乌斯，这位伟大的希腊历史学家在《通史》中记载了下面的情景：

　　"（当他下令放火烧毁这座城市时）西庇阿立即转过身来，握住我的手说：'波利比乌斯啊，这是一个光荣的时刻；但是，我有一种可怕的预感，那就是，我的祖国罗马将来有一天也会遭受同样的命运。'……

　　"当西庇阿看到这座城市在大火中熊熊燃烧和正惨遭灭顶之灾时，他不禁悲从中来，甚至公然地为敌人潸然泪下。长期以来的思考让他认识到，所有的城邦、民族和王朝都会像我们每一个人那样灭亡；一度非常强大的埃利乌姆（Ilium）城邦（即特洛伊），以及在它们时代最强大的亚述帝国、米底帝国和波斯帝国，以及近来威震天下的马其顿帝国都遭遇了同样的命运，他有意无意地吟诵了这句诗：

'神圣的特洛伊必有毁灭的一天，

普里阿摩斯和他那持戟挥矛的人民也必有屠戮的一天。'"

（此诗句引自荷马史诗《伊利亚特》，普里阿摩斯乃特洛伊国王。）

当小西庇阿发出上述感慨时，罗马帝国风头正盛、如日中天，但是作为一位具有强烈历史意识的政治家（这一点得益于他的老师波利比乌斯），小西庇阿已经预感到不可一世的罗马帝国也终将会有灰飞烟灭的时候。这种不祥预感连同狄多女王和汉尼拔的恶毒诅咒一起，就像希腊神话中的达摩克利斯之剑一般高悬在罗马帝国的头顶上。征服迦太基开创了罗马帝国的辉煌时代，同时也为罗马大厦的倾覆埋下了隐患。迦太基毁灭之后的 100 年间，关于在北非土地上建立殖民地以解决意大利失地农民的土地问题的争论愈演愈烈，激化了罗马内部的政治矛盾，加速了共和政制向帝制的转化。到了公元 3 世纪，北非迦太基的故土上出现了一位罗马皇帝塞维鲁，他把皇权高高地凌驾于元老院之上，强化了军人干政的专制统治。更加具有讽刺意义的是，他修建了一座白色大理石的精美陵墓，重新安葬了汉尼拔的残骸。塞维鲁的儿子卡拉卡拉，更是罗马历史上臭名昭著的暴君，罗马帝国从他的统治时期开始每况愈下。再往后到了公元 5 世纪，一支侵入北非土地建立王国的日耳曼人——汪达尔人——终于让小西庇阿的预感和狄多女王、汉尼拔的诅咒成为现实——公元 455 年，以"文化破坏者"而著称的汪达尔人从迦太基出发，渡过地中海来到意大利，对四面楚歌的罗马城进行了长达 14 天的杀戮掳掠，临走时一把火将辉煌无比的罗马城烧成一片废墟。罗马与迦太基之间的世代深仇以一报还一报的公平结局而告终，迦太基不仅是磨砺罗马刀锋的砥石，也成为促使罗马断命的毒酒。

迦太基遗址

罗马废墟

第 IX 章

"条条大道通罗马！"

史学家们曾经把迦太基称为罗马的磨刀石，它磨砺了罗马帝国这把刀，使其变得锋利无比，从而迅速地征服了整个地中海世界。布匿战争是罗马历史上的一个重要转折点，同时也是罗马对外扩张过程中最重要的战争，它彻底改变了罗马共和国的地缘政治地位和西地中海的势力格局，使得北非、西班牙、高卢南部的普罗旺斯地区以及西地中海上的诸多岛屿（西西里岛、撒丁岛、科西嘉岛、巴利阿里群岛等）都成为罗马帝国——尽管在内政方面仍然是共和国——的殖民地和势力范围。但是在从公元前3世纪中叶开始的一百多年时间里，罗马人不仅打了三场布匿战争，还与东方进行了四次马其顿战争和一次叙利亚战争，接着又在西班牙打了两场平叛之战（卢西塔尼亚战争和努曼提亚战争），而布匿战争只是这十场战争中的三场而已。

第 I 节

向东地中海的扩张

马其顿战争

罗马人向东地中海地区的扩张首先由一系列马其顿战争而揭开序幕。相对于艰苦卓绝的布匿战争而言，罗马人在马其顿战争中基本上可以说是不费吹灰之力，非常顺利地征服巴尔干半岛上的马其顿王国和希腊各邦国。迦太基是西地中海上的商业帝国，经济繁荣、军事强大，汉尼拔曾经令罗马人吃尽了苦头；而马其顿只不过是亚历山大帝国崩溃以后分离出来的三个希腊化王国之一，虽然在希腊本土分崩离析的各个小邦国中称王称霸，但就其综合实力而言，与曾经称霸西地中海的迦太基却不可同日而语。如果说罗马人征服迦太基的战争旷日持久且蹇滞坎坷，那么罗马人战胜马其顿的战争却势如破竹，马到成功。从公元前 214 年到公元前 146 年的数十年间，罗马人与马其顿人发生了四次战争，大体情形如下。

一、第一次马其顿战争

罗马共和国与马其顿王国的矛盾最早产生于第二次布匿战争期间，当时汉尼拔带领迦太基军队直逼罗马，不仅罗马人心惶惶，罗马的一些同盟国也都纷纷动摇，大家都觉得罗马朝不保夕，迟早会被汉尼拔颠覆。在这种形势之下，与意大利隔海相望的一些希腊国家也开始见风使舵，纵横捭阖，当时的马其顿国王腓力五世（Philip V，公元前 238 年—公元前 179 年）就主动向汉尼拔提出了结盟的请求。而汉尼拔入侵意大利本土的政治意图就是要分离肢解罗马同盟，把意大利南部的那些希腊邦国从罗马人的统治下解放出来，因此自然就接受了马其顿的结盟请求。虽然马其顿并没有真正派出军队前来帮助汉尼拔与罗马人交战，双方只是隔着亚得里亚海相互对峙，但是在态度方面马其顿已经正式向罗马宣战，明确地站在了罗马敌对者的立场上。

而在当时，希腊本土内部也存在着政治分歧。马其顿王国的南边，有一个由希腊各邦国结成的埃托利亚同盟（Aetolian League），这个同盟和马其顿处于对抗状态之中。因此，罗马人面对着马其顿和汉尼拔的联盟，就与之针锋相对地选择了与埃托利亚同盟相结盟。于是，马其顿和埃托利亚同盟就在希腊北部的伊庇鲁斯地区发生了一些小规模的局部战争，罗马人和迦太基人都没有直接介入，因此这实际上是一场代理人之间的战争。后来随着汉尼拔大势已去，见风使舵的马其顿人也不敢再与罗马势力继续对抗，于是就与罗马人支持的埃托利亚同盟缔结了和平协议，双方罢兵言和。罗马人当时深陷于与汉尼拔的持久战，并且准备进军北非，无暇旁顾马其顿军队，遂与后者签订了略输体面的和约而休战。因此，第一次马其顿战争就在双方并没有发生激烈交锋的情况下不了了之。

二、第二次马其顿战争

到了公元前 200 年，第二次布匿战争已经以罗马人的完胜而结束，迦太基人与罗马人签订了城下之约，罗马人可以腾出手来应对东方事务了。此时恰好遇上希腊内部发生了龃龉，这为罗马人报复马其顿人在第二次布匿战争中乘人之危的卑劣做法提供了理由。当时，野心勃勃的马其顿国王腓力五世不仅与西亚的塞琉古王国发生了军事冲突，而且试图凭借武力慑服爱琴海周边的希腊各邦国，直接威胁到雅典等城邦的安全。由于当时的许多希腊城邦已经与罗马人结盟，它们纷纷向罗马告急，请求帮助。于是罗马就以援助雅典等希腊城邦为名，指派当年的执政官弗拉米尼乌斯率兵出征东方。公元前 197 年，弗拉米尼乌斯率领的罗马军队在希腊北部的库诺斯克法莱（Cynoscephalae）大败马其顿军队，腓力五世在战场失利之后，于翌年与罗马人签订了停战和约。和约规定，马其顿从希腊各邦撤兵，仅保留 5 000 名士兵和 5 艘战船，并向罗马人赔偿巨款。通过签订这些不平等条约，马其顿总算是保住了独立的地位。

在这场战争中，罗马人又一次以少胜多打败了敌人，这要归功于罗马人从汉尼拔那里学会的两翼包抄、迂回作战的战术，这种战术最初是大西庇阿在扎马之战中用来以其人之道还治其人之身的，后来不断被罗马的将军们传承发扬，帮助罗马一次又一次地取得了战场上的胜利。罗马人在库诺斯克法莱战役中的胜利终结了第二次马其顿战争，从此以后，马其顿的腓力五世至死也不敢再招惹罗马人及其在希腊的同盟者了。

三、第三次马其顿战争

但是到了公元前 179 年，马其顿国王腓力五世去世，他的儿子珀尔修斯（Perseus，约公元前 212 年—公元前 165 年）继位之后，又开始对北方的色雷斯、伊利里亚地区以及南部的希腊城邦进行军事渗透。当珀尔修斯向东染指罗马在小亚细亚的同盟国帕加马时，帕加马国王请求罗马出兵救援，于是在公元前 171 年罗马派出了两个军团渡海远征马其顿，第三次马其顿战争由此爆发。在战争的初期，罗马军队落于下风，屡遭败绩，三度换帅。公元前 168 年执政官埃米利乌斯·保卢斯（Aemilius Paulus，约公元前 229 年—公元前 160 年）开始出任罗马军队主帅，这位保卢斯就是后来毁灭迦太基的罗马名将小西庇阿的生父。他率领15 000 名罗马将士与珀尔修斯的 30 000 马其顿军在爱琴海西北岸的皮德纳（Pydna）进行了大决战，同样采取骑兵从两翼包抄的迂回战术大败骁勇善战的马其顿方阵。战斗结果是 20 000 名马其顿人在战场上被杀,其余的 10 000 人沦为战俘,珀尔修斯本人也成为罗马人的阶下囚,最终死于罗马的监狱之中。年轻的小西庇阿也随军参加了这次战斗,为他日后的沙场辉煌积累了最初的军事经验。这场战役的另一个重要收获是,作为希腊亚该亚同盟骑兵长官的著名历史学家波利比乌斯被当作人质带到了罗马,并被罗马执政官保卢斯礼聘为家庭教师,教导了后来创建丰功的小西庇阿。

第三次马其顿战争从根本上决定了马其顿的历史命运,珀尔修斯战败被俘之后,罗马人把马其顿王国分解为 4 个彼此独立的"自治区",归属罗马监管,彻底灭绝了这个亚历山大大帝的故国东山再起的希望。

四、第四次马其顿战争

此后又过了若干年,马其顿彼此独立的 4 个"自治区"之间不断发生内讧。公元前 152 年,一位政治野心家安德里斯库斯(Andriscus)冒充珀尔修斯的儿子,自立为马其顿国王,煽动被分裂的马其顿各邦联合起来反抗罗马人的统治。公元前 151 年,罗马元老院指派梅特鲁斯(Metellus)出任马其顿军政长官,在此后的两年中,梅特鲁斯率领罗马军队很快就平定了安德里斯库斯的叛乱,并且镇压了另外一些谋反者。为了一劳永逸地解决马其顿问题,罗马人索性将 4 个"自治区"全部吞并,使其直接归属罗马共和国管辖治理，马其顿因此而成为罗马在海外设立的第一个行省。

焚毁科林斯

马其顿位于希腊的北部，在马其顿的南边，存在着两个由希腊诸城邦组成的联盟，即希腊中部的埃托利亚同盟和南部伯罗奔尼撒半岛的亚该亚同盟。自从亚历山大帝国瓦解之后，这两个同盟就分别联合希腊中部和南部的各城邦，形成了与北方的马其顿以及南方的斯巴达分庭抗礼的态势；同时它们彼此之间也相互抗衡、明争暗斗。罗马人介入希腊政治之后，这两个同盟更是在罗马和马其顿两大势力之间审时度势，游刃有余。第三次马其顿战争之后，罗马人分解了马其顿，紧接着（公元前 167 年）也解散了埃托利亚同盟。到了第四次马其顿战争结束时，罗马人不仅把马其顿和埃托利亚同盟的地区合并为罗马治下的马其顿行省，而且开始染指伯罗奔尼撒半岛的亚该亚同盟诸国。公元前 146 年，就在罗马人毁灭迦太基之前，他们先征服了亚该亚同盟和整个希腊南部地区，一把火将亚该亚同盟的总部科林斯焚为焦土，马其顿行省以南的希腊本土也顺势成为罗马的第二个海外殖民地——亚该亚行省。

科林斯遗址

　　公元前 146 年，随着科林斯和迦太基的两场大火，罗马人
已经把势力范围从意大利分别扩展到了东、西地中海。更重要
的是，罗马人通过这两场大火向地中海世界的所有被征服和尚
未被征服的国家和地区宣示，罗马帝国将像当年的亚历山大帝
国一样无敌于天下。"迦太基与科林斯的灭亡，如今不仅成了两

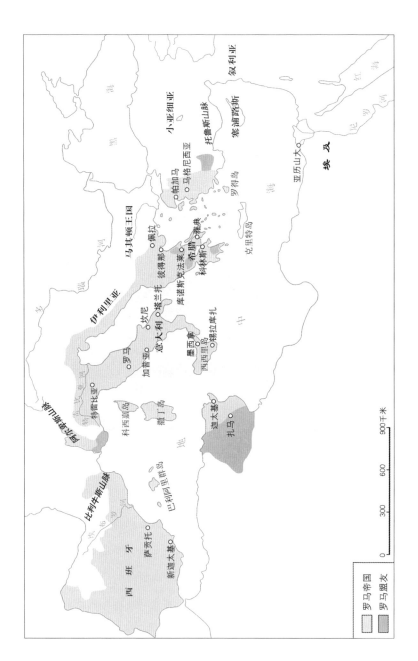

布匿战争和马其顿战争之后的罗马版图

座血淋淋的纪念碑，记载着反抗罗马的代价，同时它也令人信服地朗声预言：罗马成为一个世界强权的时机已然成熟。"（理查德·迈尔斯：《迦太基必须毁灭：古文明的兴衰》）

"我们的海！"

罗马人在进行布匿战争和马其顿战争的期间，还于公元前191年至公元前188年发起了与塞琉古国王安条克三世之间的战争。这场战争在名义上是由大西庇阿的弟弟出任执政官和军事统帅，权势渐衰的大西庇阿只是以幕僚身份随军出征，但是整场战争实际上都是在大西庇阿的指挥之下进行的。大西庇阿继续发扬汉尼拔的灵活战术，以相对少数的兵力打败了塞琉古王国的军队，从而将罗马的势力范围从欧洲扩展到达达尼尔海峡（古称赫勒斯滂海峡）以东的亚洲地区，开始染指小亚细亚和西亚。正是在这场战争的议和期间，大西庇阿在塞琉古王国属下的以弗所邂逅了失势的汉尼拔，两人之间有了一段关于"谁是世界上最伟大的统帅"的对话。

到了公元前147年，罗马又派出军队来到西班牙的最西边，先后镇压了卢西塔尼亚（今葡萄牙和西班牙西部地区）和努曼提亚（今西班牙北部地区）的凯尔特土著的反抗，将整个伊比利亚半岛纳入罗马人的统治之下。公元前 133 年，罗马采取了与当年焚烧迦太基和科林斯同样的做法，一把火把努曼提亚烧毁。随着这一系列对外扩张战争的结束，罗马人已经在海外建立了四个殖民地，它们是马其顿行省、亚该亚行省、阿非利加行省和西班牙行省（后来又分为远西班牙和近西班牙两个行省），分别分布在地中海的东边、南边和西边（罗马所在的意大利正好位于地中海中央）。就在焚烧努曼提亚的这一年，小亚细亚靠近达达尼尔海峡处的帕加马王国的最后一任国王阿塔罗斯死后绝嗣，临终之前立下遗嘱把国家拱手赠送给罗马，从此罗马人就在亚洲有了立足点。

到了公元前 2 世纪下半叶，罗马人已经高视阔步地走出了意大利，走向了广阔的地中海，罗马共和国也日益成为一个地中海的强权帝国，在巴尔干半岛、北非、西班牙乃至小亚细亚西部确立了不可撼动的势力范围。从公元前 264 年开始，经过了布匿战争、马其顿战争、叙利亚战争、西班牙战争等长达一百多年的艰苦征战，随着公元前 146 年科林斯和迦太基的焚毁、公元前 133 年努曼提亚的焚毁，罗马人已经无可置疑地成为整个地中海的主人。至此，罗马人非常豪迈地把偌大的地中海宣称为："我们的海！"

第 II 节

鹰旗飘扬下的辽阔疆域

共和国末期的罗马版图

公元前 133 年征服努曼提亚和兼并帕加马，标志着罗马共和国对外扩张的最重要阶段的结束，同时也意味着罗马社会内部的矛盾开始激化（本书第 II 卷将详细论述）。到了公元前 1 世纪，罗马人又在此前的扩张基础上，进一步扩大战果，对地中海周边仍然保持着独立地位的国家和地区发起了一系列侵略战争，并且向着欧洲和亚洲的纵深地带发展。这个时候罗马的军队装备精良、训练有素，进攻其他文明国度和蛮族地区势如破竹，无往而不胜，罗马共和国很快就扩展成为一个地跨欧亚非三大洲的超级大国。

从公元前 133 年到公元前 30 年（屋大维统一罗马、吞并埃及）的一百来年间，共和国晚期的对外扩张主要表现为如下过程。

一、征服努米底亚

当罗马人消灭了北非劲旅迦太基之后,原本作为罗马属国和迦太基邻居的努米底亚王国(在今阿尔及利亚和突尼斯一带)趁势崛起。公元前 113 年,努米底亚发生了内讧,前国王之侄朱古达(Jugurtha,公元前 160 年—公元前 104 年)打败了罗马人支持的前国王之子阿德格尔巴,攻占锡尔塔城,自立为王,一些在当地经商的罗马人遭到杀害。公元前 111 年,罗马元老院正式向朱古达宣战。战争之初,由于努米底亚拥有强大的骑兵,而罗马军队却日趋腐败,军纪松懈,士气涣散,再加上朱古达用重金收买了罗马军团的指挥官甚至罗马的元老和保民官,所以罗马军队在战场上连遭败绩。公元前 109 年,罗马执政官梅特鲁斯开始接任努米底亚战场的罗马主帅,他起用平民出身的马略为副将,严整军纪,惩治腐败,才使罗马军队的士气和战斗力日益提升,朱古达战争进入胶着状态。公元前 107 年,马略当选为罗马执政官,接替梅特鲁斯继续与朱古达战斗,终于在公元前 105 年由副将苏拉深入虎穴,俘获了因战败而投靠其岳丈毛里塔里亚国王的朱古达。朱古达被带回罗马羁押,不久后病死;罗马人赢得了这场战争的胜利,努米底亚丧失了独立地位,成为罗马的新阿非利加行省。

二、征服小亚细亚、西亚和埃及

公元前 323 年亚历山大大帝在巴比伦英年早逝,临终前表示帝国将由"最强者"来继承，由此引发了麾下众将领的拥兵自重、争强斗狠，经过一番历史磨合，最终形成了希腊北部的马其顿王国、小亚细亚和西亚的塞琉古王国、埃及的托勒密王国这三个希腊化的王国，以及一些在三者的争锋博弈之中求生存的小王国，如小亚细亚的帕加马、卡帕多西亚、比提尼亚、本都、亚美尼亚等。

早在马其顿战争期间，罗马人就与塞琉古王国的安条克三世在希腊色萨利地区和爱琴海上进行过一场争霸战（公元前 191 年—公元前 188 年）。尽管有从迦太基逃亡而来的汉尼拔相助，安条克三世最后还是以战败而告终，不得不与罗马人签订屈辱性的阿帕米亚和约，塞琉古势力退出欧洲和小亚细亚西部，并裁军

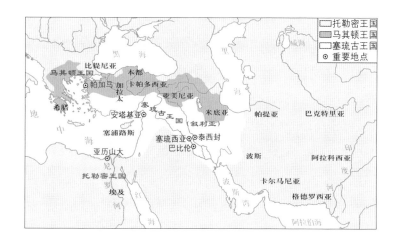

亚历山大大帝身后的希腊化王国

赔款。但是双方之间的这场战争并没有涉及西亚或叙利亚本土，二者只是在爱琴海范围内发生了小规模的碰撞，战场失利对于塞琉古王国来说无伤筋骨，并不足以撼动它作为西亚大国的重要地位。在此后的 100 多年间，塞琉古频繁地与南边的世代宿敌托勒密、东边实力强盛的帕提亚，以及北方新崛起的亚美尼亚进行战争，无力西顾；而罗马则忙于应对本都王国和亚美尼亚等小亚细亚国家的挑战，也无暇染指塞琉古王国治下的西亚，双方暂时相安无事。

公元前 133 年罗马人受馈赠而得到了小亚细亚最西端的帕加马王国之后，将其设立为罗马的亚细亚行省。到了公元前 1 世纪初，小亚细亚东北部、黑海之滨的本都王国在米特拉达梯六世（Mithridates VI，公元前 132 年—公元前 63 年）的统治时期达到了全盛状态，向西攻占罗马的亚细亚行省，并把兵锋推进到马其顿和希腊地区。从公元前 87 年到公元前 65 年，罗马的两位大将苏拉和庞培（其间还有苏拉的副将穆莱纳和卢库鲁斯）先后与本都王国进行了三次战争，终于彻底打败了米特拉达梯六世，后者于公元前 63 年在穷途末路的情况下自杀身亡，本都王国沦为罗马的附属国。与米特拉达梯六世结盟的亚美尼亚国王提格兰二世（Tigranus II，公元前 140 年—公元前 56 年）也在战败的情况下向罗马人俯首称臣，亚美尼亚遂成为罗马的同盟国。至此，罗马人已经有效地控制了整个小亚细亚。

征服了小亚细亚之后，得陇望蜀的罗马人的下一个目标自然就是西亚或叙利亚了。事实上，早在罗马人直接插手之前，塞琉古王国就已经由于内部分裂和树敌过多而处于奄奄一息的状态中。它东部的美索不达米亚地区已经被虎视眈眈的帕提亚人侵吞，西部的叙利亚和西里西亚又在公元前 83 年被亚美尼亚的提格兰二世征服，连首都安条克也被占领，塞琉古王国实际上已经名存实亡。公元前 66 年，提格兰二世在庞培大将的威逼下向罗马人表示臣服，塞琉古王国的领土叙利亚和西里西亚也就顺理成章地转到了罗马人手里，分别成为罗马的两个行省。于是，亚历山大大帝身后存在了 250 年之久的塞琉古王国就这样被东方的帕提亚帝国和西方的罗马帝国一分为二。从此以后，东西方这两个强大的帝国就开始了直接的对峙，在亚美尼亚至美索不达米亚一线展开了持久的拉锯战，一直持续了近 300 年的时间。

与曾经和罗马人争锋的马其顿、塞琉古不同，埃及的托勒密王国始终与罗马保持着良好的关系，国王们与罗马元老院亲善往来，在国际争端中立场坚定地站在罗马人一边。公元前 58 年，埃及国王托勒密十二世曾一度被属下推翻，逃亡到了罗马，在庞培的军事支持之下得以复位。公元前 48 年庞培在法尔萨卢与恺撒决战失利，逃到埃及避难被杀；恺撒追至埃及，邂逅了美貌的埃及女王克丽奥佩特拉（Cleopatra，约公元前 69 年—公元前 30 年），演绎了一段浪漫情缘，并且产生了罗马与埃及的爱情结晶——恺撒里昂（Caesarion，意为"小恺撒"）。但是恺撒遇刺之后，屋大维与安东尼兵戎相见，埃及女王站在安东尼一边共同对抗屋大维。公元前 30 年，安东尼兵败自戕，克丽奥佩特拉被逼身死，托勒密王国的历史也就到此终结，从此以后埃及就成为奥古斯都的私人领地。

至此，当年亚历山大大帝留下来的三个希腊化王国，已经尽收于罗马帝国的囊中。

三、远征高卢

就在苏拉、庞培、克拉苏、安东尼、屋大维等罗马群雄向东方扩展疆域期间，恺撒完成了对罗马帝国西北部高卢地区的征服，并把山北高卢全部纳入罗马的版图，使其成为罗马帝国重要的行省。

高卢人本为最早进入西欧的凯尔特人的一支，自古以来就居住在大西洋与莱茵河之间的广大地区。按照恺撒在《高卢战记》里的划分，阿尔卑斯山以北的高卢（即山北高卢）由三部分人组成，即马恩河和塞纳河以北（今法国北部和比利时、卢森堡等地）的比尔及人、加龙河以南（今法国南部的波尔多、图卢兹、普罗旺斯等地区）的阿奎丹尼人，以及二者之间的高卢人。这些不同族群所居住的地区都被统称为山北高卢或山外高卢，与此相应，在阿尔卑斯山以南一直到卢比孔河的意大利北部地区也曾经生活着一些高卢部落，这个地区叫作山南高卢或山内高卢。在罗马共和国的早中期扩张中，山南高卢已经被罗马人征服和同化，罗马人从而设立了山南高卢行省（亦称北意行省）。在布匿战争期间，当罗马军队沿着地中海岸向西班牙进军时，山外高卢最南端的沿海地带也被罗马人控制，公元前 121 年成为罗马共和国的纳尔榜高卢行省（因海边城市纳尔榜而得名），今天法国南部的普罗旺斯（Provence）就是从拉丁文"行省"（provincia）一词而来。

在公元前 58 年至公元前 50 年期间，作为卸任执政官的恺撒以山南高卢为基地，率领罗马军团翻越阿尔卑斯山，进行了八次军事远征，与剽悍勇猛的高卢人以及更加野蛮的日耳曼人进行了多次激烈的战斗，最终通过分化瓦解和各个击破的策略打败和慑服了山北高卢的所有蛮族部落。自此以后，广大的法国、比利时、卢森堡地区以及莱茵河沿岸的上下日耳曼尼亚（今德国东部）都被置于罗马人的统治之下；恺撒还曾一度率军渡过了英吉利海峡，入侵不列颠，成为最早登上英伦之地的罗马人。恺撒对高卢的征服极大地拓展了罗马帝国的北部疆域，使得莱茵河成为罗马帝国与日耳曼蛮族相对峙的边境线；再往后，到了屋大维统治期间，多瑙河以南的广大地区也被罗马人侵吞，此后多瑙河和莱茵河就长期构成了罗马帝国的北部屏障。

恺撒的征服将野蛮的高卢人纳入了文明的拉丁文化圈，开启了法国人的始祖的最初的文明教化历程。日后的法国人谈起这件事，始终有一种尴尬矛盾的心态：一方面有一种屈辱的感觉，毕竟自己的祖先是在被罗马人征服之后才开始了拉丁文化

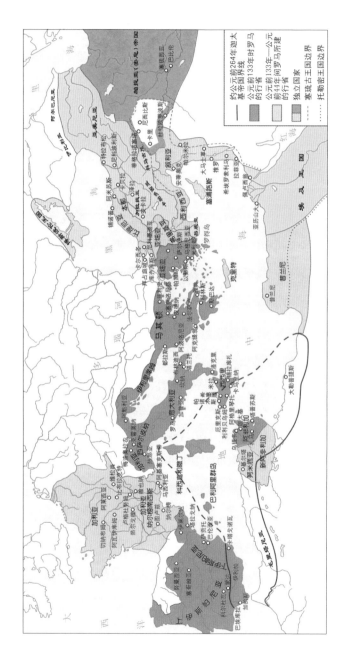

共和国末期的罗马版图

教养过程的；另一方面又有一种沾沾自喜的优越感，因为法国人从此就与莱茵河彼岸野蛮的日耳曼人（以及英吉利海峡对面同样野蛮的不列颠人）分道扬镳，踏上了文明化的途程，而那些野蛮民族一直要到 500 年以后才在入侵西罗马帝国的过程中开始接受文明教化。这种文化上的优越感，至今仍然流淌在法国人的精神血脉之中。

到了共和国末期，西班牙、高卢、莱茵河以西的上下日耳曼尼亚、小亚细亚、叙利亚、埃及、北非等地区都被纳入罗马版图之内，或者成为罗马的同盟者和被保护国。罗马已经由最初"七丘之城"的蕞尔小国发展成为一个地跨欧亚非三大洲的超级帝国。罗马人自豪地宣称："凡有鹰旗飘扬的地方，就是罗马人的土地。"这个"吃狼奶的民族"现在已经像雄鹰一样高高地翱翔在地中海上空。

巅峰时期的罗马帝国

公元前 1 世纪的罗马帝国版图虽然仍在不断扩展，但是此时罗马内部的矛盾也开始激化，最终引发了另一种战争——罗马人打罗马人的内战。经过一番惊心动魄的权力争斗，公元前 30 年屋大维消灭了所有的对手，吞并了埃及，统一了罗马，关闭了敞开数百年之久的雅努斯神庙大门，给罗马人民带来了长期和平。在对外关系方面，屋大维也采取了休兵养息的策略，与东方宿敌帕提亚签订了和平协议，仅把罗马的北部疆域向蛮荒的多瑙河流域进行了有限的拓展。罗马帝国在内战后的和平安定状态中走向了繁荣昌盛。

到了帝制时期，罗马又出现了一位具有雄才大略的皇帝图拉真，这是一位和中国汉武帝一样热衷于开疆拓土的统治者。他在公元 101 年至公元 106 年向多瑙河以北、黑海以东的地区发起了一场艰苦卓绝的战争，征服了当地英勇善战的达西亚人。胜利者图拉真将 20 万达西亚战俘沦为奴隶，押送到罗马充实劳力；而让罗马士兵在达西亚长期驻扎，并分配达西亚女子给士兵为妻，二者共同融合成为罗马尼亚民族，"罗马尼亚"（Romania）在拉丁语中即"罗马人的地区"之意。为了炫耀自己的赫赫军功，图拉真皇帝凯旋之后，在罗马的图拉真广场上修建了一根高耸入云的巨大纪功柱，上面镌刻着达西亚战争的恢宏场面，展现了罗马将士的武功和皇帝本人的风采。这根图拉真纪功柱于公元 113 年落成，至今仍然高高地矗立在罗马市中心的图拉真广场遗址之上。

此后，图拉真又在公元 114 年至公元 117 年再次发起了帕提亚战争，攻占了底格里斯河上的帕提亚帝国首都泰西封，以及古城巴比伦，将亚美尼亚和美索不达米亚纳入了罗马帝国的版图之

内，其前锋已经推进
到了里海和波斯湾。
据说 64 岁高龄的图
拉真到达波斯湾时，
面对着浩瀚大海不禁
望洋兴叹，感叹自己
年事已高，此生不可
能再实现像亚历山大
征服东方那样的丰功
伟绩了。

罗马的图拉真纪功柱

图拉真时代
的罗马帝国版图
达到了最大化，囊括了南欧、西亚和北非的广大地区，偌大的
地中海成了罗马帝国的内湖。帝国统治的疆域在西、南、北三
面都已经临近极限——西部囊括了西班牙、高卢和不列颠，再
往西就是一望无际的大西洋了；南边从北非一直到埃及都是罗
马的领土，继续向南则是不适合人类生存的撒哈拉大沙漠；北
边的莱茵河和多瑙河正好构成了一道天然屏障，莱茵河以东、
多瑙河以北的地方是气候寒冷的森林莽原，那是日耳曼人生活
的蛮荒之地，罗马人对那些环境恶劣、无利可图的地方毫无兴
趣。罗马人是南方地中海世界的民族，他们是喝着葡萄酒，吃

罗马帝国极盛时期
(公元前1世纪—公元2世纪)

恺撒逝世时罗马共和国的领土(公元前44年)

奥古斯都统治结束以前对外征服的领土(迄公元14年)

奥古斯都逝世至图拉真即位对外征服的领土(公元14年—公元98年)及年代

图拉真对外征服的领土(公元98年—公元117年)及年代

罗马帝国的保护国

埃及 罗马行省省界、省名

元首直辖省

元老院辖行省

不列颠 43年

比利时卡 鲁格敦高卢 阿 奎 丹 尼 纳尔榜南高卢 西班牙 路西塔尼亚 塔拉戈西亚 贝提卡 巴伦西亚

坎塔布连 塞托布里加 蒙提拉 加的斯

日耳曼 里西亚 诺利克 潘诺尼亚 达尔马提亚

摩德纳 拉文纳 比萨 意 大 利 罗马 那不勒斯 勒佐 科森蒂亚 墨西拿 西西里

撒丁 科西嘉 巴利阿里群岛

阿非利加 毛里塔尼亚 努米底亚 42年

达西亚 107年 默西亚 色雷斯

马其顿 伊庇鲁斯 亚该亚 斯巴达

比提尼亚 亚细亚 本都 加拉太 帕法拉戈尼亚 卡帕多西亚 西里西亚 吕基特 克里特

叙利亚 塞浦路斯 埃及 黄兰尼加

亚美尼亚 帕 提 亚(安 息)

潘提卡佩翁 锡诺普 特拉布宗 115年 本 都 63年

波斯普鲁斯王国

83年 60年 107年 43年

着橄榄油长大的，不习惯吃牛油、喝啤酒。罗马有一句俗语："生活如同美酒！"美酒当然是指鲜红甜美的葡萄酒，而不是淡黄苦涩的啤酒。只有帝国的东方还可以扩展，那是"亚历山大综合征"所向往的地方，图拉真也已经将罗马的兵锋推到了里海和波斯湾。但是那里已经离罗马非常遥远了，而且有宿敌帕提亚帝国相阻——帕提亚似乎注定要成为罗马人的梦魇，无论是克拉苏、恺撒、安东尼还是马可·奥勒留，其命运的悲剧都与征服帕提亚的梦想有关——因此双方就在美索不达米亚一线展开了旷日持久的拉锯战，长期处于僵持状态。

公元前 509 年罗马共和国建立后，经过几百年的不断扩张，像狼一般善于攻略的罗马人将最初 900 平方公里的蕞尔小国发展成为一个国土面积达到 590 万平方公里的超级大国。虽然亚历山大建立的帝国要比罗马帝国更大，但是亚历山大帝国毕竟只是昙花一现，而罗马帝国却不仅空间广阔，而且时间绵延，存在了数百年之久。

罗马人不仅擅长征战，而且善于治理。罗马人的刀剑所向披靡，罗马人的道路四通八达，罗马人的法律治理万邦。每当罗马人征服了一个新的国家和地区，他们就会很快地把道路修建到被征服者的家门口，从而能够长久地统治幅员辽阔的大帝国。从公元前 312 年开始修建的第一条罗马大道——阿皮亚大

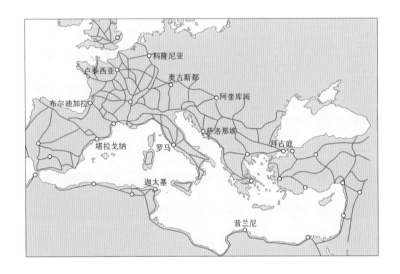

"条条大道通罗马"地图

道开始，到了罗马帝国的鼎盛时期，罗马主干道已经达到了 8 万公里，加上支道一共达到了 15 万公里，它们像蜘蛛网一般密布于整个地中海世界。无怪乎历史上流传着一句耳熟能详的名言："条条大道通罗马！"

随着帝国版图趋于饱和，罗马人可谓大功告成，从此以后就可以尽情享受了，而罗马的光荣也就到此结束。接下来的就是不可一世的罗马帝国如何在醉生梦死、奢靡享乐的温柔乡中走向衰亡的故事了。